Merve Verlag

McKenzie Wark

Das Kapital ist tot
Kommt jetzt etwas Schlimmeres?

Kritik einer politischen Ökonomie der Information

Aus dem Amerikanischen von Tom Wohlfarth

Merve Verlag

Deutschsprachige Erstausgabe

Originalausgabe:

McKenzie Wark, *Capital Is Dead: Is This Something Worse?*, London 2019.

First published by Verso 2019.

Die Arbeit des Übersetzers an diesem Buch wurde vom

Deutschen Übersetzerfonds gefördert.

Printed in Germany

Druck- und Bindearbeiten: Dressler, Berlin

Umschlagentwurf: Jochen Stankowski, Dresden

Redaktorat: Tom Lamberty

ISBN 978-3-96273-043-7

www.merve.de

Inhalt

EINLEITUNG

Die allgemeine Strategie der Postkapitalisten besteht derzeit darin, die Sprache (alles, was bedeutet) abstrakt und damit leicht manipulierbar zu machen.

Kathy Acker

Welche Punkrock-Göttin sind Sie? Ich bin Kim Gordon. Oder war es. Weil ich mit der Antwort unzufrieden war, habe ich das Online-Quiz noch ein paar Mal wiederholt, bis Patti Smith rauskam. Ich weiß nicht, welche Firma dieses Quiz entwickelt hat, aber ich habe ihr im Austausch für das Privileg, es spielen zu dürfen, Zugang zu einer ganzen Reihe von Informationen gewährt, um so herauszufinden, was ich bereits weiß: dass ich eher ein Patti-Smith-Typ als ein Kim-Gordon-Typ bin.

Das Quiz fesselte meine Aufmerksamkeit gerade so lange, dass mir nicht langweilig wurde, und ich bekam etwas, das ich auf Social Media posten konnte, in der Annahme, damit die Aufmerksamkeit anderer Leute zu erregen. Manche Menschen drehen ziemlich am Rad, wenn es um die Algorithmen geht, die so viel über uns zu wissen scheinen, – wobei ich Privatsphäre immer für ein bourgeoises Konzept gehalten habe.[1] Das Dystopische liegt hier vielleicht weniger im Teilen von Informationen als in der Asymmetrie des Teilens.

Wenn Sie Ihre Medien kostenlos beziehen, bedeutet das in der Regel, dass Sie das Produkt sind. Wenn die Informationen nicht an Sie verkauft werden, dann sind Sie es, der oder die verkauft wird. Das ist etwas, das wir Medienwissenschaftlerïnnen seit der Rundfunkära unseren Studierenden beibringen und der Öffentlichkeit vermitteln.[2] Im Fernseh-/Radiozeitalter lief das recht simpel. Man hörte und schaute frei zugänglich Radio oder Fernsehen. Zwischen den Sendungen oder den Songs gab es Werbung. Auch hier waren Sie das Produkt, das verkauft wurde, vom Rundfunksender an Werbekunden. Oder besser gesagt: Was verkauft wurde, war Ihre *Aufmerksamkeit*.[3] In einer Zeit, in der die Menge an Informationen wuchs und ihre Kosten sanken, blieb (und bleibt) eine Sache rar und wertvoll: Ihre Aufmerksamkeit.

Im Fernseh-/Radiozeitalter war es schwierig, überhaupt zu wissen, wessen Aufmerksamkeit eine Sendung auf sich zog, und ob eine bestimmte Werbung funktionierte. Einer der Gurus der Werbebranche, David Ogilvy, berichtete von einem Kunden, der behauptete, die Hälfte des Geldes, das er für Werbung ausgebe, sei rausgeschmissen, er aber nicht wisse, welche Hälfte welche sei.[4]

Nach wie vor wird jede Menge Quacksalberei darauf verwendet, Werbekunden davon zu überzeugen, dass Werbeunternehmen über magische Kräfte verfügen, bei den Menschen Aufmerksamkeit zu erregen, eine Marke in ihrem Gedächtnis zu verankern und ihr Verlangen zu wecken, ein Produkt tatsächlich zu kaufen oder – was dasselbe ist – einen bestimmen Kandidaten zu wählen.

Das Böse an den Medien der Post-Rundfunkära ist, dass sie unsere Aufmerksamkeit nicht nur fesseln, sondern auch aufzeichnen. So lassen sich noch viel mehr Informationen darüber gewinnen, wer wir sind, was uns gefällt, und welche Punkrock-Göttin wir sein wollen. Viele Medienkonsumentinnen sind am Ende ziemlich schockiert darüber, wie viele Informationen sie über sich preisgeben, und zwar gratis.[5] Sie hatten sich dazu verleiten lassen, die Post-Rundfunk-Medien als eine Art kostenlose öffentliche Dienstleistung zu betrachten – eine Illusion, die gewisse Unternehmen nur allzu gerne für ihre Nutzer aufrechterhalten, aber sicherlich nicht für ihre Investoren. Ihren Investoren erzählen sie eine andere Geschichte: Indem sie etwas anbieten, das aussieht wie ein kostenloser Dienst, können sie mehr Informationen abschöpfen, als sie hergeben, und diese Informationsasymmetrie lässt sich monetarisieren.[6]

Die alten Kulturindustrien hatten verstanden, wie sich Freizeit kommodifizieren ließ.[7] Die organisierte Arbeiterbewegung hatte für die freie Zeit der Werktätigen hart gekämpft. Das Kapital wurde zu Kompromissen gezwungen, aber es fand einen Weg, sowohl die Freizeit als auch die Arbeitszeit zu kommodifizieren. Die alten Kulturindustrien mussten wenigstens noch Produkte herstellen, die unsere Aufmerksamkeit fesseln konnten. In der Post-Rundfunkära werden die *culture industries* von den *vulture industries*, Geierindustrien, verdrängt. Die machen sich nicht einmal mehr die Mühe, für Unterhaltung zu sorgen. Wir müssen uns gegenseitig unterhalten, während sie die Miete kassieren, und sie kassieren Miete für jegliche Social-Media-Zeit, öffentlich oder privat, Arbeit oder Freizeit und – falls Sie Ihr FitBit anlassen – sogar, wenn Sie schlafen.[8] Was einem Slogan neue Bedeutung verleiht, den die belgischen Surrealisten erfunden haben: »Denken Sie daran, Sie schlafen für den Chef!«[9]

Nicht nur unsere Arbeit oder unsere Freizeit – auch etwas anderes wird hier kommodifiziert: unsere Geselligkeit, unser alltägliches Zusammenleben, man könnte es vielleicht sogar unseren Kommunismus nennen.[10] Sicher, das ist keine utopische Version des Kommunismus, es ist eine sehr banale und alltägliche Variante. Es ist unsere Leidenschaft, Gedanken und Gefühle miteinander zu teilen und Verbindungen mit anderen Menschen einzugehen. Und doch scheinen die meisten Menschen einigermaßen beunruhigt darüber zu sein, dass ihr Wunsch zu teilen und beieinander zu sein, sich mit Freunden auszutauschen und Katzenbilder weiterzureichen, ja sogar ihr Wunsch, heftige Auseinandersetzungen mit Fremden zu führen, irgendjemand anderen sehr, sehr reich macht.

Dass Menschen, die das Internet nutzen, verfolgt, überwacht und in Information verwandelt werden, ist aber noch lange nicht alles. Wenn Sie glauben, dass Social Media Sie ausspioniert, dann stellen Sie sich einmal vor, welche Art von Informationen Ihre Bank über Sie besitzt. Es gibt eine ganze politische Ökonomie, die auf Informationsasymmetrien als Form von Steuerung und Kontrolle beruht.[11] Sie könnte sogar auf eine neue Art von Klassenverhältnis hinauslaufen. Sicher, es gibt immer noch eine Grundherrenklasse, der der Boden unter unseren Füßen gehört, und eine Kapitalistenklasse, der die Fabriken gehören. Aber vielleicht gibt es inzwischen auch noch eine andere Art von herrschender Klasse, der weder das eine noch das andere, sondern der stattdessen der Vektor gehört, entlang dessen Information gesammelt und verwertet wird.[12]

Heutzutage wird nicht nur jeder Mensch, sondern jedes Ding verfolgt, überwacht und in Information verwandelt. Wenn Sie ein Paket bei einem Online-Händler bestellen, können Sie die Lieferung des Artikels auf dem Weg zu Ihnen über sämtliche Etappen verfolgen. Es handelt sich hier um eine verbraucherfreundliche Version der Bewegungsverfolgung von letztlich allem, egal ob tierisch, mineralisch oder pflanzlich. Zu diesem Zweck werden Sie – auch wenn Sie glauben, in die Tierkategorie zu fallen – genauso verfolgt, als wären Sie ein Stein. Das mineralreiche Sandwich in Ihrer Tasche, Ihr Mobiltelefon, alles generiert Informationen über jede Bewegung.

Aus all dieser Information über die Gewohnheiten und Bewegungen von Menschen und Dingen können Sie Vorhersagen über zukünftige Bewegungen treffen. Nun ja, nicht *Sie* können das: Obwohl Sie diese Informationen erzeugen, befindet sich letztlich alles im Privatbesitz irgendeines auf Information spezialisierten Unternehmens. Sie erzeugen die Information, aber wie bei einer Art Infoproletarier gehören Ihnen weder die Information, die Sie produzieren, noch die Mittel, ihren Wert abzuschöpfen. Sie profitieren nicht von Ihrem eigenen Prognosevermögen, obwohl Sie wahrscheinlich dessen Schattenseiten zu spüren bekommen werden, wenn sich diese Prognosen als falsch erweisen.

Da diese so umfassenden wie unverlässlichen Informations-Commons, die wir alle produzieren, privatisiert sind, ist es sehr schwer zu sagen, wie präzise oder nützlich diese Informationen tatsächlich sind.[13] Bullshit rein = Bullshit raus. Es ist eine so bedrückende wie wenig überraschende Erkenntnis, dass Algorithmen rassistische und sexistische Vorannahmen über die Personen reproduzieren, die sie angeblich neutral beobachten sollen.[14] Das ist ärgerlich auf der Ebene des *consumer profiling*, bekommt aber noch eine ganz andere Dimension in Form von *algorithmic policing*.[15] Allerdings verzettelt sich diese Diskussion häufig in der Forderung nach einem gerechteren Algorithmus, als könnte es noch eine über unseren Unterschieden stehende neutrale Instanz geben, von der nicht viel mehr zu erhoffen ist als das gleiche Recht für alle, von Informationsasymmetrien ausgebeutet zu werden. Die diskriminierenden Aspekte der politischen Ökonomie der Information sind zu kritisieren und zu bekämpfen, aber wir sollten dabei nicht das Gesamtbild aus den Augen verlieren. Dieses Gesamtbild ist die politische Informationsökonomie als Ganzes.

Bevor wir uns damit befassen, was die Unternehmen, die Information besitzen und kontrollieren, mit uns machen, sollten wir zunächst einmal die Besonderheiten der Information selbst betrachten.[16] Information ist etwas ziemlich Seltsames. Entgegen dem landläufigen Verständnis gibt es an ihr nichts Ideelles oder Immaterielles.[17] Information existiert nur, wenn sie ein materielles Substrat aus Energie und Materie hat, das sie speichert, überträgt und verarbeitet. Information ist Teil einer materiellen Welt. Doch sie ist ein seltsamer Teil. Das Wort Information ist kaum neu, aber die Wissenschaft der Information ist sehr neu. Sie ist eine Schöpfung der Nachkriegszeit.[18]

Information ist heute eine so umfassende Organisationsmacht, dass sie unser Weltbild imprägniert.[19] Was wir heutzutage als »Technologie« bezeichnen, umfasst sehr häufig Technologien, die von Information Gebrauch machen. Dabei handelt es sich um bestimmte Arten von Anwendungen, die Information sammeln, sortieren, verwalten und verarbeiten, damit sie dann zur Steuerung anderer Dinge benutzt werden kann. Die Informationstechnologie ist eine Art Metatechnologie, die darauf ausgelegt ist, zu beobachten, zu messen, aufzuzeichnen, zu kontrollieren und vorherzusagen, was Dinge, Menschen oder auch andere Informationen tun können, wollen oder sollten.

Diese Technologien haben Information zu etwas sehr, sehr Billigem und sehr, sehr reichlich Vorhandenem gemacht. Sie haben eine seltsame Art von politischer Ökonomie hervorgebracht, die nicht nur auf der Knappheit von Dingen, sondern auch auf einem Überfluss von Information beruht. Dies schuf recht neuartige Probleme für diejenigen, die Macht hatten oder danach strebten: Wie sollte man Formen der Klassenungleichheit, Unterdrückung, Herrschaft und Ausbeutung aufrechterhalten, wenn diese auf etwas beruhen, das heute im Prinzip auf geradezu lächerliche Weise im Überfluss vorhanden ist?

Meine These in diesem Buch lautet, dass die Auflösung dieses Widerspruchs eine neue Produktionsweise hervorgebracht hat. Es ist nicht mehr Kapitalismus, sondern etwas Schlimmeres. Die maßgebliche herrschende Klasse unserer Zeit sichert ihre Herrschaft nicht mehr durch das Eigentum an den Produktionsmitteln, wie es Kapitalisten tun. Auch nicht durch das Eigentum an Boden, wie es Grundherren tun. Die oberste Herrschaftsklasse unserer Zeit verfügt über das Eigentum an und die Kontrolle über Information.

Andere Erzählungen entschärfen die Befremdlichkeit dieser Sachlage, indem sie sie einfach zu einer Variation gängiger Vorstellungen vom Kapital erklären.[20] Fügen Sie einfach einen Modifikator hinzu: *Überwachungs*kapitalismus, *Plattform*kapitalismus, *neoliberaler* Kapitalismus, *postfordistischer* Kapitalismus und so weiter.[21] Das Wesen bleibt dasselbe, nur die Erscheinungsformen ändern sich. Aber um diese Argumentation aufrechtzuerhalten, muss man doch zumindest das Gedankenexperiment anstellen, ob wir es überhaupt noch mit Kapitalismus zu tun haben. Seltsamerweise stößt dieses Gedankenspiel auf starken Widerstand. Selbst kritische Theorien scheinen sehr emotional mit der Vorstellung verbunden zu sein, dass der Kapitalismus ewig weiter und weiter geht.

Gegen diesen Trend hat Paul Mason den Begriff Postkapitalismus vorgeschlagen. Dieser hat das Verdienst, die Einsätze zu erhöhen, riskiert aber keine eigene Sprache für eine neu entstehende Produktionsweise. Wie Mason sagt: »Der größte innere

Widerspruch des heutigen Kapitalismus ist der zwischen der Möglichkeit eines unerschöpflichen Angebots an kostenlosen Gütern und einem System von Monopolen, Banken und Staaten, die alles tun, damit diese Güter knapp, kommerziell nutzbar und im Privatbesitz bleiben.«[22] Mason begegnet der marxistischen Politökonomie mit frischem Blick und denkt über die Mutationen des Kapitalismus auf eine Weise nach, die gängige Vorstellungen über seine Form und Richtung durcheinanderbringt. Das ist anregende Lektüre und impliziert zwei weitere Projekte: die Entwicklung einer neuen Sprache zur Beschreibung der gegenwärtigen Lage und die Identifizierung dessen, was im hergebrachten Sprechen über den Kapitalismus einen Fortschritt im Denken und Handeln behindert.

Dass wir es nicht mehr mit Kapitalismus zu tun haben, sondern mit etwas Schlimmerem, ist eine Möglichkeit, die ich seit einigen Jahren den verschiedensten Zielgruppen, Aktivistïnnen wie Akademikerïnnen, vorstelle. Bei einigen von ihnen entspricht sie ihrer eigenen Erfahrung und erscheint ihnen offensichtlich, doch sie stößt auch auf ziemlich starken Widerstand. Es besteht ein eigentümliches Bedürfnis, schon im Voraus Gründe dafür zu finden, nicht darüber nachdenken zu müssen. Hier ist vielleicht der passende Moment, um ein wenig Postkapitalismus-Bingo zu spielen und die häufigsten Reaktionen aufzuzählen, mit denen Menschen der bloßen Möglichkeit begegnen, dass sie es nicht mehr mit Kapitalismus zu tun haben.

Man sagt mir etwa, ich würde bloß von Finanzkapitalismus sprechen, und das sei ja nichts Neues. (Sorry, aber Information hat den gesamten Zyklus der Wertproduktion und -reproduktion durchdrungen.) Man sagt mir, ich würde nur von Zirkulation sprechen. (Siehe vorherige Antwort.) Man sagt mir, es handle sich bei Information um bloße Ideen, also um Idealismus. Beim Materialismus gehe es um Materie. (Selbst Mitte des 20. Jahrhunderts hatte die Wissenschaft ein ausgefeilteres Verständnis von »Materialismus«).

Man sagt mir, in der Gegenwart sehe vieles immer noch wie der Kapitalismus des Dampfzeitalters aus. (Ja, wenn Sie wollen, können Sie alles gleich aussehen lassen, aber versuchen wir doch auch das in den Blick zu nehmen, was nicht gleich ist, und erklären beides). Man sagt mir, es habe doch schon zu Marx' Zeiten den Telegrafen gegeben, Information sei also nicht ganz so was Neues. (Es gibt immer historische Präzedenzfälle, lange Geschichtsverläufe.) Man sagt mir, von Information zu reden, sei die Sprache des Silicon Valley. (Warum sollten die Tech-Firmen das Nachdenken über Information ebenso monopolisieren dürfen wie die Information selbst?)

Man (üblicherweise ein Professor mit unbefristeter Anstellung) sagt mir, Marx habe in irgendeiner obskuren Fußnote im zweiten Band des *Kapital* alles erklärt und ich solle die ausführliche Exegese des angesehenen Professors dazu lesen. (Marx war kein Professor, hatte keinen Lehrstuhl und versuchte, Kontinuität und Wandel seiner eigenen historischen Zeit zu erklären.) Oder man sagt mir – als ob ich es nicht wüsste –, dass die Ausbeutung von Arbeit nach wie vor existiert. (Darüber sind wir uns einig, aber das gilt auch für die Pachtabschöpfung bei Bauern. Selbst die Sklaverei ist noch nicht ausgestorben. Produktionsweisen koexistieren und interagieren. Ich frage lediglich, ob sich eine zusätzliche herausbildet, nicht, ob diese die Gesamtheit beschreibt).

Ein weiterer Einwand lautet, dass ich allein von der überentwickelten Welt spreche, von Europa, Japan und den Vereinigten Staaten. (Information dient heute dazu, globale Lieferketten zu steuern, die weit in die sogenannte unterentwickelte Welt hineinreichen.[23]) Oder dass ich nur vom »Tech«-Sektor spreche, der nicht dasselbe ist wie die »Real«wirtschaft. (Dies scheint mir ein zunehmend schwacher Einwand zu sein, wenn man bedenkt, wie groß die führenden Technologieunternehmen gemessen an der Marktkapitalisierung heute sind.)

Es geht aber nicht nur um Tech-Unternehmen. Sehen wir uns zum Beispiel ein Unternehmen an, das kaum als Wunderkind des Technologiesektors angesehen wird, das aber zufällig der größte private Arbeitgeber in den Vereinigten Staaten ist: Walmart.[24] Die meisten Menschen würden hier wohl an ein Einzelhandelsunternehmen denken. Walmart ist bekannt für den Verkauf sehr billiger Konsumgüter, aber auch für die rücksichtslose Ausbeutung seiner Angestellten und Lieferanten. Bei näherer Betrachtung handelt es sich eher um ein Logistikunternehmen, dessen Erfolg auch darauf beruht, dass es Information verwendet, um die durch sein Vertriebssystem laufenden Arbeits- und Warenströme zu organisieren. Unter den Einzelhändlern war es ein *Early Adopter* der Computerisierung. Walmart hat sogar einen eigenen Satelliten gekauft, um seine Daten effizienter verwalten zu können. Anfangs hielt der Gründer Sam Walton in seinem Privatflugzeug Ausschau nach möglichen Filialstandorten, ging jedoch bald zu einem »datengesteuerten« Ansatz über.[25]

Die Infrastruktur von Walmart hat eine Nabe-Speichen-Form [Hub and Spoke], bei der sich die Filialen um Verteilungszentren gruppieren. Weniger bekannt ist, dass hierzu fast ebenso viele Datenzentren gehören wie physische Distributionszentren, und sie sind in etwa gleich groß. Was der Konsument sieht – die großen Megastores, die endlosen Lastwagen auf der Straße –, sind die physischen Ausformungen eines computerisierten Logistiksystems, das festlegt, wo sie zu sein und was sie dort zu tun haben. Es bedarf in etwa so viel Infrastruktur, um die Information zu organisieren, wie für die Verteilung des materiellen Krams, der in den Regalen landet, und das aus gutem Grund: Die Datenzentren müssen sämtliche in Bewegung befindlichen Produkte und Arbeitskräfte analysieren und aus jeder möglichen Kombination vorhersagen, welche Disposition von Waren und Arbeit als nächstes und zu jedem folgenden Zeitpunkt erfolgen soll.

Einen großen Teil der Information, die das Unternehmen am Laufen hält, generieren die Menschen, die dort einkaufen. Es handelt sich um einen asymmetrischen Tausch. Sie als Kunde bekommen eine billige Packung mit zwölf Klopapierrollen. Walmart bekommt Information über Ihre Handlungen für das Prognosemodell, das die Geschäftsentscheidungen steuert. Was seine Angestellten angeht, so beutet Walmart deren Arbeitskraft aus. Das Gleiche gilt für die gesamte Lieferkette bis hin zu den Fabriken und landwirtschaftlichen Betrieben. Und doch kommt dazu noch etwas anderes: nicht nur die Abschöpfung von physischer Arbeit aus den Körpern der Arbeiter, sondern auch die Abschöpfung von Information aus den Kundinnen, die Walmart im Gegenzug nicht einmal bezahlt. Es ist dieser zusätzliche Vorgang der Informationsabschöpfung, der mich interessiert. Wie sich herausstellt, beschränkt er sich nicht nur auf »Tech«, sondern bildet ein zunehmend verbreitetes »Geschäftsmodell«, das sich mit den klassischen Kapitalismustheorien nicht allzu gut beschreiben lässt. Vielleicht gibt es hier neue Formen von Ausbeutung, Ungleichheit und Asymmetrie, die zu den alten, an die wir mehr gewöhnt sind, hinzukommen.

Werfen wir einen Blick auf den zweitgrößten privaten Arbeitgeber in den Vereinigten Staaten: Amazon. Er verkauft ein Produkt namens Echo, das man sich irgendwo zu Hause hinstellt, damit es einen mit seinen sieben Richtmikrofonen ausspionieren kann. Manche Leute sind da eher misstrauisch, aber viele andere überzeugt die Marke Amazon irgendwie davon, dass das okay ist. Der Echo verbindet Sie mit Alexa, einer künstlichen Intelligenz, deren Zweck es ist, Ihre Gewohnheiten, Bedürfnisse und Wünsche kennen zu lernen – und diesen zu Diensten zu sein. Mit der Zeit wird Alexa immer besser darin, Sie mit Informationen und Produkten zu versorgen, und sie wird das, was sie von Ihnen lernt, der Matrix dessen hinzufügen, was sie von allen weiß. Als Nutzerin besteht Ihr Job, für den Sie nicht bezahlt werden, darin, einer Maschine beizubringen, was der »Mensch« ist, wenn man ihn vollständig aus der Perspektive des Konsums betrachtet.[26]

Echo und Alexa verbergen vor Ihnen alles, was zwischen Ihrer Wunschäußerung und seiner Erfüllung durch Amazon vermittelt. Echo ist die oberste Schicht dessen, was Benjamin Bratton den *Stack*, Stapel, nennt.[27] Ihr Wunsch muss in eine Form geparst werden, die von einer Maschine verstanden werden kann; das ist die Aufgabe dieser Oberflächenschicht [interface layer].[28] Die Benutzeroberfläche verortet auch Sie in Beziehung zu ihr und zum Rest des *Stacks* als eine bestimmte Art von Subjekt: Sie sind eine Nutzerïn. Nehmen wir an, Sie sind eine Nutzerïn, die ein Buch haben möchte. Sie sagen: »Alexa, bestell mir ein Exemplar von Karl Marx' *Das Kapital.*« Sobald Sie bestätigen, dass es wirklich das ist, was Sie wollen, wird diese Information wie ein Vektor, eine bestimmte Art von Linie, durch eine ganze Reihe anderer Schichten der *Stack*-Infrastruktur laufen, die Ihnen im Gegenzug dieses Produkt liefern, entweder sofort (wenn es sich um ein E-Book handelt) oder in ein bis zwei Tagen (falls es sich um ein physisches Objekt handelt). Jeder derart geäußerte Wunsch wird zu einem unverwechselbaren Vektor, der durch einen geschichteten Raum verläuft und eine nahezu unendliche Anzahl von Wünschen erfüllen kann, solange sie alle die Form einer Nutzer'in annehmen, die ein Interface dazu auffordert, einen Bedarf mit einer Ware zu befriedigen. Dieser Vorgang lässt Sie nicht wirklich etwas anderes wollen oder sein.[29]

Ihr Wunsch wird zu einem Vektor, der noch viele weitere Schichten des *Stacks* durchquert. Bratton nennt diese Schichten *Address*, *City*, *Cloud* und *Earth*. Die *Address*-Schicht weiß, wo Sie sich befinden, und sie weiß, wo das Buch sich befindet, das Sie haben wollen, und sie kann den optimalen Rücklaufvektor berechnen, um das eine zum anderen zu bringen und somit diesen Wunsch zu erfüllen. Die *City*-Schicht ist dasjenige, wo sich der physische Teil der Infrastruktur befindet. Es gibt ein Lagerhaus, irgendwo.[30] Es gibt eine Serverfarm, irgendwo. Es gibt Amazon-Büros, die den ganzen Kram entwickeln, verwalten und verkaufen – irgendwo.

Die *Cloud*-Schicht verbindet all diese Standorte – und viele andere – miteinander und führt die entsprechenden Vorgänge anhand der gesammelten Informationen aus, nicht nur, um Bestellungen zu bedienen und die einzelnen Vektoren zu verwalten, sondern auch, um aus dem Aggregat all dieser Aktionen zu lernen und vorherzusagen, wie man noch anderweitig Informationen aus ihnen gewinnen kann.[31] Die *Earth*-Schicht ist diejenige, aus der die Ressourcen und die Energie für die Herstellung und den Betrieb dieses ganzen riesigen Aufbaus bis hin zur digitalisierten Ware entnommen werden.[32] Mit diesen Ressourcen werden Produktionsstätten versorgt, die das von Ihnen bestellte

Buch herstellen oder das T-Shirt oder das Sexspielzeug oder was auch immer.

Auch diese Produktionsstätten können überall sein. Eine ausgefeilte Logistik verfolgt und verwaltet die sie durchziehenden Ströme von Energie, Arbeit, Ressourcen und fertigen Produkten.[33] Es handelt sich in der Regel um Standorte, an denen die Arbeitskräfte billig, leicht auszubeuten und von geschlossenen Grenzen umgeben sind, und an denen es kaum Umweltschutzvorschriften gibt. Es muss allerdings eine funktionsfähige Transport- und Versandinfrastruktur vorhanden sein, um die Ressourcen und Arbeitskräfte in die Fabrik zu bringen und die Produkte in irgendein *Gated-Community*-Land im überentwickelten Teil der Welt, wo die Menschen Bücher oder Telefone oder Echos bei Amazon bestellen können. Containerladungen solcher Artikel befinden sich – wahrscheinlich nicht sehr lange – in einem Lagerhaus, in dem Arbeiterïnnen (genannt *Picker*) hin- und herlaufen, um die Artikel einzusammeln und den Bestellungen zuzuordnen, und dabei nicht einmal Zeit für eine Toilettenpause haben, weil alle ihre Bewegungen in Echtzeit verfolgt und gemessen werden.[34]

Sicherlich könnte man vieles von dem, was ich gerade beschrieben habe, als Kapitalismus bezeichnen. Arbeitskräfte werden in Fabriken eingepfercht und viele, viele Stunden lang dazu gebracht, Zeug herzustellen. Andere Arbeitskräfte fahren Lastwagen oder sitzen in Callcentern, um Anrufe von wütenden Kunden entgegenzunehmen, deren Zeug nicht angekommen ist. Aber vielleicht haben wir es hier auch noch mit etwas anderem zu tun. Nicht nur mit der Ausbeutung von Arbeit durch Eignerschaft und Kontrolle über die Produktivkräfte, sondern auch mit der Abschöpfung einer Art *Informationsmehrwert* aus den einzelnen Arbeitern und Konsumentinnen, um daraus Prognosemodelle zu entwickeln, die sämtliche Aktivitäten noch stärker der politischen Ökonomie der Information unterordnen. In der sind Sie nichts anderes als eine Nutzer'in, und alles, was Sie in Hörweite von Echo tun, jede Bewegung, die Sie mit Ihrem Handy machen, jede Aktivität auf Ihrem Laptop und alles, was von Ihnen oder über Sie festgehalten und aufgezeichnet wird, während Sie Ihrem täglichen Leben nachgehen, wird von einem Vektor erfasst und in einen Rechenvorgang eingespeist, der den Nutzen optimieren soll, den Sie für den Ruhm von Amazon, Google, Apple oder einem anderen Unternehmen haben, das einer neuen Art von herrschenden Klasse gehört und von ihr kontrolliert wird: der Vektoralistenklasse. *To the vector the spoils.*[35]

Warum gibt es so viel Widerstand dagegen, überhaupt darüber nachzudenken, ob all das nicht Teil einer neuen Produktionsweise ist? Ich beginne in Kapitel 1 mit der Frage, warum wir *glauben* wollen, dass wir es mit Kapitalismus zu tun haben, auch wenn wir ihn hassen. Wenn man einen Schritt zurücktritt, erscheint das tatsächlich etwas merkwürdig. Sogar seine Gegner haben begonnen sich vorzustellen, *das Kapital sei ewig*. Vielleicht ist es an der Zeit sich zu fragen, ob der Begriff des Kapitals am Ende nicht mehr Theologisches an sich hat, als Marx es beabsichtigt hätte. Daher geht *Das Kapital ist tot* gleichzeitig entlang zweier Linien vor. Das Buch plädiert mit einem Mindestmaß an Plausibilität dafür, dass die These einer neuen Produktionsweise es wert ist, ihr nachzugehen. Gleichzeitig bietet es einen kritischen Blick auf die Tatsache, dass wir uns darauf versteift haben, sämtliche neu aufkommenden Phänomene so erklären zu wollen, als seien sie stets Ausdruck desselben ewigen Wesens des Kapitals.

Die meisten Marxisten wollen gerne glauben, sie hätten mit der Religion gebrochen, haben aber aus diesem Bruch selbst eine Religion gemacht.[36] Wenn der Kapitalismus als historisches Konzept funktionieren soll, dann muss die Frage, wie und wann er endet, eine offene sein. Stattdessen scheinen wir bei einer nicht sehr logischen, aber doch emotional bezwingenden Denkweise gelandet zu sein: Da sich der Kommunismus nicht durchgesetzt hat, müssen wir es nach wie vor mit Kapitalismus zu tun haben. Die Realität und die Sprache der Gegenwart sind in einer imaginären Zukunft verankert. Die Herausforderung besteht darin, diesen Mythos der Geschichte zu entzaubern, ohne dabei die Fähigkeit zu verlieren, sich die historische Zeit auch in anderen Verläufen vorzustellen.[37]

Kritische Theorien der Kulturindustrie neigen dazu, die Frage außer Acht zu lassen, inwieweit heute die Produktion kritischer Theorie selbst ein unbedeutendes Genre innerhalb der Kulturindustrie ist.[38] Es weist einige der charakteristischen Merkmale auf: eine Wiederholung von Gemeinplätzen; Erzählformen mit vorhersehbarer Auflösung; eine Kultur der Exegese, die Gleichförmigkeit reproduziert. Aus kritischer Theorie wird hypokritische Theorie. Und daher versuche ich in Kapitel 1, den kritischen Impuls von Marx mit Schreibweisen der historischen Avantgarden zu verbinden, die solche Gewohnheiten zu durchbrechen versuchen und das Schreiben eher als materielle Praxis mit offenem Ausgang betrachten.

Vielleicht ist das Schreiben kritischer Theorietexte Teil derselben politischen Informationsökonomie wie alles andere. Vielleicht durchdringt die distinkte Eigentumsform der Informationsware wie so viele andere Dinge auch solche Objekte. Vielleicht ist es Teil des Problems, dass wir das Archiv solcher Texte als ein Archiv von Privateigentum betrachten. In Kapitel 1 plädiere ich für ein anderes Verhältnis zum Archiv und zum Schreiben, und zwar für ein von den Situationisten entwickeltes: das *détournement*. Es funktioniert spielerisch und zugleich so, als wäre das Schreiben die Praxis eines literarischen Kommunismus.[39]

Nach einem Blick auf Glaubensgewohnheiten und Schreibpraktiken widmet sich Kapitel 2 dem Gedankenexperiment, dass wir es möglicherweise nicht mehr mit Kapitalismus zu tun haben, sondern mit etwas Schlimmerem. Hier wiederhole ich in komprimierter Form eine These, die ich erstmals im *Hacker-Manifest* (2005) aufgestellt habe und nun auf den neuesten Stand bringe, um der weiteren Entwicklung dieser eigentümlichen Produktionsweise Rechnung zu tragen.[40] Ich gebe ihren Erscheinungen hier einige vorläufige Namen: Die neu entstehende herrschende Klasse nenne ich die *Vektoralistenklasse*, denn ihre Klassenmacht ergibt sich aus ihrem Eigentum am und ihrer Kontrolle über den Informationsvektor.

Zum Informationsvektor gehört die Fähigkeit, Information zu übertragen, zu speichern und zu verarbeiten. Sie ist das materielle Instrument, mit dem die sogenannten Big Data zusammengetragen und ihr Prognosepotenzial ausgeschöpft wird. Die Vektoralistenklasse besitzt und kontrolliert Patente, die ihr die Monopole auf diese Technologien sichern. Sie besitzt oder kontrolliert die Marken und Celebrities, die Aufmerksamkeit auf sich ziehen. Ihr gehören die Logistik- und Versorgungsketten, die dazu beitragen, dass die Information Teil ihrer proprietären *Stacks* bleibt.

Was eine politische Ökonomie der Information auszeichnet, ist die Art und Weise, in der sie von Differenz statt von Gleichheit Gebrauch macht. Der Bauer und die Arbeiterin produzieren Gütereinheiten, die innerhalb ihrer Art gleichwertig sind. Was ich die

Hackerklasse nenne, muss aus Gleichartigkeit Differenz herstellen. Sie muss Information erzeugen, die neuartig genug ist, um als geistiges Eigentum erkennbar zu sein – ein Problem, das Grundeigentum oder kommerzielles Eigentum nicht haben.

Mit Hackerklasse meine ich all jene, die aus alter Information neue Information erzeugen, und nicht nur Menschen, die ihren Lebensunterhalt mit Programmieren verdienen. Teil des heutigen Kampfes ist es, ein gemeinsames *Klasseninteresse* in allen Formen der Informationsproduktion zu sehen, sei es in den Wissenschaften, Technologie, Medien, Kultur oder Kunst. Wir alle haben gemeinsam, dass wir neue Information erzeugen, aber nicht über die Mittel verfügen, ihren Wert abzuschöpfen. Und doch ist die Weise, wie wir dies tun, nicht ganz dasselbe wie Arbeit [labor], so wie eine Arbeiterin [worker] zu sein nicht ganz dasselbe ist wie eine Bäuerin. Wie aus Marx' politischen Schriften viel deutlicher hervorgeht als aus dem *Kapital*, gibt es stets viele untergeordnete Klassen, so wie es auch mehr als eine herrschende Klasse geben kann.[41] Die Produktionsweisen sind vielfältig und überschneiden sich.

Kapitel 3 stellt die Frage, ob Entwicklungen in den Produktivkräften die Produktionsverhältnisse verändert und eine neue Art von herrschender Klasse mit anderen Interessen hervorgebracht haben. In dieser Geschichte stehen jedoch die Produktivkräfte nicht außerhalb des historischen Kampfes und entwickeln sich nicht einfach von selbst. Im Gegenteil, die Produktivkräfte nehmen ebenfalls eine Form an, die durch eine Reihe von Klassenkämpfen bestimmt wird. Wer sind die Akteure dieses Kampfes? Welche Rolle spielen Wissenschaftlerinnen und Ingenieure? Hätte es anders kommen können?

Die Tatsache, dass wir dies überhaupt thematisieren, wirft Fragen nach der selektiven Tradition auf, innerhalb derer wir über das zwanzigste Jahrhundert nachdenken.[42] Was unserer Vorstellung nach in dieser Zeit geschehen ist, und welche engagierten Schriftsteller in ihr und gegen sie gekämpft haben, – dieses Bild wurde vom Kalten Krieg entstellt.[43] Man hat die wissenschaftliche Linke von der Bildfläche entfernt. Sie waren Kommunisten oder »Weggenossen«. Ihr geistiges Erbe wurde verdrängt, auch innerhalb der Linken. Ich beschreibe den gegenwärtigen Zustand der Produktivkräfte nicht als ein vermeintlich unausweichliches Resultat der Metaphysik der Technik, sondern als das Ergebnis eines verlorenen Kampfes um die Form der Technologie und der Arbeit an der Erzeugung neuer Information in wissenschaftlichen und technischen Bereichen.

Das erste Mal, dass so etwas wie eine transnationale Allianz von Bauern, Arbeiterinnen und Hackern überhaupt postuliert wurde, geschah in den 1930er Jahren. Diese Allianz war Teil sowohl des globalen Kampfs gegen den Faschismus als auch der sowjetischen Realpolitik, und sie wurde (auf beiden Seiten) vom Kalten Krieg besiegt. Eine der Folgen dieser Niederlage ist die unkontrollierte Beschleunigung immer abstrakterer Formen der Kommodifizierung, zunächst von Boden, später von Arbeit und schließlich von Information. Die Instrumentalisierung von Information lässt die ganze Erde als Ressource erscheinen, deren Mobilisierung durch Information gesteuert wird und auf Information beruht, die alles – einschließlich der Information selbst – als Ware behandelt.

Das ist vielleicht nicht die Ware in ihrer klassischen Form, wie Marx sie sich Mitte des neunzehnten Jahrhunderts vorstellte.[44] Die Warenform ist nicht ewig. Kommodifizierung bedeutet heute nicht das Erscheinen einer Welt von Dingen, sondern einer Welt von *Information über Dinge*, einschließlich Information über jeden möglichen künftigen Zustand dieser Dinge, extrapoliert aus einer quantitativen Informationsmodellierung, die mehr oder weniger in Echtzeit die sich wandelnden Zustände der Dinge abbildet.[45] Eine Ware erscheint heute einzig und allein als Vektor, als ein durch das Interface Ihres Smartphones oder Tablets oder Computers auszuschöpfendes Potenzial.

Ein genauerer Blick auf die Produktivkräfte ist nicht identisch mit einer Betrachtung der Technologie. Der Unterschied besteht darin, dass Ersterer Fragen zur Handlungsmacht und insbesondere zur Handlungsmacht der Klasse stellt.[46] Kapitel 4 bringt uns zu einer umfassenderen Behandlung von Klassenfragen. Hier sehen wir uns an, was marxistische Theorien der Klasse von anderen soziologischen Herangehensweisen unterscheidet. Sobald wir einen Weg gefunden haben, Klasse nicht nur als Kategorie, sondern als Formen von Antagonismen zu analysieren, können wir danach fragen, ob sich eventuell neue Arten von Klassenverhältnissen herausbilden.

Ein Klassenantagonismus kann sich aus *Eigentums-*, *Autoritäts-* oder *Expertiseverhältnissen* ergeben.[47] Wenn wir beim Nachdenken über neu entstehende Produktivkräfte unsere Aufmerksamkeit auch auf die Klasse richten, können wir uns fragen, ob die Produktivkraft der Informationserzeugung auch die Klassenverhältnisse beeinflusst. Der Informationsvektor ist offensichtlich mit neuen Formen von Eigentum, Autorität und Expertise verbunden. Obwohl es auf dem Patent- und Urheberrecht basiert, ist das geistige Eigentum – als eine Reihe von Quasi-Privateigentumsrechten an allen möglichen Formen neuartiger Information – eine relativ neue Erscheinung.[48] Die Evolution dieser Rechtsformen reagiert auf Veränderungen in den Produktivkräften und verstärkt diese zugleich. Die Information hat auch neue Arten von Autorität hervorgebracht. Wir leben nun mal nicht in Foucaults Panoptikum – sondern in etwas viel Schlimmerem. In jüngster Zeit sind außerdem völlig neue Felder für Expertise entstanden, die die Universität umgestaltet und zu einem Ort des Risikomanagements für die Produktion von geistigem Eigentum gemacht haben.[49]

Kapitel 4 bietet einen Querschnitt durch die gesellschaftliche Formation und zeigt ihre Funktionsweise. Kapitel 5 entwickelt eine Spekulation über ihre Entstehung. Es verwundert mich immer, wenn Menschen, die sich einbilden wie Marxisten zu denken, eine streng idealistische Sicht der jüngeren Geschichte vertreten: Es waren Ideen, die alles verändert haben, und diese Ideen waren »neoliberal«. Durch das Handeln politischer Akteure wurden sie schließlich zu Richtlinien und Gesetzen.[50] Diese Sicht scheint mir sämtliche Prinzipien einer materialistischen Geschichtsauffassung zu missachten. Die Ironie besteht darin, dass man für eine tatsächlich eher »orthodox« materialistische Betrachtung der Geschichte gezwungen ist, sich in Bezug auf gängige Vorstellungen der intellektuellen Linken ketzerisch zu verhalten.

Dieselben Produktivkräfte, die diese beispiellose Mobilisierung der Welt im Dienste der Steuerung durch Information bewirken, ermöglichen auch eine Wissenschaft von der Erde, die schlüssig belegt, dass wir unsere fehlende Wertschätzung der Welt im Ganzen so nicht fortsetzen können. Früher oder später (wahrscheinlich aber früher) wird durch sie das gesamte Klimasystem des Planeten zusammenbrechen.[51] Kapitel 6 versucht darüber nachzudenken, wie die Verwandlung des Kapitals in etwas anderes – in den Vektor – es genau dem näher bringt, das zu verstehen es nicht vermag: der Erde als der Heimat, aus der das Kapital uns vertrieben hat.

Es gibt zwei klassische Sichtweisen darauf, wie der Kapitalismus durch eine andere Produktionsweise abgelöst werden könnte. Entweder *beschleunigt* der Kapitalismus selbst seine Bewegung bis an den Punkt einer qualitativen Veränderung; oder das Proletariat, das er als seinen eigenen Antagonisten hervorbringt, *negiert* ihn von außen.[52] Das Problem besteht darin, dass beides nur soziologische oder bestenfalls soziotechnische Theorien sind. Weder die eine noch die andere stellt die Geschichte wieder in den Kontext der Naturgeschichte, aber in der Epoche des Anthropozäns, der Klimazerstörung und vieles anderem, ist es genau das, worauf sich unser Nachdenken beziehen muss, wenn es überhaupt zeitgemäß sein soll.[53]

Kapitel 6 fügt dem zwei weitere Arten der historischen Erzählung hinzu. Die erste *extrapoliert* aus der Naturgeschichte und sucht nach Wegen, auf denen wir etwas über anpassungsfähige und beständige Formen der Organisation von Materie, Energie und Information lernen können. Die Extrapolation ist nicht reduktionistisch, ihre Kernaussage beinhaltet, dass auf verschiedenen Organisationsebenen sehr unterschiedliche Arten von Formen möglich sind. Die Extrapolation öffnet die Tür für kreative und spekulative Weisen, in sehr unterschiedlichen Bereichen kollaboratives Wissen zu produzieren und entsprechende soziale Bewegungen zusammenzubringen. Sie bietet der Hackerklasse eine Möglichkeit, wie eine Klasse zu denken und zu handeln und dabei nicht nur kollaboratives Wissen, sondern auch experimentelle Prototypen für eine andere Lebensweise zu schaffen.

Den Kontrapunkt dazu bildet das, was ich *Trägheit* nenne. Wie kommt es, dass die gegenwärtige Produktionsweise trotz aller Belege dafür, dass sie sich auf einem Selbstmordkommando befindet, immer weiter auf ihr Scheitern zurast? Warum ändert sie nicht ihren Kurs? Wo die Extrapolation mögliche Verbindungen zwischen Natur- und Sozialgeschichte betont, unterstreicht die Trägheit die Unterschiede. Wir handeln innerhalb und entgegen einer Welt, die uns fremd bleibt. Während wir zu bloßen Nutzerïnnen degradiert und unsere Handlungen in die Warenform gezwungen werden, bringt unser kollektives Arbeiten und Spielen über uns und gegen uns eine Welt hervor, die unabänderlich in ihren eigenen Funktionsweisen verharrt.[54] Schlimmer noch, die kollektive menschliche Arbeit hat diese Welt für eine herrschende Klasse geschaffen, die nicht nur sich selbst, sondern auch uns immer weiter nach ihrem Bilde formt.

Die Extrapolation eröffnet aufregende Möglichkeiten zu gemeinsamem Denken und Handeln, um in den Ruinen der alten Zivilisation eine neue aufzubauen. Die Trägheit ist eine ernüchternde Mahnung daran, wie schwer das zu erreichen sein wird. Ich beende *Das Kapital ist tot* mit einem Kommentar zu Raoul Pecks Film *Der junge Karl Marx* (2017). Dabei hebe ich hervor, wie Marx und seine engsten Genossïnnen die Sprache und den Stil der progressiven Bewegungen ihrer Zeit veränderten. Sie befreiten sich von überkommenen Vorstellungen, von selektiver Tradition, selbst von radikaler selektiver Tradition. Vulgär gesprochen: Sie waren Punks.

Radikale können die konservativsten Menschen sein, wenn es um *Textolatrie* geht, also den Glauben an die Exegese des in Archiven verwahrten geschriebenen Wortes als eine Form des Wissens.[55] Ja, wir müssen dieses Wissen erzeugen und verteidigen angesichts einer herrschenden Ideologie, die diese Texte entweder für nutzlos oder für gefährlich hält. (Dass es sich hierbei um eine Ideologie handelt, zeigt sich an ihrem Beharren auf diesen beiden unvereinbaren Fehlschlüssen). Der Wunsch, über die geschätzten Texte hinauszugehen, wird aber allzu oft als Angriff auf das, wofür sie stehen, betrachtet. Irgendwann kommt der Moment, in dem man seine innere Punkrock-Göttin beschwört und die Dinge anders angeht. Unsere Methoden der Wissensproduktion sind für die heutige Zeit vielleicht ein bisschen zu vornehm geworden. Lassen wir es hier also mal krachen. Das könnte immerhin ein besserer Weg für die Kanalisierung der eigenen Wut sein, als Patti-Smith-Alben bei Amazon zu bestellen.

Kapitel 7 verteidigt den *Vulgärmarxismus* für seine Nähe zum Alltäglichen und zu neu entstehenden Techniken der kulturellen und kritischen Produktion. Ich betrachte hier vier Arten des vulgären Denkens, zwei aus der Zeit der 1920er Jahre und zwei aus den 1960ern. Wir haben es hier mit Vulgarianern zu tun, die wissen, wie Entwicklungen in den Produktivkräften den Möglichkeitsraum für das tägliche Leben und den täglichen Kampf umgestalten. Anders als die vornehmeren Vertreter kritischer Theorie entdecken sie Veränderungen in historischen Formationen, da sie nicht an residuale und archaische Formen kultureller Arbeit gebunden sind. In Bezug auf Rasse, Geschlecht und Sexualität sind sie längst vielfältig und divers, da das Vulgäre all jene einschließt, die in vornehmen Institutionen ausgeschlossen oder marginalisiert werden.

Jahrelang gehörte ich zu denjenigen, die von der sogenannten Alt-Right als »Kulturmarxisten« bezeichnet werden, denn ich interessierte mich vor allem für das, was im politischen und kulturellen Überbau der modernen Gesellschaft geschieht, und weniger für die technische und wirtschaftliche Basis. Der Versuch, die Kultur zu verstehen, bringt einen jedoch zur Beschäftigung mit Medien, was einen wiederum zu dem Versuch führt, die Technologie besser zu begreifen. Und dann stellt sich heraus, dass die feineren Formen des westlichen marxistischen Denkens, die inzwischen seit mehreren Generationen an den Universitäten gelehrt werden, nicht gut darin sind, zu verstehen, wie die *Produktivkräfte* tatsächlich funktionieren.[56] Dies erfordert einiges an echtem technischen Wissen und Erfahrung, oder zumindest das Eingeständnis, dass andere Menschen mehr davon verstehen, und die Bereitschaft, von ihnen zu lernen. Die Produktion von gegen-hegemonialem Wissen kann in der Tat nur gemeinschaftlich und kollaborativ stattfinden.[57]

Wir müssen bei den Spannungen der Gegenwart ansetzen und die textlichen Ressourcen der Vergangenheit frei an diese Situation anpassen. Das könnte ein besserer Weg sein, als mit Treue zu den Texten oder Ereignissen der Vergangenheit zu beginnen und alles an der Gegenwart zu ignorieren, was nicht zu ihnen passt.[58] Ich verstehe Pecks Film als Feier eines Willens, sogar diese überaus geschätzte radikale Sprache noch zu transformieren, um eine gegenwärtige geschichtliche Zeit in Begriffe zu fassen, die sie als handlungsfähig und gestaltbar erscheinen lassen. In diesem Sinne ist der Film ein Kunstwerk, das uns Mut machen sollte, nicht nur die hergebrachten Ideen zu wiederholen – und das gilt auch für die des guten alten Karl –, sondern uns an die gemeinschaftliche Produktion eines Wissens über die Gegenwart zu machen, das uns dabei helfen könnte, aus ihr herauszufinden.

1 Die erhabene Sprache meines Jahrhunderts

Ich wollte die schöne Sprache meines Jahrhunderts sprechen.
Guy Debord

In einem scheinen sich die Linke und die Rechte heute einig zu sein: dass die Gesellschaft, in der wir leben, *Kapitalismus* heißt.[1] Und seltsamerweise scheinen sich beide auch darin einig zu sein, dass der Kapitalismus ewig währt. Sogar die Linke scheint zu denken, dass dem Kapital ein ewiges Wesen zukommt und sich nur seine Erscheinungsweisen ändern. Der Festzug dieser sich wandelnden Erscheinungsformen bringt eine Reihe von Modifikatoren hervor: so etwa den *Nekro*kapitalismus, den *kommunikativen* Kapitalismus, den *kognitiven* Kapitalismus, den *Plattform*kapitalismus, den *neoliberalen* Kapitalismus oder den *Computer*kapitalismus.[2] Mal abgesehen von einem zunehmend allegorischen oder messianischen Sprung in etwas anderes, ist es, als ob dieses immer gleiche Ding einfach ewig so weiterliefe.

Ich habe eine Schwäche für die Schreibpraktiken der Moderne, und wann immer ich auf einen Begriff stoße, über den ein derart breiter Konsens herrscht, will ich ihn irgendwie in Frage stellen.[3] Ist dieser Kapitalismus, in dem zu leben wir uns alle einig sind, nicht eine allzu vertraute, zu behagliche, zu weitläufige Vorstellung geworden? Warum sind wir seinem Namen so *treu ergeben*? Die Realität, die der Begriff einst zu beschreiben versuchte, ist freilich alles andere als kuschelig. Der Kapitalismus ist eine Welt der Ausbeutung, Beherrschung und Unterdrückung. Der Kapitalismus – falls wir es noch immer mit ihm zu tun haben –

scheint wie ein Dampfhammer nicht nur seine gesellschaftlichen, sondern auch seine natürlichen Existenzbedingungen in Stücke zu schlagen. Aber dann ist das vielleicht die Frage, die wir uns stellen müssen: Warum haben wir es uns in einer Form von Beschreibung einer unbehaglichen Wirklichkeit so behaglich gemacht? Wollen wir von der Sprache eine Gewissheit fordern, die auch sonst nirgends zu haben ist?

Dass wir in der Welt des Kapitalismus leben, ist zu einer vertrauten Art geworden, etwas zu beschreiben, das das uns Vertraute zerstört.[4] Der Kapitalismus atomisiert und entfremdet. Er macht alles prekär – außer seinen eigenen Zugriff auf unsere Vorstellungskraft. Wenn das größte Kunststück des Teufels darin bestand, uns weiszumachen, dass es keinen Teufel gibt, dann besteht das größte Kunststück des Kapitalismus vielleicht darin, uns zu der Vorstellung zu verleiten, es gäbe nichts anderes als den immerwährenden Kapitalismus.

Es ist schwer, Dinge zu beschreiben, die sich unmerklich verändern.[5] Manche dieser Veränderungen sind wie der Sprung in der Porzellanschüssel, der einfach eines Tages auftaucht.[6] Es könnte durchaus die Sprachebene sein, auf der das Problem liegt. Die Sprache muss Veränderungen mit den begrifflichen Kombinationen und Permutationen beschreiben, die ihr zur Verfügung stehen: durch das *Kombinatorische*. Diese Kombinatorik von Begriffen hat immer etwas Binäres an sich.[7] Wenn etwas nicht Kapitalismus ist, dann muss es eben Kommunismus sein, seine Negation. Da es aber offensichtlich nicht Kommunismus ist, muss es letztlich doch immer noch Kapitalismus sein. Aber was, wenn die zu beschreibende Veränderung nicht ganz dem sauberen digitalen Schnitt zwischen dem einen Begriff und dem anderen entspricht? Vielleicht sind Übergänge zwischen Produktionsweisen ebenso schwer zu beschreiben wie Stimmungswechsel.

Es gab einmal eine Sprache für die Übergänge zwischen Produktionsweisen. Es gibt eine ausführliche Auseinandersetzung darüber, wie der Feudalismus zum Kapitalismus wurde, ob es mehrere Wege zum Kapitalismus hätte geben können, ob es mehr als eine Art von Sozialismus geben könnte, die ihm folgt. Die Debatten darüber, wo der Kapitalismus herkommt, sind faszinierend, aber vor allem von akademischem Interesse.[8] Die Debatten darüber, wohin es mit ihm gehen könnte, sind in Diskursen zum Kalten Krieg stecken geblieben; mit dem Untergang der Sowjetunion scheinen sie hinfällig geworden. Mit der Beschneidung der historischen Zeitachse auf den Klumpen in der Mitte, genannt Kapitalismus, findet sich auch die historische Vorstellungskraft geschwächt.

Dass die Sprache tendenziell so funktioniert, bringt uns in eine sehr seltsame Situation. Heute operieren sowohl die Linke als auch die Rechte am Ende mit derselben Sprache, die nichts anderes als den Kapitalismus kennt. Es war sicher nicht Marx' Absicht, dass die Sprache, die er für die kritische Auseinandersetzung mit seiner Zeit entwickelte, Gemeinplätze hervorbringt, die auch unsere Feinde verwenden. Neben anderen schriftstellerischen Qualitäten war Marx tatsächlich einer der großen modernen Poeten.[9] Er nahm Änderungen an der Sprache vor, die überdauert haben. Natürlich arbeitete er mit dem Sprachmaterial, das ihm zur Verfügung stand, aber er hat etwas Bleibendes geschaffen: eine terminologische Kombinatorik, eine Begriffsmatrix für die Beschreibung von Geschichte.[10] Wie jedes große poetische Korpus ist sein Werk ungeheuer vielfältig. Aber einige wenige Standardpermutationen sind uns im Gedächtnis geblieben wie großartige Popsongs, wenn auch vielleicht mit falsch erinnertem Text.[11]

Und hier kommt, glaube ich, sein größter Hit, sein epischer Track, der ein ziemlicher Ohrwurm geworden ist. Und der geht so: Das ist der Kapitalismus. Er hat ein Wesen und er hat Erscheinungsformen. Seine Erscheinungsformen sind falsch, eine Phantasmagorie von Fetischen, in der Waren so erscheinen, als wäre ihnen ein selbsttätiger Geist verliehen. Sein wahres Wesen wird durch die folgenden Merkmale bestimmt: durch die Warenform mit ihrem Doppelcharakter aus Gebrauchs- und Tauschwert; durch die doppelte Form der Arbeit als konkret-nützliche und als abstrakte Arbeit; durch das Abschöpfen von Mehrwert im Produktionsprozess; durch das Lohnverhältnis; durch die zunehmende organische Zusammensetzung des Kapitals, in der es mehr und mehr aus toter statt aus lebendiger Arbeit besteht; durch die Krise, die der tendenzielle Fall der Profitrate verursacht. Und schließlich durch die Negation.[12]

Man könnte endlos darüber debattieren, ob es das ist, was Marx wirklich meinte, aber ich denke, es ist eine gute Zusammenfassung davon, wie ihn viele verstanden haben. Es ist eine Art Urfassung von Marx, die zu einem eingängigen Refrain geworden ist. Oder sogar zu einem Mythos. Es gibt hier obendrein zwei Hauptvarianten des Mythos von der Negation. Entweder negiert sich der Kapitalismus selbst und wird durch seine eigenen Widersprüche in den Ruin getrieben. Oder er wird von einem Subjekt negiert, das er als seine eigene Negation erzeugt: der Arbeiterklasse. In beiden Varianten ist eines entscheidend: Bis zum Moment der Negation kann der Kapitalismus zwar seine Erscheinungsweisen, aber niemals sein Wesen verändern. Sein Wesen kann nur durch Widerspruch oder Kampf negiert werden.

Aus diesem rhetorischen Rahmen sprudeln diverse Songvariationen, die sich wandeln wie Genres der Techno-Musik.

Es gibt andere Möglichkeiten, Varianten der Marx'schen Begriffskombinationen durchzuspielen. Zum Beispiel kann man das abstrakte Wort *Negation* austauschen und durch *Akzeleration* (Beschleunigung) ersetzen. Dieser Ansatz war zu Beginn des 21. Jahrhunderts wieder populär, wie schon zu Beginn des 20. Jahrhunderts.[13] Die Idee dabei ist, dass es einfach nichts gibt, das imstande wäre, das Kapital zu negieren, weder in seinen eigenen Widersprüchen noch in der Kraft, die es in und gegen sich selbst hervorbringt. Vielmehr ist das Beste, was man tun kann, es bis an sein Ende zu beschleunigen, hin zu einem prometheischen Sprung in eine andere Produktionsweise.[14] Es bleibt jedoch festzustellen, dass dies keine so neuen Töne sind, wie seine Verfechter glauben wollen. Die mythische Form des Kapitals als ewiges Wesen bleibt unangetastet.

Doch sowohl der Glaube an die Negation wie an die Akzeleration des Kapitals ist geschwunden. Das Wesen des Kapitals ist ewig – das ist das hervorstechende Merkmal der heutigen Vorstellungen von ihm.[15] Naturgemäß haben seine Liebhaber diesen Gedanken ins Herz geschlossen. Der Kapitalismus muss durch unsere Liebe nur noch vervollkommnet werden. Dies wird manchmal (mit einem erstaunlichen Mangel an Phantasie) *Neoliberalismus* genannt. Noch seltsamer ist allerdings, dass seine Nicht-Liebhaber dem zuzustimmen scheinen.[16] Das Wesen des Kapitals ist ewig. Es besteht immer weiter, und alles ist Ausdruck seines Wesens. Das Kapital ist das Wesen, das überall zum Ausdruck kommt, und sein Ausdruck tendiert dazu, immer allumfassender zu werden.

Die andere Seite des ewigen Wesens des Kapitals sind seine sich ständig wandelnden Erscheinungen. Dem Wandel wird durch die Verwendung von Modifikatoren Rechnung getragen. Die Erscheinungsformen können sogar spezifischen Perioden zugeordnet werden: Es gab den *Handels*kapitalismus, dann den *liberalen* Kapitalismus, den *Monopol*kapitalismus, dann den *neoliberalen* Kapitalismus. (Jene andere und problematischere Kategorie, die »asiatische Produktionsweise«, wollen wir lieber gar nicht erwähnen, denn die hätte eigentlich gar keine eigene Geschichte haben sollen.)[17]

Es besteht jedoch einiges an Unklarheit darüber, wie die gegenwärtige Phase zu nennen ist. Es könnte sich um *Desaster*-, *Semio*-, *Neuro*- oder *Spätkapitalismus* handeln, um den *kognitiven*, *biopolitischen*, *neoliberalen* oder *postfordistischen Kapitalismus*, um nur einige Optionen aufzuzählen.[18] Man beachte, dass die letzten beiden zeitliche Modifikationen eines Modifikators sind: *neo*liberal, *post*fordistisch. Könnte es einen besseren Ausdruck geben für die vollständige Entkräftung des Vorstellungsvermögens durch den Kapitalismus (oder was immer er ist), dass dies das Beste ist, was unsere Poeten zustande bringen?[19] Modifikationen des Modifikators?

Abgesehen von der Beifügung modifizierter Modifizierer zur sakralen Kategorie des Kapitals ist eine weitere Variante erwähnenswert, die auf andere Weise im Kombinatorischen operiert. Diese Poetik vollzieht eine Spaltung innerhalb seiner wesentlichen Kategorien. Ihre Anhänger neigen dazu, mit der binären Differenz zwischen zwei Begriffen, die sich aus der Spaltung ergibt, ein wenig über die Stränge zu schlagen – obwohl sie nie mutig genug waren, allzu stark mit dem Wesen des Kapitalismus zu brechen. Stattdessen klingen sie so: Früher gab es *materielle*

Arbeit; jetzt gibt es *immaterielle* Arbeit. Das ist eine andere Art der Arbeit. Sie ist das Gegenteil! Aber was diese Arbeit hervorbringt und wovon sie ausgebeutet wird, ist nach wie vor nur ein modifizierter Kapitalismus, ein *kognitiver* Kapitalismus.[20] Er ist nun nicht mehr materiell. Es geht beim Kapitalismus selbst um Ideen.

Es ist frappierend, wie sehr man sich vom Sprachspiel hinreißen lassen und dabei vergessen kann, sich die Wirklichkeit anzuschauen. Irgendwie glaube ich nicht, dass die zig Millionen Industriearbeiter in China ihre Arbeit als immateriell wahrnehmen.[21] Auch vollzieht sich diese seltsame immaterielle Arbeit der überentwickelten Welt nicht ohne eine umfassende technische Apparatur, ja eine ganze neue Reihe von Produktivkräften, einen *Stack* von Vektoren, eine Infrastruktur – wie auch immer man es nennen will.

Die Aufgabe dieses kleinen Buches ist also eine Provokation: die Möglichkeit in Betracht zu ziehen, dass der Kapitalismus bereits historisch geworden ist, dass aber die Periode, die auf ihn folgt, schlimmer ist. Dass sie schlimmer sein könnte, bringt uns weg von den freudigen Erzählungen, in denen der Spätkapitalismus das magische Königreich ist, frei von Widersprüchen und Klassenkampf, wo die Geschichte endet.[22] Stattdessen schlage ich in diesem Gedankenexperiment vor, die Gegenwart so zu beschreiben, dass sie eine neue Art von Klassenkonflikt mit einschließt wie auch neue Arten von Klasse, entstanden aus den jüngsten Wandlungen der Produktivkräfte und Produktionsverhältnisse. Indem wir unsere überlieferten Vorstellungen und ererbte Sprache diesem Druck aussetzen, können wir vielleicht beginnen, die Umrisse der Gegenwart neu zu sehen, losgelöst von unseren Denkgewohnheiten.

Es gab einmal einen groß angelegten Versuch, zumindest einen Teil dieses gewaltigen episch-poetischen Bauwerks zu vollenden. Er begann mit der Infragestellung der Idee, dass das Kapital ein Wesen und eine Erscheinung hat. Was, wenn die Erscheinungen ebenso real wären wie das Wesen? Bevor wir uns dieser Frage zuwenden, sollten wir noch ein wenig mehr Nuancen hinzufügen. Es gab in Wirklichkeit zwei Versionen der Wesen-Erscheinungs-Struktur. Die eine hielt das Ökonomische für das Wesen, aber im Sinne einer Basis, auf der alles andere aufgebaut ist. Diese eher vulgäre Version wird *Ökonomismus* genannt. In der anderen Version ist nicht das Ökonomische, sondern die Warenform das Wesen, und zwar eines, das in der Geschichte entstanden und dann zum Wesen der Geschichte geworden ist, die seine Erscheinungsformen in einer falschen Totalität oder im Spektakel zusammenfasst.[23]

Demgegenüber war Louis Althusser der Ansicht, dass die ökonomische Basis nur in letzter Instanz alles andere bestimme. Der politische und kulturelle Überbau seien keine bloßen Erscheinungen. Sie haben ihre eigene materielle Form, aber eine, deren Funktion darin besteht, die wesentliche ökonomische Form des Kapitalismus zu reproduzieren.[24] Was auch immer ihre Verdienste sein mögen, war diese Version wie Katzenminze für akademische Marxisten, die nach Wegen suchten, sich in die konventionellen universitären Disziplinen einzufügen, denn sie bot drei verschiedene Studienobjekte: das Ökonomische, das Politische und das Ideologische (oder Kulturelle). Diese Begriffsgegenstände entsprechen praktischerweise denen bestehender akademischer Disziplinen.

Wenn Dinge wie Politik oder Kultur relativ autonome Überbauten einer ökonomischen Basis sind, und wenn sie ihre eigene materielle Form haben, dann haben sie vielleicht sogar ihr eigenes Wesen! Es dauerte nicht lange, bis die Kultur ihre eigenen, der Linguistik entlehnten, essenziellen Kategorien hatte: der Signifikant und das Signifikat waren so etwas wie Tauschwert und Gebrauchswert. Ein abstraktes Wesen! Und zwar ein ganz *anderes*! Man konnte sich also einfach darauf spezialisieren, das Lied dieser (relativ) autonomen Welt der Wesen und Erscheinungen zu singen, und dabei weiterhin auf das Hauptnarrativ verweisen, dass dies sehr wohl Kapitalismus ist und bleiben wird.[25]

Wenn die Wirtschaft ein Wesen und Erscheinungsweisen hat und die Kultur ein Wesen und Erscheinungsweisen hat, dann vielleicht auch die Politik. Das Wunderbare an Sprache ist: Wenn man sie sucht, kann man sie finden. Ja, auch die Politik hat ein Wesen! Es ist ›das Politische‹, das große grundlegende Drama von Freund gegen Feind, oder vielleicht auch der Dissens oder irgendetwas anderes.[26] Die Hauptsache ist, dass wir das Lied vom Wesen und den Erscheinungen der Politik singen können und gleichzeitig auf das Hauptnarrativ hinweisen, dass dies in der Tat Kapitalismus ist und bleiben wird.

Ich muss sagen, dass mein innerer Modernist das alles ziemlich banal findet. Ist das unser bester Versuch, die erhabene Sprache unseres Jahrhunderts zu sprechen?[27] Warum wirkt das alles gleich, so wie Popmusik? Variationen über Themen, die alle auf dieselbe alte Leier hinauslaufen, dass das Kapital ewig ist? Eines Tages (der niemals kommt) wird es einen messianischen Sprung in etwas anderes geben.[28] Mir scheint, dass unsere Poesie des Kapitalismus – oder was auch immer er ist – alle Anzeichen einer Kulturindustrie aufweist. Nirgendwo in diesen Melodien findet sich jener markante Ton der Nicht-Äquivalenz oder jener Moment der Verfremdung, in dem das Dach einstürzt.[29]

Es stellt sich die Frage: Welche emotionale Bindung haben wir zu der Vorstellung, dass wir im Kapitalismus leben und dass dieser ewig währt?[30] Man muss leider sagen, dass die energischsten Versuche, eine andere Geschichte zu erzählen, einen anderen Ton anzuschlagen, in böser Absicht unternommen wurden. Es gab eine Zeit, in der das eine populäre Kunstform war. Während die Sowjetunion die Eigentumsrechte an der Erzählung vom Kapitalismus und seiner kommenden Negation beanspruchte, konnte man in der »freien Welt« gut davon leben, sich eine andere Geschichte auszudenken. Es überrascht nicht, dass es ehemalige Marxisten und Sozialisten waren, die die meisten dieser alternativen epischen Gedichte schrieben, die sich zu ganzen Weltanschauungen ausgewachsen haben.

Diese ehemaligen Marxisten besangen den Glanz der »Managerrevolution« und der »postindustriellen Gesellschaft«, die Bedingungen für »Take-off« und Wachstum, den »Future Shock« technologischer »Disruption«. Allen diesen epischen Erzählungen war gemeinsam, dass sie die grundlegende marxistische Begriffskombinatorik zum Verständnis der Geschichte anerkannten. Sie akzeptierten ihre Macht, ihre Poesie.[31]

Aber sie änderten den Schluss. Statt mit Negation endet die Geschichte damit, dass das Kapital seine eigenen Widersprüche auflöst. Es ist ein Happy End, das Theodor W. Adorno eine *erpresste Versöhnung* genannt hätte.[32] Diese Mythopoesie war während des Kalten Krieges einigermaßen verbreitet. Doch mit dem Zusammenbruch der vermeintlich sozialistischen Welt der Sowjetunion, die sämtliche Verwertungsrechte an der großen marxistischen Erzählung beanspruchte, verloren diese Gegengeschichten ihre Kraft.

Eine einflussreiche Gegengeschichte aus dem 20. Jahrhundert hat überlebt. Der Autor, der sie prägte, Joseph Schumpeter, war kein Sozialist, obwohl er kurzzeitig für eine sozialistische Regierung arbeitete.[33] Wahrscheinlich hat er die Geschichte von dem ehemaligen Marxisten und Verräter Werner Sombart übernommen. In diesem Spiel mit der Kombinatorik der marxistischen Sprache affirmiert sich das Kapital ständig selbst, indem es sich ständig selbst negiert. Es negiert sich selbst, und zwar in affirmativer Weise, als »schöpferische Zerstörung«. Es kann sich selbst »disruptieren«! Tatsächlich wird die Selbst-Disruption zu seinem Wesen. Und es ist unsere heilige Pflicht, ihr niemals in die Quere zu kommen. In unserer Zeit wurde diese alte Geschichte an das Glaubenssystem der so genannten Tech-Industrie angepasst, als Teil dessen, was Richard Barbrook die *kalifornische Ideologie* nennt.[34] In sie lassen sich bestimmte andere Variationen integrieren, zum Beispiel die über die »vierte industrielle Revolution«.[35]

Der Dünkel all dieser postkapitalistischen Erzählungen bestand darin, dass wir es nicht mehr mit demselben alten Kapitalismus zu tun haben – sondern mit etwas Besseres! Sobald die Menschen den Anfang einer Geschichte darüber hören, dass sie nicht mehr im Kapitalismus leben, wächst in der Regel ihr Widerstand. Sofern man nicht zufällig mehrere Millionen Dollar wert ist, wird man eher geneigt sein, die neue Produktionsweise nicht für etwas Besseres als den Kapitalismus oder für einen sich selbst verbessernden Kapitalismus zu halten.

Vielleicht wäre es ästhetisch und politisch interessant, die andere Abzweigung möglicher episch-poetischer Begriffskombinationen zu nehmen. Warum nicht statt der These, dass wir es nicht mit Kapitalismus zu tun haben, sondern mit etwas Besserem, lieber diejenige verfolgen, dass wir es nicht mit Kapitalismus zu tun haben, sondern mit etwas Schlimmerem? Auch dies stößt auf viel Widerstand. Das kann ich aus Erfahrung sagen, da ich fünfzehn Jahre lang versucht habe, Variationen dieses Textes zu schreiben.[36] Niemand will die Sicherheit des Teufels, den er kennt – oder zu kennen glaubt –, für etwas aufgeben, das Schlimmeres verspricht.

Die schlechte Nachricht lautet also: Das ist kein Kapitalismus mehr, es ist etwas Schlimmeres. Und die gute Nachricht lautet: Das Kapital ist nicht ewig, und selbst wenn diese Produktionsweise schlimmer ist, so währt sie nicht für immer. Es könnte andere geben. Darin besteht heute der Kampf. Okay, das ist jetzt keine wirklich gute Nachricht. Aber es gibt auch dies: ein Ende der Links-Melancholie, dieser ewigen Traurigkeit über den ewigen Kapitalismus.[37]

Interessanterweise gibt es wenige Menschen, die auch nur versuchen würden, das-Kapital-ist-tot wenigstens als Gedankenexperiment zu betrachten. Es ist wirklich etwas Fundamentales an dem Mythos, dass wir im Kapitalismus leben – als wäre Kapital der Name eines Gottes. Vielleicht ist das sogar das bestimmende Merkmal heutiger Ideologie. Ideologie besteht heutzutage nicht in der Akzeptanz einer neoliberalen *Gefühlsstruktur* oder ihrer Denk- und Handlungsgewohnheiten.[38] Die heutige Ideologie klammert sich an den Glauben, dass wir es mit Kapitalismus zu tun haben. Der Gedanke, dass wir in einer illusorischen Welt des *kapitalistischen Realismus* leben, gesteht vielleicht auch dem Glauben an das ewige Kapital noch zu viel Realität zu.[39]

Ich denke, wir könnten jetzt auch mal mutig sein. Lassen wir Marx' berüchtigte Bemerkung wieder aufleben: »Alles, was ich weiß, ist, dass ich kein Marxist bin.«[40] Was, wenn wir das in dem Sinne verstehen, dass er niemand war, der einfach eine von Vorgängern übernommene Sprache und poetische Form als gegeben hinnahm? Er war im Gegenteil jemand, der diese Sprache mit einem ganz bestimmten Ziel vor Augen selbst entwickelte: die Situation seiner Zeit *aus Sicht der Arbeit* zu verstehen. Also: Was, wenn wir uns weiter daran halten, nicht seine, sondern unsere Situation vom Standpunkt der Arbeit aus zu betrachten – was auch immer das heute bedeuten mag –, und den Rest ausklammern?

Mir erscheint das recht sinnvoll. Für mich ist es wirklich ein Rätsel, warum wir sprachliche Versatzstücke aus Marx' Zeit verwenden sollten, um unsere Zeit zu verstehen. Was nützen uns seine spielerischen Abwandlungen der philosophischen Moden, der Populärwissenschaft, der politischen Traktate oder der technologischen Metaphern aus der Mitte des 19. Jahrhunderts? Wenn Dichter oder Romanschriftsteller auf solche alten Formen zurückgreifen, halten wir das sogleich für überholt oder auf ironische Weise retro. Aber unsere kritische Theorie soll sich irgendwie weiter um das ewige Kapital drehen, als wäre sie ein Subgenre des Steampunk.[41]

Unterschiedliche Textgattungen haben unterschiedliche Verhältnisse zu Tradition und Innovation, und das an unterschiedlichen Zeitpunkten in ihrer Entwicklung. Sie sind nicht immer synchron. In der Regel gibt es eine Kulturindustrie, die die eher innovativen Texte zur Gleichförmigkeit zurechtstutzt, und eine Avantgarde, die dieser Gleichförmigkeit zu entkommen und etwas anderes zu machen versucht. Wer einen interessanten (und nicht nur erfolgreichen) Roman oder ein solches Gedicht zu schreiben unternimmt, will die Form erneuern, anstatt den eigenen Wein in denselben alten Schläuchen zu verkaufen. Blicken wir allerdings auf Lektüren und Neufassungen von Marx, so scheinen diese mir eher Teil der Kulturindustrie zu sein. Es ist heutzutage ein Gemeinplatz, *Das Kapital* als philosophisches Werk oder gar als Roman zu lesen, dies aber mit eindeutig unmarxistischer Ehrfurcht zu tun.[42]

Wie alles andere ist auch die Übermittlung des Marx'schen Korpus über die Zeit hinweg eine Frage dessen, was Raymond Williams *selektive Überlieferung* [selective tradition] nannte.[43] Der größte Teil der Marx-Textologie bedient sich konventioneller Verfahren der *Zitation*, *Exegese* und *Interpretation*.[44] Für gewöhnlich wird bei diesen Lesarten irgendetwas aus den kanonischen Texten herausgegriffen, um daraus eine Bedeutung abzuleiten, die den Texten entgegensteht. Sie werden zu einem Beweismittel, das ein ihnen zugrundeliegendes Wesen abbildet.

Während man sich das Kapital als ein Wesen vorstellt, das falsche Erscheinungen erzeugt, liest man das Marx-Korpus als eine Erscheinung, die – in den meisten Fällen – einem Wesen entspricht. Marx' Texte lassen sich diskret korrigieren, um ihrem wahren Wesen treu zu bleiben. (Das Schreiben einer solchen Form von Marx-Fan-Fiction ist unseren konservativen Textologen Originalitätskick genug). In diesem Wesen liegt die Wahrhaftigkeit, der gegenüber dann die falschen Erscheinungen der Welt zur Rechenschaft gezogen werden.

Anstatt das Marx'sche Werk durch den Interpretationsfilter eines Marx'schen Wesens zu lesen, kann man Marx' Texte auch durch den Interpretationsfilter fremder Texte lesen. Das führt zu all den *Supplementmarxismen*: Marx aus der Perspektive des Strukturalismus, der Psychoanalyse, der Dekonstruktion und so weiter.[45] Im Gegensatz zur Lektüre des Marx-Korpus im Hinblick auf seine Treue zu einem entsprechenden Marx-Wesen, funktioniert dieses Verfahren etwas anders. Es ergibt einen Marx, der etwas anderes sagt als das, was er wahrscheinlich glaubte, sagen zu wollen. Es gibt immer noch einen »echten« Marx, den man interpretieren muss, aber er kann von der Oberfläche des Textes abweichen. Der Kapitalismus kann dann im Sinne dessen gelesen werden, was dieser andere Marx meinte, und die Marx'schen Oberflächeneffekte, die damit nicht übereinstimmen, sind ihrerseits Rückstände des Kapitals selbst.

Verfolgt man diese Methode bis zu Ende, neigt sie dazu, postmarxistisch zu werden – wo Marx selbst mehr Symptom als Diagnose zu sein scheint.[46] Mit Foucault sagt man dann zuletzt: »Der Marxismus ruht im Denken des neunzehnten Jahrhunderts wie ein Fisch im Wasser. Das heißt: überall sonst hört er auf zu atmen.«[47] Das Paradoxe daran ist: Weil die in der selektiven Tradition des Marxismus operierenden Lektüreverfahren eher konservativ sind, bleibt Marx am Ende in der Sprache seiner Zeit gefangen. Seine Kombinatorik wird nicht wirklich erschlossen, um sich frei durch unsere Zeit zu bewegen.

All dies betrifft eine Marx-Überlieferung, wie sie für nichtmarxistische und sogar postmarxistische Philosophen und andere Geistes- oder Sozialwissenschaftler:innen typisch ist, sowie einen davon nicht sehr verschiedenen Ansatz der eher scholastischen Parteifunktionäre der »klassischen« Periode des Marxismus.[48] Es gibt auch andere Marx-Leser, und einige von ihnen sind Dichter oder sie lesen wie Dichter. Moderne Dichter, die sich weniger für die Bedeutung der Texte interessieren (das immer hintangestellte *Signifikat*) als für die Zeichen selbst (die Materialität des *Signifikanten*).[49] Von besonderem Nutzen war für mich etwas, das weniger eine Lektüremethode als vielmehr ein Schreibverfahren darstellt: das, was Guy Debord *détournement* nannte.[50]

Das Wort enthält die Bedeutung des Umwegs [detour], des Ausweichens, einer *Ent*führung, aber auch einer *Ver*führung.

Debord: »[206] Die Entwendung [détournement] führt die vergangenen kritischen Folgerungen, die zu respektablen Wahrheiten erstarrt sind, d. h. in Lügen verwandelt wurden, wieder der Subversion zu. [...] Die Verpflichtung zur *Entfernung* von dem, was zur offiziellen Wahrheit verfälscht wurde, ist es, was diesen Gebrauch der Entwendung bestimmt [...]. [207] Die Ideen verbessern sich. Der Sinn der Wörter trägt dazu bei. Das Plagiat ist notwendig. Der Fortschritt impliziert es. Es hält sich dicht an den Satz eines Verfassers, bedient sich seiner Ausdrücke, beseitigt eine falsche Idee, ersetzt sie durch die richtige. [208] Die Entwendung ist das Gegenteil des Zitats, der theoretischen Autorität, die allein dadurch stets verfälscht ist, weil sie zum Zitat geworden ist; zum Fragment, das aus seinem Zusammenhang gerissen wurde, aus seiner Bewegung [...]. Die Entwendung ist die flüssige Sprache der Anti-Ideologie. [...] Die Entwendung hat ihre Sache auf Nichts gestellt, was außerhalb ihrer eigenen Wahrheit als gegenwärtiger Kritik liegt.«[51]

Debords Schreiben ist selbst eine brillante *Entwendung* von Marx und Lautréamont (und vielem anderen), es hat eine Stilistik hervorgebracht (und einige unverbrauchte Begriffe), mit deren Hilfe sich der historische Moment der Mitte des 20. Jahrhunderts verstehen lässt. Marx: »Der Reichtum der Gesellschaften, in welchen kapitalistische Produktionsweise herrscht, erscheint als eine ›ungeheure Warensammlung‹ [...].« Debord: »[1] Das ganze Leben der Gesellschaften, in denen die modernen Produktionsbedingungen herrschen, erscheint als eine ungeheure Sammlung von *Spektakeln.*«[52]

Und daher noch einmal, Genossinnen und Genossen, werden wir zu Kritikern unserer Zeit! Versuchen wir ein wenig mehr *détournement*, um aus der uns überlieferten Sprache eine andere zu entwickeln, anstatt das ewige Wesen alter Texte ausdeuten zu wollen, als könnten wir es in derselben Art reproduzieren. Den Stil der Negation heute zu praktizieren, erfordert die Negation einiger alter Stile.

Aber wie gehen wir bei Marx die Stilfrage an? Für Keston Sutherland braucht *Das Kapital* Leser und keine »Begriffskuratoren«.[53] *Das Kapital* ist in widerstreitenden Stilarten geschrieben und richtet sich an eine Leserschaft, von der Marx wusste, dass sie in Klassen gespalten war. Gegenüber der bürgerlichen, vornehme Empfindsamkeit nachahmenden Leserin präsentiert sich Marx als Satiriker, der die Mythen der Bourgeoisie offenlegt. Sutherland behauptet zum Beispiel, dass Marx' berühmte Ouvertüre über den Fetischcharakter der Waren »einflussreich fehlübersetzt« wurde, indem man versuchte, den Text allein anhand der Begriffe zu durchdringen.[54]

Der Warenfetischismus ist kein Missverstehen der Ware.[55] Marx sagt etwas über die Entstehung der Ware selbst. Die menschliche Arbeit wird nicht einfach in der Warenform zu einer homogenen Größe abstrahiert. Arbeit wird zerhackt und zu *Gallerte* gekocht, zu Sülze, zu Fleischgelee. Oder wie man es heute formulieren würde, zu dem, was in diesen wirklich ekelerregenden Online-Videos zu sehen ist, in denen der Hauptbestandteil von Hamburgern aus irgendeiner Maschine gepresst wird: *rosa Glibber*.

Sutherland: »Die lebendigen Hände, Muskeln und Nerven der Lohnarbeiterin sind bloß ›tierische Substanzen‹, Zutaten für das Festmahl des Kapitalisten.«[56] Marx' Vorstellung davon, was mit der Arbeit geschieht, ist keine vornehme begriffliche Abstraktion, sondern ein vulgäres Bild aus dem Schlachthof der Industrie. »Gegenstand von Marx' Satire über die abstrakte menschliche Arbeit ist nicht der auf eine Zutat reduzierte Arbeiter, sondern die bourgeoise Konsumentin, die ihn zum Frühstück verspeist.«[57]

Das Kapital ist »ein Werk von anhaltendem, aggressiv satirischem *détournement*, in dem stilistische Risiken und Fehlschläge selbst als Argumente fungieren, die sich nicht auf theoretische Aussagen reduzieren lassen.«[58] An anderer Stelle *détourniert* Marx Sätze von Dante, Goethe und Shakespeare, räumt mit falschen Vorstellungen auf und ersetzt sie durch richtige. Der Fetischcharakter der Waren ist ein *détournement* eines Werks der rassistischen Ethnographie von Charles De Brosse.[59]

Im Ausgangstext von De Brosse staunt der vornehme und aufgeklärte Leser zunächst darüber, dass dumme »Wilde« Fetische verehren, diszipliniert dieses Erstaunen aber zur Erkenntnis. Bei Marx ist es genau umgekehrt. Die Ware erscheint der vornehmen Empfindsamkeit zunächst als etwas Vernünftiges und Bekanntes, ist aber bei genauerem Hinsehen etwas ziemlich Erstaunliches. Wir sind es, liebe Lesende, die dumm sind vor dem Fetisch. Es gibt keine Versöhnung mit diesem seltsamen Ding. Es muss abgeschafft werden.

Nach Marx zu schreiben, bedeutet nicht allein den Anspruch einer vornehmen Begriffsbeherrschung. Ich würde noch weiter gehen (was Sutherland sehr wahrscheinlich nicht tun würde) und eine Möglichkeit ins Spiel bringen, dem Schreiben wieder eine gewisse vulgäre Energie zu verleihen: indem man nämlich Marx' Taktik des *détournement* auf die Begriffe vom ewigen Kapital anwendet, die in bestimmten vornehmen Lesarten aus dem *Kapital* selbst herausgegriffen und als eine Art Mythos fortgeschrieben wurden.

Die Wahrheit lautet, dass das marxistische Schreiben selbst ideologisch geworden ist. Ein sicheres Zeichen dafür liegt in seinem stillschweigenden Einverständnis mit der Vorstellung, dass der Kapitalismus ewig währt. Daher die Notwendigkeit der Geste – des Gedankenexperiments –, zu verkünden: *Das Kapital ist tot*. Es ist tot wie Gott vor ihm, und wie bereits bei dieser Erkenntnis wird ihre Verlautbarung auf dem »Marktplatz der Ideen« als Wahnsinn betrachtet. Das Marx-Korpus wird im Rahmen einer Überlieferungstextolatrie gelesen, in der scholastische Verfahren der Zitation, Exegese und Interpretation zum Einsatz kommen, die ursprünglich für religiöse Texte entwickelt wurden.[60] Und so überrascht es nicht, dass der Marxismus zu einer Nebenform der (protestantischen!) Religion geworden ist – zu einer langweiligen Religion, mit ausgedehnten Predigten und reichlich Schriftkommentar.

Um mit diesen Gewohnheiten zu brechen, bedarf es keiner weiteren Marxlektüre, die alles Falsche abzuschälen und das wahre Wesen zu enthüllen verspricht. Vielmehr erfordert es einen anderen Schreibstil. Das *détournement* kümmert sich nicht um die Selbstidentität des Textkorpus oder den darin verborgenen ewigen Geist. Es nimmt sich etwas, das ihm nützlich oder amüsant erscheint, und komponiert daraus in Textform ein Abbild der gegenwärtigen Lage. In Bezug auf die heiligen Schriften wird das natürlich als ketzerisch, verrückt, falsch oder vulgär erscheinen. Es handelt sich um eine Poetik, die sich *absichtlich* von dem Material unterscheidet, das sie sich aneignet.

Das *détournement* nimmt keine Rücksicht auf privates Eigentum oder öffentlichen Anstand. Es hat kein Interesse an denen, die Marx (oder übrigens auch Debord) als ihr Erbe beanspruchen, als das Feld, das allein sie zu bestellen und zu vermarkten berechtigt sind. Unsere Aufgabe in den hier versammelten Gedankenexperimenten besteht darin, uns die marxistische Tradition anzueignen, um daraus offenkundige Frankenstein-Monstertexte zusammenzusetzen, deren einziges Ziel eine anti-ideologische Taktik darstellt: aus der Begriffskombinatorik heraus die Grenzen dessen aufzuzeigen, was Flaubert *idées reçues*, *hergebrachte Vorstellungen* oder *Gemeinplätze*, nannte.[61] Es gibt kaum eine andere Wahl, als mit hergebrachten oder überkommenen Ideen zu arbeiten, aber es gibt mehr als einen Weg, sich aus dieser Tradition zu bedienen.

Denken wir also einmal so über die Gegenwart nach: Was, wenn wir nicht am Anfang, sondern beim Ende beginnen? Die Geschichte des Kapitalismus beginnt immer in der Vergangenheit, mit der Geburt des Kapitalismus, und imaginiert ein Schicksal, eine Teleologie, in der die Gegenwart ein Kontinuum dieser Vergangenheit darstellen muss.[62] Es muss sich irgendwie um die Modifikation eines ursprünglichen Wesens handeln. Machen wir es andersherum. Beschreiben wir zuerst die Gegenwart und überlegen dann in einem zweiten Schritt, woher sie kommt. Das könnte am Ende auch bedeuten, dass wir unser Verständnis von der Vergangenheit des Kapitalismus revidieren müssen.

Jeder Versuch, die Gegenwart in ihrer eigenen Sprache zu beschreiben, wird wohl bestenfalls die Sprache ihrer herrschenden Klasse reproduzieren – oder schlimmstenfalls die Sprachüberreste früherer herrschender Klassen. Daher die Methode des *détournement*, das sich hergebrachte Vorstellungen aneignet, aber auch streicht und korrigiert. Wählen wir einen Marx-Text zum Détournieren aus. Anstatt dort zu beginnen, wo Marx mehr oder weniger endete, beim *Kapital*, fangen wir lieber da an, wo sein »reifes« Werk begann, mit dem Vorwort von *Zur Kritik der politischen Ökonomie*.[63] Beginnen wir nicht mit dem Kapitalismus, als könnten wir einfach davon ausgehen, dass er es ist, mit dem wir es nach wie vor zu tun haben. Beginnen wir mit Marx' Skizze vom Nachdenken über *Produktionsweisen*. Ich habe sie nur leicht abgeändert.

In der gesellschaftlich-technischen Produktion ihrer Existenz gehen Menschen zwangsläufig klar umrissene, von ihren Wünschen losgelöste Verhältnisse ein, namentlich Produktionsverhältnisse, die einem bestimmten Entwicklungsstadium ihrer materiellen Produktiv- und Reproduktivkräfte entsprechen. Die Gesamtheit dieser Produktionsverhältnisse bildet die ökonomische Infrastruktur der Gesellschaft, die Basis, aus der ein rechtlicher, politischer und kultureller Überbau erwächst. Die Produktionsweise des materiellen Lebens bedingt den allgemeinen Prozess des sozialen, politischen und kulturellen Lebens. Nicht die Ideologien der Menschen bestimmen ihre gesellschaftlich-technische Existenz, sondern ihre gesellschaftlich-technische Existenz bestimmt ihre Ideologien.

Im Lauf der historischen Entwicklung passieren Unfälle. Die Produktivkräfte geraten in Konflikt mit den bestehenden Produktionsverhältnissen oder – juristisch gesprochen – den Eigentumsverhältnissen, in deren Rahmen sie bislang operiert haben. Diese Verhältnisse werden von Formen der Produktivkraftentwicklung zu deren Fesseln. Daraufhin beginnt eine Ära der Überbau-Transformation. Die Formveränderungen im sozio-technischen Metabolismus führen über kurz oder lang zur Transformation des gesamten, gewaltigen Überbaus.

Bei der Untersuchung solcher Transformationen ist es immer schwierig, zu unterscheiden zwischen der materiellen Transformation der Produktionsbedingungen – die mit sozialwissenschaftlichen Methoden bestimmt werden kann – und den rechtlichen, politischen, religiösen, künstlerischen oder philosophischen, kurz: den mythischen oder ideologischen Formen, in denen die Menschen diesen Konflikt wahrnehmen, empfinden und austragen. So wie man ein Individuum nicht anhand eines Facebook-Profils beurteilt, kann man eine solche Transformationsphase nicht anhand ihrer Mythen beurteilen.

Im Gegenteil, diese Mythen müssen aus den Widersprüchen des materiellen Lebens erklärt werden, aus dem Konflikt zwischen den gesellschaftlich-technischen Produktivkräften und den Produktionsverhältnissen. Keine soziale Ordnung wird jemals zerstört, bevor nicht alle ihre Produktivkräfte entwickelt sind, und niemals werden abstraktere Produktionsverhältnisse ältere ersetzen, bevor nicht ihre materiellen Existenzbedingungen im Rahmen der alten Gesellschaft herangereift sind.

Gesellschaftlich-technische Organisationsformen setzen sich daher in der Regel nur solche Aufgaben, die sie auch zu lösen imstande sind. Denn bei näherer Betrachtung wird sich immer zeigen, dass das Problem selbst erst dann entsteht, wenn die materiellen Voraussetzungen für seine Lösung bereits vorhanden oder zumindest im Entstehen begriffen sind. In groben Zügen könnte man die antike, feudale, despotische, kapitalistische und die *vektoralistische* Produktionsweise als Epochen bezeichnen, die jeweils eine erweiterte Ausbeutung der Natur durch gesellschaftlich-technische Formen von zunehmender Abstraktion markieren. Man hat sich die kapitalistische Produktionsweise als die letzte antagonistische Form des gesellschaftlichen Produktionsprozesses vorgestellt. Marx dachte, dass »mit dieser Gesellschaftsformation [...] daher die Vorgeschichte der menschlichen Gesellschaft ab[schließt].«[64] Darin hat er sich geirrt.

2 KAPITALISMUS – ODER ETWAS SCHLIMMERES?

Im Innern der Fabrik macht man pausenlos.
Man ist drinnen, im großen Universum Fabrik, das für Sie atmet.
Leslie Kaplan

Marx nennt die Arbeit einen Fleischwolf [meat grinder]. Lohnarbeit läuft letztlich auf Blut, Gedärm und Glibber hinaus, zerhackt und zu Aspik verarbeitet, zu totem Fleisch, verspeist von einer herrschenden kapitalistischen Klasse. Das ist ein angemessen vulgäres Bild. Das Kapital erscheint als etwas Monströses, als ein Vampir, der vom Blut anderer lebt. Wir sollten jedoch vorsichtig damit sein, Monster als Bösewichte erscheinen zu lassen.[1] Der moralische Zwang, die Rolle des Monsters dem anderen zuzuweisen, hat eine hohe Valenz.

Es gibt ein weiteres Problem mit dieser Art von satirischem Stil: Er mag vieles von dem umschreiben, was Lohnarbeit in dieser Welt bedeutet, aber es kann auch sein, dass *Sie*, liebe Lesende, Ihre Arbeitszeit damit verbringen, vor einem Laptop zu sitzen oder an Meetings teilzunehmen. Es gibt eine alltägliche Lebenswelt, die der Fleischwolf nicht beschreibt und in der die Mehrwertabschöpfung zum Nutzen Dritter auf andere Weise stattfindet.[2] Sie müssen nicht Pachtbäuer'in oder Industriearbeiter'in sein, um trotzdem nicht Kapitalist'in oder gar Kleinbürger'in zu sein.

Es gibt noch ein ganz anderes Repertoire an populären Bildern, die diese Erfahrung zumindest teilweise thematisieren. Im Film *Matrix* der Wachowski-Geschwister ist es die Szene, in der der Protagonist Neo gerettet wird.[3] Es stellt sich heraus, dass er nicht das Leben eines Hackers führt, so wie er denkt. Vielmehr bewohnt er eine mit Glibber gefüllte Kapsel, inmitten einer gewaltigen Ansammlung dieser Einheiten, und hat einen riesigen Stecker in seinem Hinterkopf, der für irgendeine unsichtbare herrschende Macht Energie aus seiner Hirnmasse saugt. Er erblickt eine erhabene Landschaft aus endlosen Reihen solcher Kapseln, nur einen Moment lang, dann wird er fortgerissen.

Eine weniger erfolgreiche, aber noch gruseligere Variante ist die Fernsehserie *Dollhouse* von Joss Whedon mit Eliza Dushku.[4] Das »Dollhouse« ist ein klandestines Unternehmen, das Körper an mächtige Menschen vermietet. Diesen Körpern können die emotionale Ausdrucksstärke und intellektuelle Begabung anderer Menschen einprogrammiert werden. Oft sind es sexy Spione oder Dienstleister für subtile Arten emotionaler Arbeit.[5] Nach der Rückkehr von ihren Missionen werden ihre Erinnerungen gelöscht, und sie hängen in einer Art dissoziativem Zustand herum, machen Yogakurse, treiben »Wellness« und essen vom Bio-Buffet. In diese Arbeit hat man sie mit Verträgen gelockt, die ihnen eine Rückkehr in ihr wahres Selbst versprechen, ohne Gedächtnis und mit einem Haufen Geld. Doch oftmals werden sie auf die Intensivpflegestation, *the Attic*, verbannt, wo ihre Gehirne dann als fleischliche Netzwerkknoten für den Computer dienen, der das Ganze steuert.

In einer Version dieser beunruhigenden Gruselgeschichten über die sonderbare Art, heutzutage nicht-wirklich-Arbeit zu leisten, werden die emotionalen und kognitiven Fähigkeiten des Menschen von einer herrschenden Macht umprogrammiert und benutzt. Eine andere Version kehrt die kombinatorischen Elemente um, der menschliche Körper wird als Vehikel genutzt und seine Wahrnehmung gelöscht, auch hier von einer herrschenden

Macht. In Jordan Peeles *Get Out* wird die Machtübernahme auf die Hautfarbe bezogen.[6] Mächtige Weiße implantieren ihre eigenen Gehirne in schwarze Schädel. In Ann Leckies Science-Fiction-Roman *Die Maschinen* werden die Körper versklavter Völker zu Hilfstruppen der großen, von künstlicher Intelligenz gesteuerten Militärraumschiffe eines intergalaktischen Imperiums, dessen herrschende Kultur eine Art liberaler imperialistischer Feminismus bildet, der an Hillary Clinton denken lässt.[7]

Der kubanische Science-Fiction-Autor Agustín de Rojas bietet einen etwas komplexeren Zugriff auf das gleiche mythische Material. In *The Year 200* hat der Kommunismus mehr oder weniger triumphiert, aber er hat keine wirklich radikale Integration des Menschlichen in die nichtmenschliche Informationstechnologie verfolgt.[8] Agenten des besiegten Imperiums des Kapitals lassen sich einfrieren und schrumpfen, schlummern unter der Erde und warten ein selbstgefälligeres Entwicklungsstadium der Kommunisten ab, kehren dann an die Oberfläche zurück und beginnen, die Körper der Genoss'innen zu übernehmen. Der einzige Widerstand gegen das Imperium kommt aus den eigenen Reihen, und zwar von einer kommunistischen Doppelagentin. Zur Verbündeten nimmt sie sich eine Cyborg-Frau, die nicht mehr ganz unserer Spezies angehört. Sowohl die guten Kommunisten als auch die bösen Kapitalisten sind in dieser Geschichte »monströse« Unmenschen, doch es gibt mehr als einen Weg, anders als menschlich zu sein.

Der Industriekapitalismus war nicht sonderlich interessiert an Arbeiter'innen, die denken und fühlen. Er wollte Hände. Er wollte Muskeln. Er war eine fleischfressende Maschine. Was für eine ekelhafte und furchterregende Macht auch immer in diesen neueren Erzählungen lauert, sie frisst nicht so sehr Körper als Gehirne. Diese Kombinatorik funktioniert auf zweierlei Weise: Entweder wird Ihr Bewusstsein ausgelöscht und Ihr Körper ist das Vehikel eines anderen Bewusstseins; oder Ihr Bewusstsein wird dem Willen einer anderen Macht unterworfen.[9] So oder so ist Ihr Bewusstsein nicht Ihr eigenes. Das macht den Eindruck einer äußerst feindlichen Übernahme. Aber was, wenn es sich nicht nur um eine Übernahme handelt, sondern um ein ganz neues Klassenverhältnis?

Versuchen wir zunächst einmal, dieses kuriose Klassenverhältnis sehr »orthodox« durchzudenken. Beginnen wir bei den *Produktivkräften* und den dazugehörigen *Produktionsverhältnissen*, dem daraus entstehenden *Klassenantagonismus* sowie dem dieser Basis entsprechenden politischen und kulturellen *Überbau.*[10] Versuchen wir auch – genau wie Marx –, eher das neu Entstehende zu beschreiben und nicht das bereits Bestehende. Wenn man beim Bestehenden beginnt, fällt es leicht, jeden neuen Aspekt als bloße Variation ein und desselben Wesens zu interpretieren. Mit dem zu beginnen, was womöglich erst entsteht, sorgt für die passende Sinnesverwirrung, für einen schwindelerregenden Hinweis darauf, dass »alles Ständische und Stehende verdampft«.[11]

Das sich daraus ergebende Gedankenexperiment ist recht einfach. Hier eine Skizze, die wir nach und nach noch ausarbeiten werden: Es gibt tatsächlich etwas qualitativ Unterscheidbares an den Produktivkräften, die Gehirne fressen, die Information produzieren, instrumentalisieren und kontrollieren. Das liegt daran, dass Information in der Tat merkwürdige ontologische Eigenschaften hat. Information zur Produktivkraft zu machen, führt zu einem Widerspruch innerhalb der Warenform. Information will frei sein, ist aber überall in Ketten.[12] Information ist nicht mehr knapp, sie ist unendlich reproduzierbar, billig zu speichern, billig zu übertragen, doch die Grundvoraussetzung einer Ware ist deren Knappheit.

Information als Produktivkraft erzeugt bestimmte Produktionsverhältnisse und wird zugleich von diesen Verhältnissen geprägt. In klassisch marxistischer Manier kann man hier die Entwicklung der Rechtsformen näher betrachten.[13] Im späten 20. Jahrhundert hat das »geistige Eigentum« sich nahezu zu einem absoluten Privateigentumsrecht entwickelt.[14] Einem, das die einst getrennten und lokalen Eigentumsformen des Patents, des Urheberrechts und der Marke zu gleichwertigen und austauschbaren Formen des Privateigentums macht. Diese Formen bedürfen der transnationalen rechtlichen Durchsetzung, gerade weil Information etwas so Flüchtiges und Abstraktes ist.[15]

Und so wird – wie zuvor die *enclosure* oder die Aktiengesellschaft – das Recht auf geistiges Eigentum zur Form eines neuartigen Produktionsverhältnisses, das abstrakter ist als seine Vorgänger und nicht Grundbesitz oder Fertigungsanlagen, sondern die Information selbst zu einer Form des Privateigentums macht. Wie die vorherigen Formen des Privateigentums kristallisiert sich auch diese zu einem Klassenverhältnis. Als eine absolute Form des Privateigentums schafft sie Klassen von Eigentümern und Nicht-Eigentümern der Mittel zu ihrer Wertrealisation. Das Privateigentum an Boden hat die beiden großen Klassen der *Bauern* und *Grundherren* hervorgebracht. Das Privateigentum an Kapital hat die beiden großen Klassen der *Arbeiter* und *Kapitalisten* hervorgebracht. Gibt es ein neues Klassenverhältnis, das sich aus der Kommodifizierung von Information ergibt?

Für dieses Gedankenexperiment nehmen wir einmal an, dass es so ist. Ich nenne diese Klassen die *Hackerklasse* und die *Vektoralistenklasse*. Die Hackerklasse produziert neue Information. Aber was ist »neue« Information? Sie ist all das, was das geistige Eigentumsrecht als neu anerkennt. Wir haben es hier mit einer seltsamen Art von Produktion zu tun. Während Bauern in saisonalem Zyklus Getreide anbauen und Arbeiterinnen sich wiederholende Wareneinheiten hervorstanzen, müssen Hacker ihre Zeit auf andere Weise darauf verwenden, die immer gleiche alte Information in neue zu verwandeln. Das zu erledigen ist etwas anderes als die jahreszeitlichen Zyklen der Landwirtschaft oder das Ein- und Ausstempeln der Arbeiter. Es passiert, wenn es passiert, einschließlich der Zeit für Nickerchen oder Nachtschichten.[16] Der Alptraum des Arbeiters ist es, gegen den Druck der Uhr immer wieder das gleiche zu machen; der Alptraum der Hackerin ist es, gegen den Druck der Uhr immer wieder *etwas anderes* zu produzieren.

Die Figuren Peggy und Don aus der Fernsehserie *Mad Men* fungieren als Phänotypen der 1950er Jahre.[17] Der Schauplatz ist die Werbebranche während der goldenen Jahre des Fordismus.[18] Don ist ein Kreativer, der mit den Eigentümern seiner Agentur darum kämpft, ebenfalls Eigentümer zu werden. Peggy ist Sekretärin, eine *White-Collar*-Arbeiterin, und ihr Kampf besteht darin, eine Kreative zu werden. Joan hingegen steht bereits an der Spitze des Sekretariatspools, den sie leitet, möchte aber Eigentümerin werden. Im Verlauf der Serie kommen die Frauen in diesem Männergeschäft ein wenig vorwärts. Gegen Ende beginnen schwarze Frauen gerade, die Sekretariatsjobs zu bekommen, aber der Computer ist schon da und wird einige von ihnen ohnehin wieder überflüssig machen. Wie bei einem Großteil der bürgerlichen Kultur handelt es sich hier um ein Kleinunternehmernarrativ, das die Klassen verdichtet und die Grenzen zwischen ihnen verwischt. Das Ziel, wirklich zur herrschenden Klasse zu gehören, bleibt immer gerade so außer Reichweite.

Für unsere Zwecke ist dabei interessant, wie die Tätigkeiten eines Prototyps der Hackerklasse dargestellt werden. Die Kamera folgt Don und Peggy gebannt bei der Verrichtung ihrer Arbeit. Don legt lange Schlafpausen auf seinem Bürosofa ein. Manchmal haut er einfach ab. Das Material für seine brillanten Werbekampagnen stammt aus allen möglichen zufälligen Quellen. Er trinkt zu viel, probiert Marihuana. Das ganze Büro bekommt Amphetamin gespritzt und macht die Nacht durch, wobei die Speed-induzierte Kreativarbeit vor ungeheurer Energie und wirklich schlechten Entscheidungen strotzt. Unterdessen schafft Peggy den Übergang von der Arbeiterin zur Hackerin, weil sie tatsächlich etwas davon versteht, wie man auf die Wünsche von Frauen eingehen kann. Doch letztendlich bleibt sie auf vielfache Weise beschränkt und blockiert von einer Industrie, die den Wert ihres Andersseins nicht kennt.

Die weniger bekannte Serie *Halt and Catch Fire* zeigt uns die frühe Tech-Industrie-Version derselben Art von Tätigkeiten, eben diese Arbeit, die keine ganz normale Arbeit ist.[19] Hacker lassen sich nicht »managen« wie Bauern oder Arbeiterinnen; sie unterscheiden sich von diesen Klassen. Es gibt hier keine Relation zwischen den Arbeitszeiteinheiten und den Einheiten des produzierten Wertes. Etwas ganz spontan Zusammengerührtes könnte vielleicht von enormem Wert sein. Lange Stunden der Schufterei könnten am Ende umsonst gewesen sein. Von Routinearbeit ausgenommen zu sein, ist in beiden Geschichten nicht wirklich glamourös, denn es bringt nur Unsicherheit, Frustration, Druck und (für manche) Wahnsinn mit sich.

Beide Sendungen beruhen auf dem Begehren, den Grenzen der Hackerklasse zu entkommen und Eigentümerin zu werden. Das ist zugleich die Grenze des Begehrens, das die Kulturindustrie dieser Klasse zugestehen kann. Und doch zeigen diese beiden Serien eine fortlaufende Tretmühle aus Hoffnung und Scheitern. Wie der Bauer und die Arbeiterin, so wird auch der Hacker in der Regel nie zum Eigentümer an dem von ihm hergestellten Produkt. Sofern Sie nicht gerade ein Pharmaunternehmen, einen Technologiekonzern oder ein Medienkonglomerat besitzen, müssen Sie die Rechte an dem verkaufen, was Sie produzieren. Das bedeutet nicht immer dasselbe, wie die Arbeitskraft zu verkaufen. Sie könnten zum Beispiel immer noch das geistige Eigentum besitzen. Aber selten greifen Hacker viel von dem Wert dessen ab, was sie schaffen oder erfinden.

Niemand anderes darf Googles Sergey Brin sein, und zwar gerade weil es einen Sergey Brin gibt, der kein Avatar der Hackerklasse ist, sondern ihres Gegenstücks – der *Vektoralistenklasse*. Er ist das wahre Einhorn: der Hacker, der zum Eigentümer wurde. Derjenige, der den Mythos aufrechterhält, der Millionen Start-ups zu demselben Begehren antreibt, wobei sie nicht erkennen, dass eben das inzwischen diesem Begehren im Weg steht. Es ist höchst unwahrscheinlich, dass Ihr Start-up das nächste Google sein wird. Bestenfalls können Sie es an Google verkaufen oder an einen anderen Avatar der Vektoralistenklasse.

Die vektoralistische Klasse besitzt und kontrolliert den *Vektor*, ein Begriff, den ich verwende, um auf abstrakte Weise die Infrastruktur zu beschreiben, mittels derer Information durch Raum oder Zeit geleitet wird.[20] In der Geometrie ist ein Vektor einfach eine Linie von bestimmter Länge, aber unbestimmter Position. In Bezug auf eine Technologie kann man sich das so vorstellen, dass sie über etwas verfügt, das die Welt auf eine bestimmte Art und Weise formt, das aber verschiedene Aspekte der Welt formen kann. Man kann Aktien oder Informationsströme besitzen, aber viel besser ist es, den Vektor zu besitzen – die rechtlichen und technischen Protokolle, mit denen sich Information, die ansonsten im Überfluss vorhanden wäre, verknappen lässt.

Wirft man einen Blick auf die oberen *Fortune-500*-Unternehmen, überrascht es, wie viele von ihnen eigentlich im Informationsgeschäft tätig sind. Damit meine ich nicht nur die Technologie- und Telekommunikationsfirmen wie Apple, Google, Verizon, Cisco oder Pharmakonzerne wie Pfizer. Man könnte sich auch die Großbanken als eine Untergruppe der Vektoralistenklasse vorstellen und nicht als »Finanzkapital«. Auch sie sind im Informationsasymmetriegeschäft tätig. Und wie wir im Crash von 2008 gelernt haben, sind sogar die Autofirmen im Informationsgeschäft aktiv – sie haben mehr Geld mit Autokrediten verdient als mit Autos. Auch der militärisch-industrielle Sektor arbeitet im Informationsgeschäft. Die Unternehmen, die scheinbar echte Dinge verkaufen, wie Nike, sind in Wirklichkeit im Markengeschäft tätig. Walmart und Amazon konkurrieren mit verschiedenen Modellen des Informationslogistikgeschäfts.[21] Sogar die Ölfirmen sind zumindest teilweise im Information-über-die-Geologie-*möglicher*-Ölvorkommen-Geschäft aktiv. Vielleicht ist die vektoralistische Klasse längst nicht mehr im Entstehen. Vielleicht ist sie die neue vorherrschende Klasse.

Man könnte nun argumentieren, dass Information für den Kapitalismus immer zentral war und dass wir es hier allein mit Kapitalismus zu tun haben. Bis zu einem gewissen Grad mag das der Fall sein. Allerdings ist der bloße Gedanke, dass der Kapitalismus mit Information zu tun hat, eine ziemlich neue Perspektive. Durch sie lässt sich rückschauend letztlich der gesamte Verlauf des Kapitalismus im Hinblick auf etwas betrachten, das er als Konzept und instrumentelle Realität erst relativ spät hervorgebracht hat.

Ein weiterer Punkt muss hier klargestellt werden: Es gibt einen Unterschied zwischen Information als Produktivkraft und Information als *vorherrschender* Produktivkraft. Die Vektoralistenklasse braucht die anderen Produktivkräfte nicht mehr zu besitzen. Apple und Google stellen nicht wirklich eigene Produkte her. Ein beträchtlicher Teil der von ihnen direkt Beschäftigten sind keine Arbeiterinnen, sondern Hacker: Sie schaffen neue Information – ob technischer oder kultureller Art –, die in Produkte einfließen soll, deren Herstellung an eine untergeordnete Klasse von Kapitalisten ausgelagert werden kann.

Dies mag nur in der überentwickelten Welt der Fall sein, in der ich zufällig lebe.[22] Viele Völker der Welt sind nicht einmal Arbeiterïnnen, sondern immer noch Bäuerïnnen, die durch den Diebstahl ihrer Allmende durch eine Grundherrenklasse in Pachtbäuerïnnen verwandelt werden. Ein Großteil der Welt ist außerdem ein riesiger Sweatshop. Der Widerstand der Arbeiterschaft gegen das Kapital ist in China, Indien, Indonesien und Vietnam lebendig und gesund. Die älteren Klassengegensätze sind nicht verschwunden. Es gibt nur eine neue Schicht an der Spitze, die versucht, sie zu kontrollieren. So wie die Kapitalistenklasse versuchte, die Grundherrenklasse als untergeordnete Herrschaftsklasse zu dominieren, so versucht auch die Vektoralistenklasse, sich sowohl die Grundherrinnen als auch die Kapitalisten unterzuordnen, indem sie die Patente, Marken, Handelsmarken, Urheberrechte, aber vor allem die Logistik des Informationsvektors kontrolliert.

Der Vektor hat sich seinen Weg auch durch den gesamten Produktionsprozess gebahnt. Das begann bereits in der sogenannten fordistischen Ära. Manche haben vorgeschlagen, diese Zeit stattdessen nach den großen japanischen Unternehmen zu benennen, die Mitte bis Ende des 20. Jahrhunderts einen Boom erlebten, wie etwa Toyota und Sony. Sie waren diejenigen, die erkannten, wie man nicht nur Arbeit, sondern auch Information aus den Arbeitskräften herausholen konnte. Um in der Industriearbeit nicht nur Effizienz, sondern auch Qualität zu erzielen, hat es sich als das Beste erwiesen, die Information derjenigen mit einzubeziehen, die den Arbeitsprozess am besten kennen – die Arbeiterïnnen.[23] Dass es überhaupt eine Hackerklasse gibt, liegt zum Teil daran, dass man den Arbeiterïnnen die Information, die sie über den Arbeitsprozess besitzen, weggenommen hat.

Im *Kapital* beschäftigt Marx sich meist mit einer idealtypischen politischen Ökonomie, zu der zwei Klassen gehören. Aber in seinen politischen Schriften wird deutlich, dass er gesellschaftliche Formationen als Hybride aus verbundenen und überlappenden Produktionsweisen versteht.[24] In seinen Schriften über Frankreich gibt es nicht nur die eine große Konfrontation zwischen Proletariat und Bourgeoisie; auch Bauern, Grundherren und Pächter spielen eine große Rolle. Ich gehe hier also einfach von den politischen Schriften aus und denke mir eine Matrix aus sechs Klassen, drei herrschenden und drei untergeordneten. Die herrschenden Klassen sind Grundbesitzerïnnen, Kapitalistïnnen, Vektoralistïnnen. Die untergeordneten Klassen sind Bäuerïnnen, Arbeiterïnnen, Hackerïnnen.

Stellen Sie sich nun sämtliche Möglichkeiten an Klassenbündnissen und -konflikten vor, die sich daraus ergeben. Am Ende geht es in der Politik doch viel weniger um die Beziehung zwischen Freund und Feind, sondern viel entscheidender sind die Beziehungen zwischen *Nicht-Freunden* und *Nicht-Feinden*.[25] Es geht um wechselnde Zweckbündnisse zwischen heterogenen Klasseninteressen. Es geht um Konflikte, die viele Formen annehmen können, nur einige davon werden offen ausgetragen, viele bleiben verdeckt.

Inwiefern aber ist das schlimmer als Kapitalismus? Die vektorielle Infrastruktur unterwirft die ganze Welt dem Motor der Kommodifizierung und verändert dabei die Warenform selbst. Es gibt nichts, das sich nicht durch zugehörige Information markieren, erfassen und als Simulationsvariable in der Rohstoffgewinnung und -verarbeitung verwenden ließe.[26] Uns ist ganz einfach nichts an Welt mehr zum Kommodifizieren übrig geblieben. So kann die Kommodifizierung nun nur noch ihre eigenen – natürlichen wie sozialen – Lebensgrundlagen kannibalisieren. Es ist wie in dem Marx-Brothers-Film, in dem einem Zug das Brennholz ausgeht, so dass, um ihn in Bewegung zu halten, die Waggons selbst zerhackt und ins Feuer geworfen werden müssen, bis am Ende nichts als die nackten Fahrwerke übrig bleiben.[27]

Es ist auch insofern schlimmer, als wir es hier nicht mit einer herrschaftslosen *Multitude*, sondern mit komplexen Klassenbündnissen und -konflikten zu tun haben.[28] Der heikelste Punkt ist die Politik der Hackerklasse, immerhin der Klasse, der die meisten von uns, die wir diesen Kram hier lesen und schreiben, angehören. Ja, sie erscheint wie eine »privilegierte« Klasse, eine derjenigen, die Bruce Robbins als *Nutznießer* globaler Ausbeutungsverhältnisse bezeichnet.[29] Und es ist eine Klasse, der es sehr schwer fällt, ihre gemeinschaftlichen Interessen in den Blick zu nehmen, weil die Arten von neuartiger Information, die ihre verschiedenen Unterfraktionen produzieren, alle so unterschiedlich sind. Es fällt uns schwer, zu erkennen, was die Schriftstellerin und der Wissenschaftler, der Künstler und die Ingenieurin gemeinsam haben. Nun, die vektorielle Klasse hat dieses Problem nicht. Denn wir alle produzieren geistiges Eigentum, und das ist aus ihrer Sicht völlig gleichwertig und ebenso handelbar wie rosa Glibber.

Die Hackerklasse erlebt die Extreme einer *winner-take-all*-Konstellation. Auf der einen Seite traumhafte Karrieren und zumindest eine Simulation des alten bürgerlichen Lebensstils; auf der anderen Seite prekäre und Teilzeitarbeit, Start-ups, die Pleite gehen, und die Routinisierung unserer Jobs durch neue Algorithmen – entwickelt von unseren eigenen Klassengenossïnnen. Die Hackerklasse hätte eine privilegierte sein sollen, durch ihre Kreativität und technischen Fähigkeiten vor der Proletarisierung geschützt. Aber auch sie kann in die Prekarität atypischer Arbeitsverhältnisse gedrängt werden.

All diese Widersprüche verkörperte eine umstrittene Werbekampagne für die Webseite Fiverr. Sie spielte mit dem Verlangen, einen miesen Job zu kündigen und selbst Chef zu werden, um dadurch andere der Tyrannei unterwerfen zu können, die man heutzutage als prekärer kreativer oder technischer Angestellter empfindet. Die Anzeigen verheißen einen Weg zu Versionen Ihres alten Selbst, die »Macher« sein sollen. Die berüchtigtste Anzeige zeigte ein Schwarz-Weiß-Bild einer jungen Frau mit hohlen Wangen und traurigen Augen, die direkt den Betrachter anstarren: »Du isst einen Kaffee zum Mittag. Du ziehst es einfach weiter durch. Schlafentzug ist die Droge deiner Wahl«, steht darauf und abschließend: »Vielleicht bist du ein Macher.« Ein anderer Slogan lautete: »Es geht nichts über einen sicheren, verlässlichen Gehaltsscheck, der dich fertigmacht.« Und: »Wie viel hast du heute für deinen Chef verdient?« Der, den ich am häufigsten verunstaltet gesehen habe, war: »Weiße Kragen können eine Leine haben.«[30] Die Bilder zu den Sprüchen zeigen natürlich eine »diverse« Arbeiterschaft: Der Algorithmus ist theoretisch sehr tolerant in der Frage, wen er ausbeutet.

Der alte Traum der Arbeiterïnnen, sich selbst organisieren zu können, gilt als tot. Es kann keinen Traum der Hackerklasse geben, sich in irgendeiner Weise selbst zu organisieren, weder wie die Arbeiter noch in einer anderen Form. Derartige Wünsche sind unaussprechlich, auch wenn sie sich immer wieder auf interessante Weise Bahn brechen. Schön zusammengefasst ist das sanktionierte Begehren in dem Bild und Slogan einer Mobiltelefonfirma: »Boss Revolution«. Das Bild zeigt eine erhobene Faust mit einem Mobiltelefon, in roter Farbe. Das einzig zulässige Begehren ist es, ein Boss zu werden wie Don Draper.

Allerdings hat das nicht verhindert, dass in der technischen und kreativen Industrie einige interessante und vielversprechende Anzeichen von Hacker-Selbstorganisation zu beobachten waren, vom gewerkschaftlichen Zusammenschluss von Kreativen bei Vice Media über den Google-Walkout bis hin zur Weigerung innerhalb der gesamten Tech-Branche, an Grenzkontroll- oder Militärprojekten mitzuarbeiten.[31] Das sind natürlich Babyschritte. Es ist immer eine schwierige Aufgabe, untergeordneten Klassen gemeinsame Interessen aufzuzeigen. Gegen-Hegemonie ist hart. Genau wie Arbeiter oder Bauern lassen sich auch Hackerinnen von partikularen und lokalen Interessen verleiten. Wie bei anderen untergeordneten Klassen ist ein Klassenbewusstsein unter Hackern selten. Die meisten von uns sind eher reaktionär, selbst in den nichttechnischen Berufen. Andererseits ist Klassenbewusstsein immer eine seltene und schwierige

Angelegenheit. Im Unterschied zu anderen Identitäten muss man hier *entgegen* dem äußeren Anschein argumentieren.

Das Gefühl der Klassenzugehörigkeit geht selten über das Erscheinungsbild hinaus. So erscheint etwa jemand wie ein »Kreativer« oder einer aus der »Tech-Branche«. Solche Klassen könnte es unzählige geben. Wie wir in Kapitel 4 sehen werden, beschränkt sich dieses Selbstverständnis von Klasse auf Erscheinungen und verschleiert zwar nicht ein Wesen, aber eine strukturelle Frage darüber, wie denn eigentlich meine Leistungen letztlich zur Ware gemacht werden und wer den größten Nutzen daraus zieht. Die hergebrachten Vorstellungen, innerhalb derer man doch bitte über seine Identität nachzudenken habe, helfen nicht weiter bei der Frage, welche Position man in einer politischen Ökonomie der Information innehat, in der die verborgene Seite der Erscheinungen nicht ein ewiges Wesen ist, sondern nur etwas, das man normalerweise nicht sieht – die Produktivkräfte.

Ein Klassenbewusstsein zu entwickeln, bedeutet, eine andere Sprache zu sprechen. Es bedeutet, sich den vorgegebenen Begriffen zu verweigern und nach anderen Begriffen und Konzepten zu suchen. Das kann schwierig sein. Ich kann aus Erfahrung sagen: Die amerikanischen College-Studierenden, denen ich begegne, können den Begriff *Bourgeoisie* nicht einmal aussprechen, geschweige denn ihn erklären. Alles, was er kulturell einmal bedeutet hat, ist verschwunden. Die äußeren Zeichen und Stilmerkmale der herrschenden Klasse sehen nicht bourgeois aus. Unsere neuen Oberherren tragen nur dann Anzüge, wenn sie vor dem Kongress erscheinen müssen; ansonsten tragen sie diskret teure T-Shirts. Man sieht nicht, wie sie bei Fabrikeröffnungen Bänder durchschneiden. Sie predigen nicht harte Arbeit und Sparsamkeit; sie predigen Kreativität, *mindfulness* und ethischen

Konsum. Die bürgerliche Kultur, zu der die marxistische Ästhetik über Generationen eine Hassliebe pflegte, ist praktisch ausgestorben. Die herrschende Klasse ist nicht mehr das, was sie einmal war. Vielleicht braucht sie einen neuen Namen.

Noch schwieriger ist es, diejenigen zu benennen, deren Position in der politischen Informationsökonomie die Herstellung neuer Information ist. Das ist nicht wirklich »Arbeit«, denn es ist nicht jeden Tag dasselbe; es ist jeden Tag etwas anderes. Der Output ist nicht stufenweise quantifizierbar – auch wenn das die Vektoralistenklasse nicht davon abhält, es trotzdem zu versuchen. Ein populärer Vorschlag, diese Menschen (also uns) zu beschreiben, war die Bezeichnung *kreative Klasse*.[32] Radikalere Ansätze haben das, was wir tun, *immaterielle Arbeit* oder *postfordistische Arbeit* genannt und uns das *Kognitariat*.[33] Aber die Rede von Kreativität hat etwas Mystifizierendes, das Immaterielle etwas Idealistisches, die bloße Beifügung einer Vorsilbe ist rückwärtsgewandt und die Kategorie der Kognition rationalistisch voreingenommen, wenn man bedenkt, dass auch Gefühlsmanagement Teil unserer Jobbeschreibung sein kann.[34]

Ich habe mich dafür entschieden, uns die *Hackerklasse* zu nennen. Vor zwanzig Jahren war das womöglich ein zu romantischer Begriff, an der Grenze der Legalität, außerhalb der Logik der Kommodifizierung.[35] Inzwischen weckt er verstärkt kriminelle Assoziationen. Wenn überhaupt, dann ist er ein Indiz dafür, wie erfolgreich die Vektoralistenklasse war. Es ist heute geradezu unvorstellbar, dass es einen ergebnisoffenen, spielerischen, experimentellen Ansatz geben könnte, das Neue aus dem Alten entstehen zu lassen, und zwar mithilfe von Informationstechniken, die nicht vollständig der Kommodifizierung und Kontrolle des Informationsvektors unterliegen.

Aber so wie sich die Industriearbeiterklasse aus dem Handwerk ein utopisches Gefühl dafür bewahrt hat, wie Arbeit sein sollte, so kann man auch an einem Gefühl dafür festhalten, wie es ist, mithilfe einer Technik zur Umgestaltung von Information eine Eleganz aufscheinen zu lassen, die vorher nicht da war, und das in einem eigenen Zeitrahmen, mit eigenen Zielen und Vorgaben.[36] Das könnte es bedeuten, zu *hacken*. Einige der fesselndsten Szenen in *Mad Men* und *Halt and Catch Fire* versuchen, eine fernsehtaugliche Sprache für diese freudigen Momente zu finden, so sehr sie auch – wie der Erzählbogen uns in Erinnerung ruft – in der Kommodifizierung von Information gefangen sind.

Die Vorstellung von der eigenen Klasse als der Hackerklasse könnte durchaus Ähnlichkeiten mit der Umdeutung des Wortes *queer* oder eines der anderen negativ besetzten Begriffe haben, die die damit Bezeichneten stolz zurückerobern – so wie Marx und Engels in der poetischen Eröffnung des *Manifests* das Wort *kommunistisch* von seinen Denunzianten zurückeroberten. Das war ein raffiniertes *détournement*. Sie haben das im allgemeinen Sprachschatz Vorgefundene umfunktioniert, falsche Bedeutungen entfernt und neue hinzugefügt. Dem Denken Raum zu schaffen, bedeutet, in der Sprache und gegen sie zu arbeiten, sie unter Druck zu setzen.

Was wäre, wenn wir ein mutigeres, modernistischeres, verfremdenderes Herangehen an das Schreiben von Theorie wählen würden? Was, wenn wir von der Theorie als Genre verlangen würden, dass sie so interessant, so eigenartig, von einem solch poetischen oder erzählerischen Reichtum ist, wie wir es auch von anderen Arten der Literatur erwarten? Was, wenn wir sie nicht als *hohe Theorie* betrachten würden, die sich anmaßt, anderen Genres Regeln und Deutungen vorzuschreiben, sondern als *niedere Theorie*, eine vulgäre, gewöhnliche, auch ein wenig grobe, – die keinen größeren oder geringeren Anspruch darauf hat, von der Welt zu sprechen, als irgendjemand anders?[37] Es könnte dann auch mehr Spaß machen, sie zu lesen. Vielleicht könnte sie uns etwas Fremdartiges von der Welt erzählen. Vielleicht, ganz vielleicht, könnte sie uns dazu bringen, uns in der Welt anders zu verhalten. In einer Welt, in der es den alten Glauben an *die* Geschichte nicht mehr gibt, in der aber zur Not vielleicht noch Geschichte*n* zu schreiben sein könnten.

Dass die Vorherrschaft der kapitalistischen Produktionsweise endet, ist kein Thema, mit dem sich auf brauchbare Weise beschäftigt worden wäre. Für seine Anhänger hat der Kapitalismus kein Ende, denn er ist selbst das Ende der Geschichte.[38] Für seine Feinde kann er nur im Kommunismus enden. Wenn sich der Kommunismus – ein Zustand, der hauptsächlich im Reich der Vorstellung existiert und stets in die Zukunft aufgeschoben wird – nicht durchgesetzt hat, dann müssen wir es per Definition noch immer mit der Herrschaft des Kapitals zu tun haben. Halten wir einen Moment inne und beachten das ideologische Gepäck dieser poetischen Überhebung und ihrer Konsequenzen: Man definiert die Gegenwart in erster Linie anhand ihrer erhofften Negation. Was für eine Theologie!

Wenn der Kapitalismus als *historisches* Konzept von Nutzen sein soll, dann muss die Frage nach seinem Ende offen bleiben. Das Gedankenexperiment, ob er vielleicht schon von einer anderen herrschenden Ordnung abgelöst worden ist, sollte zumindest angestellt werden können. Der Begriff des Kapitals ist genau in dem Maße theologisch, in dem Fragen seiner möglichen

Überwindung durch andere ausbeuterische Produktionsweisen tabu bleiben. Wie lässt sich also ein Begriff des Kapitalismus auf seine Geschichten [histories] zurückführen? Indem man die Dualität von Wesen und Erscheinung des Kapitalismus aufgibt.

Theorien über die ewige Natur der Wesensmerkmale des Kapitals, über seine Einheit und Identität im Wandel der Zeit, konzentrieren sich meist auf die Analyse der Produktions*verhältnisse*. Man kann Marx' *Kapital* ein beachtliches theoretisches Instrumentarium entnehmen, das sich auf der Negativfolie der Kritik an den theologischen Begriffen der bürgerlichen politischen Ökonomie ausbildet. Dieses Begriffsgerüst ist so robust, dass nur wenige Phänomene sich einer Interpretation als Oberflächenerscheinungen dieser Begriffe widersetzen, wenn man letztere als verborgenes Wesen postuliert. Zwei Dinge geraten bei diesem Verfahren aus dem Blick. Erstens, dass die bürgerliche politische Ökonomie, die Marx zum Gegenstand seiner Kritik gemacht hat, inzwischen selbst ein Museumsstück ist.[39] Zweitens, dass der Fokus auf die Produktionsverhältnisse die Aufmerksamkeit von den Produktivkräften abzieht. Wir beschäftigen uns zu wenig mit der Tatsache, dass die Hirnfritteuse eine andere Maschine ist als der Fleischwolf.

Das ist insofern problematisch, als die Dynamik der Produktivkräfte im Kapitalismus sicherlich einer der herausragenden Aspekte von Marx' Theorie war. Während man die Produktionsverhältnisse auf theoretischem Wege gut erfassen kann, gilt das für die Produktivkräfte nicht. Sie entziehen sich der abstrakten, begrifflichen Zusammenschau eines Meisterdenkers im Rahmen einer elitären Hochtheorie. Tatsächlich lassen sie sich nur über die gemeinschaftliche Erarbeitung einer kritischen Theorie verstehen, die Erfahrungen aus verschiedensten Bereichen verknüpft.

Dazu zählen Kenntnisse in der Informationstechnik, künstlicher Intelligenz, Supply-Chain-Management, Materialwissenschaft, Bioinformatik und vielem anderen mehr. Wir haben die Dampfmaschinen, die Marx in seine Notizbücher gezeichnet hat, weit hinter uns gelassen.[40]

Könnte es also sein, dass sich die Produktivkräfte möglicherweise so grundlegend gewandelt haben, dass sie die Fesseln einer streng kapitalistischen Produktionsweise sprengen können? Es gibt zwei Varianten dieser Frage. Die eine sucht nach einer theologischen Begründung für dieses Auftreten des Neuen, das mit den problematischeren Aspekten des Kapitalismus im Dienste einer Apologetik der Vektoralistenklasse endlich Schluss macht. Die wichtigere Variante der Frage aber dürfte lauten, ob das, was sich zusätzlich zur kapitalistischen Produktionsweise und auf deren Grundlage herausgebildet hat, nicht etwas qualitativ anderes ist, das allerdings neue Formen der Klassenherrschaft, der Mehrwertaneignung und sogar neue Arten der Klassenbildung hervorbringt.

Mit dem Aufkommen der Information als materieller Produktivkraft sah es für eine Weile so aus, als könnte sie sich den Grenzen der bisherigen Produktionsverhältnisse entziehen und bestehende Eigentumsformen negieren. (Ich komme in Kapitel 4 auf dieses Thema zurück). Eine Zeit lang schien es so, als wäre Information das Einzige, was eine echte Grundlage für die Commons bilden könnte. Sie sprengte die alte Kulturindustrie. Die Informationsproduzenten begannen, nicht mehr nur über ihre beruflichen oder geschäftlichen Interessen nachzudenken, sondern auch über ein Klasseninteresse.

So sah es jedenfalls zu Beginn des 21. Jahrhunderts aus, als ich das *Hacker-Manifest* schrieb. Was ich nicht vorhersah, war das Aufkommen einer ganz anderen Technik zur Verwertung kreativer Arbeit. Obwohl es nach wie vor Teile der herrschenden Klasse gibt, die kreatives Schaffen auf immer striktere Formen des Privateigentums beschränken wollen, haben einige den entgegengesetzten Weg eingeschlagen. Anstatt freies Schaffen zu überwachen oder einzuschränken, besteht diese andere Strategie darin, die Verwertung auf eine abstraktere Ebene zu verlagern. Die Herstellung von Information lässt sich an *kostenlose Arbeitskräfte* auslagern, an Menschen, die zwar arbeiten, aber nicht bezahlt werden müssen. Man kann dann den Gesamtwert ihrer Informationsproduktion abschöpfen und als monetarisierbare Ressource behandeln.[41]

Diese neue Art von herrschender Klasse eignet sich nicht einen Mehrwert an, sondern beutet eine Informationsasymmetrie aus. Sie gewährt Ihnen, manchmal sogar als Geschenk, Zugang zum Ort einer Information, nach der Sie suchen.[42] Oder sie lässt Sie Ihr eigenes soziales Netzwerk aufbauen. Oder sie ermöglicht es Ihnen, eine bestimmte finanzielle Transaktion durchzuführen. Oder sie liefert Ihnen Koordinaten irgendwo auf dem Planeten und sagt Ihnen, was sich an diesem Ort befindet. Oder sie verrät Ihnen sogar etwas über Ihre eigene DNA. Oder sie stellt Ihnen eine logistische Infrastruktur für Ihr Kleinunternehmen zur Verfügung. Aber während Sie dieses kleine Bruchstück an Information erhalten, bekommt die herrschende Klasse all diese Information im Ganzen. Sie beutet die Asymmetrie aus zwischen dem Wenigen, das Sie wissen, und all dem, das sie selbst weiß – einem Aggregat, das auf Information beruht, die Sie »freiwillig« zur Verfügung stellen mussten.

In der Praxis insistiert diese neue herrschende Klasse unserer Zeit darauf, einzelne kreative Tätigkeiten auf die Eigentumsform zu beschränken und gleichzeitig Zugang zu kollektiver kreativer Tätigkeit zu erhalten, um daraus ihr Informationsaggregat zu gewinnen. Das ist die Vektoralistenklasse. Wenn die Kapitalistenklasse die Produktionsmittel besitzt, dann besitzt die Vektoralistenklasse die Informationsvektoren. Sie besitzt die *extensiven* Kommunikationsvektoren, die den Raum durchdringen. Sie besitzt die *intensiven* Komputationsvektoren, die die Zeit beschleunigen. Sie besitzt die Urheberrechte, Patente und Marken, die Aufmerksamkeit erregen oder Eigentum an neuartigen Verfahren sichern. Sie besitzt die logistischen Systeme, die Verfügbarkeit und Bewegung sämtlicher Ressourcen verwalten und überwachen. Sie besitzt die Finanzinstrumente, die den Wert jeder einzelnen Ressource abbilden und auf Märkten angeboten werden können, um den potenziellen Wert jeder potenziellen künftigen Kombination dieser Ressourcen aus der Allgemeinheit abzuschöpfen. Sie besitzt die Algorithmen, die bestimmte Informationen unter bestimmten Umständen bewerten, sortieren und zuordnen.

Die vektoralistische Klasse beherrscht inzwischen nicht nur untergeordnete Klassen, sondern auch andere herrschende Klassen. So wie das Kapital irgendwann die Herrschaft über das Grundeigentum gewann und die Kontrolle über Grund und Boden einer abstrakteren und fungibleren Eigentumsform unterordnete, so hat auch die Vektoralistenklasse das Kapital in eine abstraktere Form überführt und es übernommen. Die Kapitalistenklasse ist im Nachteil. Das Eigentum an den Produktionsmitteln, an Arbeit, die sich in Form von Fertigungsstätten und Ausstattung materialisiert, ist eine unflexible, langfristige Investition. Der Besitz und die Kontrolle des Vektors hingegen, das Hacken neuer Information, materialisiert in Patenten, Urheberrechten, Marken, firmeneigener Logistik – das ist abstrakter, flexibler, anpassungsfähiger. Es ist nicht rationaler, aber es ist abstrakter. Die Vektoralistenklasse monopolisiert die Straßenkreuzungen, an denen der Informationsverkehr stattfindet, und ernährt sich wie Michel Serres' Parasit vom Informationsrauschen und -lärmen an den entscheidenden Knotenpunkten.[43]

Der offensichtlichste Aspekt der vektoriellen Herrschaft im Alltag ist ihr Aufmerksamkeitsmonopol, auch wenn sie sich darauf nicht reduzieren lässt. Wie Yves Citton feststellt, wird in einer Welt, die von digitalen Daten überflutet wird, die Aufmerksamkeit, die man ihnen widmet, zur Mangelware.[44] Die Beherrschung der Aufmerksamkeit durch Besitz und Kontrolle von Marken, Medien und Celebrities ist das öffentliche Erscheinungsbild, das desintegrierende Spektakel der vektoriellen Ökonomie.[45] Die entstammt teilweise dem, was einmal die Kulturindustrie war. Doch es handelt sich bei ihr nicht mehr um eine eigenständige Industrie der kommodifizierten Freizeit. Sie ist jetzt in die Gesamtheit von Produktion und Konsum integriert.

Diese kurze Skizze der Ablösung des Kapitalismus als vorherrschender Produktionsweise hat den Vorteil, dass viele Merkmale des zeitgenössischen Lebens, die sonst oft getrennt erscheinen, als Aspekte derselben historischen Entwicklung dargestellt werden können. Der Aufstieg der Technologie, die Finanzialisierung, der Neoliberalismus und die Biopolitik erscheinen als Effekte derselben Transformation der Produktivkräfte, die Druck auf die Produktionsverhältnisse ausübt – bis zu dem Punkt, an dem sich eine neue herrschende Klasse herausbildet.

Nach dem gängigen historischen Narrativ hatte die organisierte Arbeit bis Ende der 1970er Jahre in der überentwickelten Welt das Kapital vorübergehend in die Knie gezwungen.[46] In dieser Erzählung kommen Finanzialisierung und Neoliberalismus dem Kapital zu Hilfe. Aber wie ist das gelungen? Welche materiellen Voraussetzungen haben die Finanzialisierung überhaupt ermöglicht? Welche tieferliegenden gesellschaftlichen Kräfte haben neoliberale Ideen als Politikinstrumente plausibel erscheinen lassen? Warum fällt all das mit der augenscheinlichen Geburt der »Tech«-Branche als Industriezweig zusammen?

In dem Gedankenexperiment, das ich skizziere, passen all diese Entwicklungen auf neuartige Weise zusammen. Die Kapitalistenklasse suchte nach einem Ausweg aus der Sackgasse, die die Auseinandersetzung mit den Forderungen der Arbeiter in einer Zeit bedeutete, in der die Optimierung der alten Produktionsmittel keine große Produktivitätssteigerung mehr einbrachte. Die Kapitalistenklasse glaubte, einen Ausweg gefunden zu haben, indem sie die Arbeit durch den Vektor ersetzte, der ihr die Fluchtroute wies. Globalisierung, Deindustrialisierung und Outsourcing würden es ihr ermöglichen, sich von der Macht der Arbeiterschaft über den Produktionsprozess zu befreien. Der Informationsvektor würde nicht nur eine abstraktere und flexiblere Art der Produktion, sondern auch des Konsums hervorbringen, indem er das Alltagsleben finanzialisierte.[47] Die Arbeiterïnnen als Produzentïnnen mussten feststellen, dass ihre Arbeitsplätze anderswohin verlagert wurden; die Arbeiterïnnen als Konsumentïnnen durften sich an der Wiederherstellung ihrer Kaufkraft erfreuen – zumindest zeitweise.

Doch hier kommt der Haken: Was zunächst den Anschein erweckte, in der überentwickelten Welt dem Kapital zum Sieg über die Arbeit zu verhelfen, war zugleich ein *Sieg über das Kapital*. Die neuen Produktivkräfte, die den Sieg über die Arbeit ermöglichten, wurden selbst die neuen vorherrschenden Produktivkräfte. Die Macht über die Wertschöpfungskette verschob sich von Besitz und Kontrolle der Produktionsmittel zu Besitz und Kontrolle der Informationsvektoren. Es entstanden ganz neue Industrien, ebenso ganz neue Unternehmen – der sogenannte Techsektor. Aber in Wirklichkeit organisieren alle Unternehmen sich zunehmend im Hinblick auf das Eigentum an und die Kontrolle über Information.

Die Kontrolle über die Wertschöpfungskette durch Eigentum am Informationsvektor erstreckt sich sogar bis ins Leben selbst. Nicht zuletzt deshalb ist es übrigens auch nicht mehr hilfreich, den Vitalismus der lebendigen Arbeit dem Kapital als toter Arbeit gegenüberzustellen.[48] Nicht das Kapital, sondern der Vektor dringt ins Fleisch ein und befehligt es, und zwar nicht nur als Fleisch, sondern auch als Information: durch die Überwachung seiner Zustände; durch die Veränderung seiner Funktionen mithilfe von Medikamenten, die chemische Signale beeinflussen; durch die Patentierung von Teilen unseres Lebens als Design.[49] Dabei geht es weder um einen *Bios* noch um eine *Polis*, sondern um ein Regime des Eigentums an Information, das bis in den Organismus hineinreicht. Die neuartigen Produktivkräfte, wie sie in unserer Zeit entstanden sind, sind auch Reproduktiv- und Zirkulationskräfte.

Die Macht der Vektoralistenklasse ist weder kognitiv, noch herrscht sie über den *general intellect*.[50] Sie lebt ebenso gut von Störgeräuschen, Volatilität und schlechter Information wie von jeder Art der Intelligenz oder Vernunft.[51] Sie reicht ebenso weit in die Körperlichkeit und sogar Sexualität des Menschen hinein wie in den Intellekt.[52] Die Formen der künstlichen Komputationsordnung, die sie erzeugt, sind keine Erweiterungen oder Nachahmungen des menschlichen Denkvermögens, sondern etwas völlig anderes.[53]

Man kann die Fremdheit dieser Produktionsweise nicht mit den überkommenen hermeneutischen Begriffskategorien interpretieren, wie sie aus einer Kritik der Produktionsverhältnisse im Dampfmaschinenkapitalismus des 19. Jahrhunderts abgeleitet wurden. Tatsächlich sieht man jetzt, wie unvollständig Marx' Kritik war und bleibt. Selbst sein kritisches Kapitalismusverständnis betrachtet diesen immer noch metaphorisch als riesige, dysfunktionale Dampfmaschine, die jeden Augenblick durch unregulierten inneren Druck zu explodieren droht.[54] Marx ist nicht in der Lage, kritisch über Information im heutigen Sinne des Begriffs nachzudenken, weil die Produktivkräfte seiner Zeit sie noch nicht in dieser Weise hervorgebracht haben.

Marx kam dem auf die Spur, was in den Theorien des Kapitals seinerzeit fehlte. Er lüftete den Schleier zwischen Tausch und Produktion und entdeckte die ausgebeutete Arbeit, die ihn hervorbringt. Er schrieb die ketzerischen Worte, das Kapital sei tote Arbeit – geronnener rosa Glibber – und schrieb daraufhin aus der Perspektive der vom Kapital ausgebeuteten Arbeit. Also: Machen wir uns auf die Suche nach dem, was in den Theorien des Kapitals wie auch der Information heutzutage fehlt. Finden wir die sonderbare Klasse, die die Information besitzt und kontrolliert. Finden wir die ausgebeutete Klasse oder Klassen, die die Information herstellen und ihr unterworfen sind. Vulgär gesprochen: Die Kapitalistinnenklasse frisst unsere Körper, die Vektoralistinnenklasse frisst unsere Gehirne.

Bringen wir dieses Gedankenexperiment zurück in die Gegenwart, dürften wir anschließend in der Lage sein, die historische Besonderheit des gegenwärtigen Moments zu erfassen. Das war schließlich Marx' große Leistung. Er hat *seinen* Moment erfasst. Seine Gegenwart sah für ihn nicht aus wie die Vergangenheit. Sie hatte neuartige Züge, die der Situation angemessene Begriffe erforderten. Das lässt uns mit einem paradoxen und provozierenden Gedanken zurück: Eine Theorie, in der die Gegenwart im Wesentlichen so aussieht wie die Vergangenheit der Marx'schen Zeit – nur hier und da mal in ein wenig anderen Erscheinungsformen –, kann nicht wirklich eine »marxistische« Theorie sein, da eine solche Treue notwendigerweise einen Verrat an Marx' Leistung bedeutet. Debord: »Aber Theorien sind nur dazu da, um im Krieg der Zeit zu fallen.«[55]

Vielleicht können wir solche theologischen Fragen den Gläubigen überlassen, die ohnehin eine angeschlagene und dezimierte Truppe sind. Stattdessen hier eine Forschungsagenda: Was sind die gegenwärtigen Produktivkräfte, und wie lassen sie sich mit einem bescheidenen Begriffsinstrumentarium (und auf vorläufige Weise) beschreiben? Wie haben diese Produktivkräfte zeitgenössische Formen von Klassenmacht entstehen lassen, und wie hat diese Macht wiederum die besondere Form dieser Produktivkräfte bestimmt? Unter welchen Umständen könnten die untergeordneten Klassen – die gezwungen sind, in einer Welt zu leben, die diese Produktivkräfte im Interesse der herrschenden Klassen hervorbringen – in der Lage sein, Autonomie und Handlungsmacht durchzusetzen? Welche andere Welt ist angesichts des Schadens, den diese Gesamtwirtschaft der Welt zugefügt hat, mit den von dieser Wirtschaft entwickelten Methoden noch möglich?[56]

3 Die Produktivkräfte

Wir arbeiten, um zu kommunizieren,
um zusammenzukommen, müssen dies aber
in einem Kreislauf schrittweiser Enteignung tun.
Jonathan Beller

Die erste und letzte Frage, die in Bezug auf Technologie oder Technik üblicherweise aufkommt, ist die, ob sie etwas Gutes oder etwas Böses ist. Dies kann sowohl für bestimmte Technologien als auch für die Technologie im Allgemeinen gelten. Marx lässt sich ohne Weiteres für beide Seiten dieser Auseinandersetzung heranziehen, entweder durch selektives Zitieren, also indem man sich den Marx einer bestimmten Periode herausgreift, oder durch die Beschränkung auf eine bestimmte Perspektive der Texte, auf Kosten des dialektischen und poetischen Spiels, das in seinem Korpus am Werk ist. Marx bietet in der Technologiefrage zahlreiche Anwendungsmöglichkeiten. Er ist ein Allzweckwerkzeug.

Marx könnte aber auch »Werkzeuge« liefern, um etwas kritischer über Technologie nachzudenken. Müssen wir die Technologie unbedingt einer moralischen Entscheidung zwischen Gut und Böse unterwerfen? Wie lässt sich diese Technologie als etwas Eigenständiges betrachten und beurteilen? Von welchem elitären Standpunkt aus erscheint sie als etwas Abgetrenntes? Welchen Bereich an Dingen betrachten wir überhaupt als *technisch* oder *technologisch*?

Ausgehend von der letzten Frage ist es wichtig, Marx in seiner eigenen Zeit zu verorten. Was wir heute unter Technologie verstehen, war für Marx eher eine Frage der Maschine. Er lebte im Zeitalter der Dampfkraft, die Fabriken, Eisenbahnen, Schiffe und die Druckerpressen der Zeitungen antrieb, für die er schrieb.[1] Es war die Ära der Telegraphie, jedoch vor der Verbreitung elektrischer Energie oder dem Aufstieg der modernen Chemie, Teilchenphysik, Genetik, Klimawissenschaft oder Informatik. Marx tat sein Bestes, um mit den wissenschaftlichen und technischen Entwicklungen seiner Zeit Schritt zu halten, wobei das ansonsten eher Engels' Aufgabe war. Marx' Wissen darüber, wie die physikalische Welt funktioniert, – und damit sein Materialismus – enden an einer bestimmten historischen Schwelle.[2]

Dennoch unternimmt Marx wichtige Schritte, Technologie als ein Bündel verschiedener Dinge zu denken, die sich auf einen Begriff bringen lassen. Insbesondere in den Grundrissen beginnt er, jenseits der moralischen Unterteilung in gut oder böse über Technik zu schreiben.[3] Er beschreibt sie als etwas, das eine Reihe von Möglichkeiten birgt, oder wie man mit einem moderneren Ausdruck sagen könnte: einen »Angebotscharakter« hat. In Übereinstimmung mit seinem übrigen Denken begreift Marx Technologie nicht als etwas, das ein Wesen hat, sondern als etwas, das aus bestimmten historischen Umständen entsteht.

Dies hat es ihm erlaubt, über die merkwürdige Art und Weise hinauszudenken, in der Technologie als etwas Abgetrenntes erscheint. Technologie ist einerseits eng mit dem Menschlichen verbunden, andererseits aber auch mit dem Nichtmenschlichen. Tatsächlich kann Technologie der *inhumane* Bereich sein, in dem die Unterscheidungen zwischen dem Menschlichen und dem Nichtmenschlichen – ganz zu schweigen von den Ängsten vor ihrer Durchlässigkeit – ihren Ursprung haben. Unter anderem vermittelt die Technologie dem Menschen verschiedene Bedeutungen des Menschlichen.

Um zunächst einmal nur die erste dieser Verbindungen aufzugreifen: Marx sah die Technologie auf doppelte Weise mit dem Menschen verknüpft. Vereinfacht ausgedrückt: Der *Inhalt* der Technologie ist die Arbeit; die *Form* der Technologie ist das Kapital. Technologie wird durch lebendige Arbeit hergestellt; am Ende ist Technologie erstarrte, tote Arbeit – rosa Glibber –, die dann in Form von Kapital den Arbeitern wieder gegenübertritt. Die Form der Technologie ist das Kapital insofern, als sie von der Zielsetzung bestimmt ist, die Wertabschöpfung aus der Arbeit (und aus der Natur) so effizient wie möglich zu gestalten.

Wenn einzelne kapitalistische Firmen miteinander konkurrieren, bedienen sie sich arbeitssparender Hilfsmittel, um die Produktion zu steigern und die Kosten zu senken. Dabei ersetzen sie lebendige Arbeit durch tote Arbeit, beschränken aber auf lange Sicht die Profite, da Mehrwert allein durch die Ausbeutung menschlicher Arbeit erzielt wird. Die Form der Technologie ist das Kapital auch in einem zweiten Sinn. Nicht alle Entscheidungen, die das Kapital über technische Veränderungen am Arbeitsplatz trifft, sind streng genommen ökonomisch. Das Kapital kann auch technische Veränderungen vornehmen, die den Arbeiterïnnen im Produktionsprozess Macht entziehen.[4]

Technologie ist also nichts Abgetrenntes. Sie ist dem Menschlichen auf zweifache Weise nah: In der Form ist sie Kapital, im Inhalt ist sie Arbeit. Die Arbeit stellt die Maschine her, aber nicht in einer von ihr gewählten Gestalt. Auf der anderen Seite gibt es eine parallele Verbindung zum Nichtmenschlichen, zur Natur. Technologie ist aus Natur gemacht, aber macht auch etwas Neues aus der Natur. Dieser Inhalt der Technologie ist sinnliche

Materialität, Eisen, Kohle und so weiter, durchsetzt mit Arbeit; ihre Form ist weiterhin die Form des Kapitals. Rimbaud: »Wenn das Blech als Horn erwacht, ist das nicht seine Schuld.«[5]

Man kann also Marx' Schreiben über die Technik mit seinem Schreiben über die Natur verknüpfen. Neben den beiden Aspekten der Technik als Arbeit im Inhalt, aber Kapital in der Form, zieht sich eine zweite Unterscheidung durch Marx' Werk, die mit seiner Praxis der negativen Begriffsbildung durch *détournement* der bürgerlichen Sprache verbunden ist. Zu verschiedenen Zeiten arbeitete Marx an der Kritik verschiedener Arten bürgerlicher Denker.[6] Die unterschiedlichen Vorstellungen, an deren Negation er arbeitete, hinterlassen ihre Spuren an den resultierenden Begriffen.

In den *Grundrissen* beschäftigt sich Marx mit der Kritik eines Hegel'schen Begriffs von Arbeit als Geist, als das, was die Welt ergreift und gestaltet, die Welt vermenschlicht und das Menschliche »weltlicher« macht. Im *Kapital* arbeitete Marx sich auch an dem weniger bekannten wissenschaftlichen Materialismus ab, der in Deutschland nach dem Scheitern der Revolutionen von 1848 in Mode war.[7] Marx gewann daraus einen thermodynamischen Begriff von Arbeit als Energieaufwand sowie ein Bild des Kapitalismus als gigantischer Dampfmaschine, die entweder zusammenbrechen oder ausbrennen würde.[8]

Noch bevor die Notizbücher der *Grundrisse* weithin bekannt waren, führte diese Spannung bei Marx zu zwei unterschiedlichen Ansätzen, über Technik nachzudenken. Der elitäre Ansatz hielt es für möglich, einen adäquaten Technikbegriff allein mit den kritischen Werkzeugen der Philosophie zu entwickeln. Gleichzeitig entstanden vulgäre Ansätze, die sich mehr auf Praktiken bezogen, die mit wissenschaftlichen und technischen Erkenntnissen verbunden waren, auf deren Grundlage Technologie tatsächlich funktioniert. Die rasante Entwicklung der Produktivkräfte erzeugte eine Kombinatorik von Herangehensweisen sowohl an die Frage, was Technologie ist, als auch an die Frage, was der Marxismus selbst sein oder noch werden könnte. Ich werde diese beiden Bereiche hier kurz skizzieren.

Bilden wir zunächst ein Schema mit zwei Achsen, um vier Typen marxistischer Techniktheoretiker'innen abzubilden: diejenigen, die sie negativ sehen, formal als kapitalistisch; und diejenigen, die sie positiv sehen, inhaltlich als Arbeit. Dann gibt es diejenigen, die sie philosophisch betrachten, ob nun positiv oder negativ; und diejenigen, die sie eher wissenschaftlich betrachten, positiv wie negativ. Mit diesem Schema lässt sich zwar nicht die gesamte umfangreiche Literatur über die Technologie nach Marx abdecken, aber es bietet eine grundlegende Orientierung innerhalb dieser Kombinatorik von Möglichkeiten.

Diejenigen mit einer eher affirmativen und vulgärwissenschaftlichen Sicht auf die Technik nehmen oft Engels als Ausgangspunkt. In der intellektuellen Arbeitsteilung war Engels mehr als Marx zuständig für die Recherche wissenschaftlicher Themen, Polemik mit den wissenschaftlichen Ideologien der Zeit und für die Frage, ob es überhaupt eine Dialektik der Natur geben könne.[9] Engels lebte lange genug, um mitanzusehen, wie die Wissenschaften systematisch auf die Erzielung von Wettbewerbsvorteilen in Bereichen wie der chemischen Industrie ausgerichtet wurden. Die Frage der Wissenschaft und ihres Einflusses auf die Entwicklung der Produktivkräfte war also keine rein intellektuelle Frage.[10]

Der Aufstieg der modernen Physik löste unter Marxisten eine tiefgreifende Krise aus.[11] Wenn der *Materialismus* im Grunde eine Lehre von der alleinigen Realität der materiellen Welt ist, dann spielt es eine Rolle, woraus die Materie tatsächlich besteht, und es spielt eine Rolle, woher man das weiß. Bestätigen oder widerlegen die Quantenmechanik und die allgemeine Relativitätstheorie die marxistische Philosophie des dialektischen Materialismus? Oder widerlegt der dialektische Materialismus die moderne Wissenschaft? Obwohl auch die zweite Position ihre Befürworter unter den Philosophïnnen hatte, richtete sich die Entwicklung des Marxismus eher darauf, ihn so zu interpretieren, dass er mit der modernen Physik vereinbar gewesen wäre, noch bevor es sie überhaupt gab.[12]

Das bringt mich zum zweiten Schema, das einige Reaktionen auf den technologischen Wandel im Hinblick darauf abbildet, was der Marxismus selbst in einer solchen Situation sein oder werden könnte. Um die Dinge zu vereinfachen, können wir sie wieder in ein Schema mit vier Quadranten ordnen: Eine Achse steht für die Frage, ob der Marxismus als eine Erste Philosophie betrachtet wird, die die Welt beschreibt, oder ob ihm lediglich die eingeschränktere Rolle als eine Art Methode zur Organisation von Wissenspraktiken zukommt. Die andere Achse betrifft die Frage, ob der jeweilige Ansatz auf vulgäre oder elitäre Weise verfolgt wird.

Die elitäre Hälfte des Schemas würde diejenigen umfassen, die (wie der späte Lukács) innerhalb des Marxismus ontologische Behauptungen aufstellen, sowie diejenigen, die ihn (wie der junge Althusser) zwar eher als Methode zur Praxisorganisation ansehen, aber dennoch als philosophische Methode.[13] Zu den Vulgären würden die Bewahrer der orthodoxen, sowjetgeprüften dialektisch-materialistischen Theorie gehören, die zwar akzeptieren, dass diese Theorie Behauptungen über die Welt aufstellt, dies aber eher in »wissenschaftlicher« als philosophischer Art verstehen. Daneben stünden jene wie J. B. S. Haldane, die den Marxismus auf eine Methode zur Forschungsorganisation reduzieren, dies aber mit einem empirischeren Anstrich, als es später Althusser tun sollte. Die vulgäre Seite würde aber auch Alexander Bogdanow einschließen, der auf die gesamte Vorstellung einer dialektisch-materialistischen Philosophie verzichtet.[14]

Umformuliert als Methode zur Organisation von Wissenspraktiken, könnte sich der Marxismus durchaus als mit wissenschaftlicher Arbeit kompatibel erweisen und Verfahren bereitstellen, um über die Position der Wissenschaft im Kapitalismus nachzudenken. Das war die Grundausrichtung des linken Flügels der *Social-relations-of-science*-Bewegung, die zwischen den 1930er und 1950er Jahren in Großbritannien am stärksten vertreten war.[15] Diese Ausrichtung bewahrte sich eine positive Sicht auf die Potenziale der Technologie, als Wissenschaft, angewandt auf die Rationalisierung der gesellschaftlichen Produktion. Gleichzeitig war sie aber sehr kritisch gegenüber der Unterordnung von Wissenschaft und Technik unter kapitalistische Monopolunternehmen und den imperialistischen und militaristischen Staat.[16]

Hinsichtlich ihrer Klassenherkunft waren viele der führenden Köpfe der *Social-relations-of-science*-Bewegung ziemlich elitär. (J. D. Bernal war der Sohn eines irischen Gutsbesitzers; Haldane kam aus dem höheren Adel.) Ihr Marxismus war in anderer Hinsicht vulgär. Sie gingen davon aus, dass die Entwicklung der Produktivkräfte eine treibende Kraft in der Geschichte war. Diese Annahme stand durchaus in Zusammenhang mit ihrer wissenschaftlichen Arbeit, in der sie die dynamische Kreativität der angewandten Wissenschaft aus erster Hand beobachten konnten – aber auch die beschränkte Art und Weise, in der diese Kreativität vom Kapital aufgenommen wurde.

Im Kanon wurden ihre Arbeiten von vornehmeren marxistischen Ansätzen weitgehend verdrängt, was sehr bedauerlich ist, da ihre große Stärke in der Untersuchung von Veränderungen der Produktivkräfte lag. In *Die Wissenschaft in der Geschichte* hat Bernal gezeigt, wie Wissenschaft (im weitesten Sinne) eine entscheidende Rolle bei der wirtschaftlichen und sozialen Organisation aller Gesellschaften gespielt hat. V. Gordon Childe hat darauf hingewiesen, wie die Produktionsweise bereits in antiken Gesellschaften der Entwicklung von Wissen und Technologie Grenzen setzte. Joseph Needham widerlegte systematisch die Annahme, dass die Wissenschaft irgendwie Ausdruck eines westlichen rationalen Wesens sei. Bis in die Moderne hinein haben sich Wissenschaft und Technik in China umfassender entwickelt als im Westen.[17]

In der Analyse des Kapitalismus ihrer Zeit bewegen sie sich zwischen der Handlungsmacht der Arbeit und der Handlungsmacht der Wissenschaft, zusammengehalten durch einen ihrer bevorzugten Begriffe für den eigenen Klassenstandort, den *der Wissenschaftsarbeiter'in*. Unklar blieb dabei, ob Wissenschaftler'innen Teil der Arbeiterklasse sind oder ob sie außerhalb stehen, aber potenziell mit der organisierten Arbeiterschaft verbündet sind. In der Formulierung angelegt ist die Möglichkeit, sich eine neue Art von Klassenakteur'in vorzustellen, die weder Arbeit noch Kapital zugehört. Was ich darin sehe, ist eine frühe Andeutung eines Aspekts der aufkommenden Hackerklasse.

Eine Quelle für den Radikalismus dieser Gruppe war die Erfahrung des Laborlebens selbst. Zu den Wissenschaften, in denen sie diese Erfahrung machten, gehörten zu Beginn des 20. Jahrhunderts aufstrebende Bereiche wie die Röntgenkristallographie, die Biochemie und die Genetik. Sie betrieben Wissenschaft in einem Übergangsmoment, nach der Ära, in der sie Zeitvertreib für Gentlemen war, und vor dem Aufstieg von *Big Science*.[18] Das Element der freien, selbstbestimmten Erkenntnis wurde in ihrer Tätigkeit von allen Seiten relativiert und eingeschränkt, aber es war dennoch spürbar. Diese Andeutung eines Lebens ohne Entfremdung lieferte einen Teil der Hebelwirkung gegen das, was aus der Wissenschaft wurde, als man ihren Wert für unternehmerische und militärische Macht zunehmend erkannte.

Die rote Wissenschaft überlebte den Kalten Krieg allerdings nicht. Einflussreiche Persönlichkeiten wie Bernal und Needham wurden ins Abseits gedrängt, und jüngere Forscher hielten sich bedeckt. Ironischerweise stellt Foucault wohlwollend J. Robert Oppenheimer (den *spezifischen Intellektuellen*) Jean-Paul Sartre (dem *allgemeinen Intellektuellen*) gegenüber. Ersterer ist vermeintlich ein besserer Praktiker, weil seine öffentlichen Stellungnahmen unmittelbar auf seine Expertise in der Kernphysik zurückgreifen. Foucault spielt allerdings herunter, dass der Kalte Krieg fortschrittlichen Wissenschaftlern oft keine andere Wahl ließ, als sich als unpolitische Diener ethischer Zwecke zu präsentieren und über gute und böse Technologie zu streiten, anstatt die Analyse der Produktivkräfte als historischem Akteur voranzutreiben.[19]

Natürlich hat es auch trotz des Kalten Kriegs marxistische Wissenschaftler gegeben, sogar bedeutende.[20] Und doch reichte seit den 1950er Jahren kaum etwas an den Einfluss der *Social-relations-of-science*-Bewegung heran. Etwas Ähnliches kam allerdings später in der Informationswissenschaft auf. Richard Stallman, ein »red diaper baby«[21] und Gründer der Freie-Software-Bewegung, hat etwas von der hartnäckigen Militanz seiner Mutter auf die Möglichkeiten und Grenzen der Informatik übertragen. Es war Stallman, der die stärkste Verbindung zwischen dem Alltag der Hackerïnnen und dem Kampf gegen die Kommodifizierung der Informationswissenschaft herstellte.[22]

Hier verbinden sich Theoretikerïnnen und Aktivistïnnen aus den Wissenschaften mit denen aus den Künsten, die wie Asger Jorn versuchten, die Instanz der Formgebung vom Kapital zu unterscheiden, aber auch von der Arbeit, die darauf abzielt, vorgegebene Formen mit Inhalt zu füllen. Die Produzentïnnen von Form wie Inhalt könnten sich dann beide in ihrem Kampf gegen die Unterwerfung unter das Warenregime verbünden.[23] Das wäre ein Bündnis, das zwar selten, aber in einigen Situationen durchaus verwirklicht worden ist.[24]

Was Jorn ironisch die *kreative Elite* nennt und was Bernal und andere die *Wissenschaftsarbeiterïn* nennen, scheinen mir zwei Aspekte dessen zu sein, was einmal die Hackerklasse werden sollte. Diese Klasse tritt in Erscheinung, wenn sowohl die wissenschaftliche Formfindung als auch die ästhetische Formgebung als Instanzen derselben Sache, nämlich als geistiges Eigentum, von einer neuen Art von herrschender Klasse abgeschöpft und verwertet werden können. Für die neue herrschende Klasse bedeutet dies nicht nur eine Möglichkeit, den Wettbewerbsvorteil einer bereits vorhandenen verarbeitenden Industrie aufrechtzuerhalten, sondern eine ganz andere, eigene Art von Industrie, die durch die Kontrolle von Information den Verarbeitungsprozess zu beherrschen vermag. (Ich werde in Kapitel 4 auf Fragen der Klasse zurückkommen.)

Bisher habe ich mich mit einem affirmativen und wissenschaftlichen Herangehen an die Technologie befasst. Dazu gibt es eine Parallele in einer eher philosophischen, aber ebenfalls affirmativen Denkschule. Eine einflussreiche Variante dieser Schule geht aus dem autonomen Marxismus im Italien der Nachkriegszeit hervor.[25] Ihr Ausgangspunkt ist eher eine Lektüre von Marx' *Grundrissen* als eine des *Kapital*. Die aus den *Grundrissen* abgeleitete Kernkonzeption basiert auf etwas, das Marx fast beiläufig über den *general intellect* sagt.[26] Die steigende Komplexität der kapitalistischen Organisation hängt zunehmend nicht nur von der Ausbeutung bestimmter Arbeitsleistungen ab, sondern auch von der Vergesellschaftung des Wissens, eingebettet in die Form der Technologie als *general intellect*. So gesehen ist die Vergesellschaftung der Arbeit bereits teilweise erreicht, und es bleibt nur noch, uns von den letzten Überresten einer veralteten Form des Privateigentums zu befreien.

Der üblichere Fall ist es, dass philosophisch geprägte marxistische Theorien der Technik dieser kritisch gegenüberstehen. Lukács erweiterte die marxistische Entfremdungstheorie auf die technische Form selbst. Kōstas Axelos verband Marx mit Heidegger, woraus eine Kritik nicht an der Form der Technik im Kapitalismus, sondern an der Form der Technik selbst entstand.[27] Guy Debord dehnte Lukács' Kritik an der entfremdenden Form der Technik in der Sphäre der Produktion auf die Sphäre des Konsums und seiner vorherrschenden Bilder aus, was er das *Spektakel* nannte.[28] Sowohl Lukács als auch Debord betrachteten die marxistische Philosophie als eine Theorie der Totalität. Bei Lukács bleibt die verdinglichte Arbeit, zu deren Bereichen die bürgerliche Wissenschaft gehört, hinter der Totalität zurück, während bei Debord das Spektakel die Totalität selbst verfälscht.

Ein etwas interessanterer Fall von vornehmem Marxismus ist Herbert Marcuse, der Lukács' Theorie der Verdinglichung zu einer alptraumhaften Vision technokratischer Abschottung erweitert hat. Und doch gab es bei Marcuse immer die Möglichkeit einer utopischen Dimension der Technologie, wenn diese nur von der beschränkten Rationalität von Mittel und Zweck befreit werden könnte. Wie sein heutiger Interpret Andrew Feenberg hervorhebt, schöpfte Marcuse dazu aus einer ungewöhnlichen Quelle: Gilbert Simondon. Bei Simondon entdeckte Marcuse die Möglichkeit einer anderen Rationalität, einer vielleicht sogar noch technischeren, in der nichtmenschliche technische Formen sich womöglich mit den menschlichen gemeinsam entwickeln.[29]

Die eher wissenschaftlich geschulten Theoretikerïnnen hat man oft mit der affirmativeren Sichtweise von Technologie in Verbindung gebracht: als einem Produkt von Arbeit und als Mittel zur Ausweitung der gesellschaftlichen Produktion, wodurch soziale Bedürfnisse möglicherweise ohne Ausbeutung gestillt werden könnten. Es gab jedoch auch kritische Stimmen. Barry Commoner war Biologe und von Bernal inspiriert, wurde aber zu einem Technologiekritiker und propagierte eine Form des ökologischen Sozialismus.[30] Je mehr man über Naturwissenschaft weiß, desto eher vermag man den Schaden zu erkennen, den die Warenform anrichtet.

Donna Haraway wurde auch als Biologin ausgebildet. Zum Teil von Needham ausgehend, verkompliziert sie den Begriff der Technologie als Kapital in der Form und als Arbeit im Inhalt. Ihre Verwendung der Figur des *Cyborg* als »politischer Mythos« (oder Gedankenexperiment) lässt uns an hybride, »inhumane« Instanzen denken, ohne saubere Trennung zwischen menschlichen und nichtmenschlichen Akteuren. Sie bezieht neben dem

Menschen auch andere Spezies in die Organisation von Produktion und Kontrolle mit ein.[31]

Auch wenn sie manchmal in den Genres des Feminismus, der Wissenschaftsforschung oder der Medienwissenschaften verortet wird, möchte ich Haraways vulgärmarxistischen Aspekt hervorheben.[32] Sie bringt einen kritischen Ansatz in einen Wissenschaftszweig, der in unserer Zeit sicherlich so mächtig ist wie die politische Ökonomie zur Zeit von Marx: die Biowissenschaften. Wie Marx zeigt sie, dass es sich hier zwar um echte Wissenschaften handelt, diese aber zugleich begrenzt sind durch die grundlegenden Metaphern der Produktions- und Reproduktionsformen ihrer Zeit. Sie wirft vulgäre Fragen darüber auf, wie Geschlecht und Sexualität in produktiver und reproduktiver Arbeit verstrickt sind – und auch in Beziehungen, die weder als das eine noch als das andere klar erkennbar sind. Haraways Schreiben ist noch in einem anderen Sinne vulgär, denn der Cyborg ist unter anderem eine Art populärer Gegenmythos. Verborgen in der vertrackten Schreibweise und dem gewitzten *détournement* dieses Textes ist ein Stück marxistisch-feministischer Utopie.

In vergleichbaren Arbeiten hat die Physikerin Karen Barad einen Ansatz der Wissenschaftsforschung wiederbelebt, den man zu Recht für marxistisch halten könnte. Ausgehend von einer Lektüre Niels Bohrs liefert sie eine Theorie des *agentiellen Realismus*, die noch andere Dinge als Akteure der Wissensproduktion betrachtet außer der Arbeit, der wissenschaftlichen Arbeit und dem, was Haraway das *Multi-Spezies-Wirrwarr* nennt. Hier können sogar subatomare Phänomene als Agens verstanden werden. Barad schenkt der Rolle des *Dispositivs* in der Wissenschaft große Aufmerksamkeit.[33] Man kann das Dispositiv als verschiedene Teile der Produktivkräfte auffassen. Es ist auch das, was ich das *Inhumane* nenne, der unbestimmte Bereich, in dem das erfolgt, was Barad als den *Schnitt* bezeichnet, der das Menschliche vom Nichtmenschlichen unterscheidet.

Ebenfalls zum Teil unter dem Einfluss von Haraway hinterfragt Paul B. Préciado die Betonung des *general intellect* im autonomen Marxismus und bei dessen Nachkommen aus der Sicht der technologisierten Körper, die von heutigen Pharmazeutika geschaffen werden.[34] Der gegenderte menschliche Körper selbst ist teilweise inhuman, ein technisch erweitertes und chemisch unterstütztes Artefakt. Der maßgebliche Akteur in diesem Szenario ist weniger die Wissenschaftsarbeiterin als vielmehr ein loses Bündnis von selbstorganisierten, genderhackenden Punks und verschiedenen Arten von Körperarbeitenden, einschließlich Sexarbeiter, Transgender-Künstlerinnen und Aktivisten.[35]

Meine eigene Verbindung zu diesen Fragen rührt daher, dass ich mich einen Großteil der 1990er Jahre hindurch intensiv mit Medien-Avantgarden beschäftigt habe, die versuchten, aus einem *Low-Tech-* und Punk-Zugang zu digitalen Technologien kritische Praktiken zu entwickeln.[36] Wo Adorno oder Pasolini residuale kulturelle Räume aus einer Zeit vor der Kommodifizierung besetzt hatten, gab es hier ein Beispiel für einen gerade erst entstehenden Raum, den noch niemand so recht in ein »Geschäftsmodell« zu fassen vermocht hatte. Dies brachte organisch eine Art niedere Theorie hervor, die Begriffe zu entwickeln versuchte, die mit den Veränderungen in der Informationstechnik, wie sie sich durch den gesamten Konsum-, Zirkulations- und Produktionszyklus ziehen, Schritt halten konnten.

Das Internet kam aus der Universität und überrumpelte das Kapital. Während in den Geisteswissenschaften zahlreiche Forschende vornehme marxistische Theorie betrieben, keimte in der Informationswissenschaft eine ganz neue Produktionsweise auf. Sie hatte bereits einen Großteil der Wissenschaften umgestaltet. In den 1990ern gab es genug billige Technologie, um einen Punk-Ansatz zu verfolgen und mit ihr und über sie neue Theorien und Praktiken zu entwickeln. Ich möchte nur zwei Beispiele erwähnen, beginnend mit Dmytri Kleiners détourniertem Text *The Telekommunist Manifesto*.[37]

Kleiner geht von der Transformation der Produktivkräfte und dem damit verbundenen Druck auf die Produktionsverhältnisse aus. Billige Rechenleistung plus Internet-Vektor sollten den Kapitalismus effizienter machen und dem Kapital erlauben, die Macht der Arbeiterschaft im Produktionsprozess zu umschiffen. All das geschah, aber es eröffnete auch die Aussicht auf eine selbstorganisierte Peer-to-Peer-Produktion.[38] Es hätte tatsächlich einen *Telekommunismus* geben können (»tele« = »auf Distanz«). Autonome Produzenten konnten billig und einfach kommunizieren und koordinieren. Diese Möglichkeit musste ausgeschlossen werden, um eine neue Art der Mehrwertaneignung durch die aufstrebende herrschende Klasse zu ermöglichen, die ich die *Vektoralistenklasse* nenne.

Auf der technischen Ebene entwickelte sich anstelle eines Peer-to-Peer-Netzwerks ein Client-Server-Netzwerk, das um Knotenpunkte herum aufgebaut war, die sich in Privatbesitz befanden – was Benjamin Bratton *Stacks* nennt.[39] Unterdessen schlossen Staaten Handelsabkommen miteinander und schufen dadurch transnationale Regime des geistigen Eigentums, die darauf abzielten, Informationsüberschüsse in neuartigen Formen von Privateigentum zu sichern. Das freie Schaffen von Information wurde abwechselnd bestraft und begünstigt: bestraft da, wo es gegen Unternehmensmonopole verstieß; begünstigt, wo kostenlose Arbeit oder Nichtarbeit als wertvolle Information erfasst werden konnten. Nun haben wir die *information commons* oder *Informationsallmende* als eine Form des desintegrierten Spektakels im Besitz der Vektoralistenklasse. Was Kleiner als Gegenstrategie empfiehlt, ist etwas, das er *Venture-Kommunismus* nennt: »Politik ist kein Kampf der Ideen, sie ist ein Kampf der Kapazitäten«.[40] Die Hackerklasse muss ihre eigenen autonomen Formen schaffen.

»Ein Gespenst geht um im Netz – das Gespenst des Kommunismus.«[41] Wie Kleiner kam auch Richard Barbrook (und sein Mitstreiter, der verstorbene Andy Cameron) aus der Schnittstelle von Medienaktivismus und -praxis und schuf erhellende *détournements* marxistischer Texte mit dem Ziel, die Situation der 1990er Jahre zu verstehen. Barbrook vertrat den Standpunkt derer, die er *digitale Handwerker* nannte, gegen den Aufstieg der *virtuellen Klasse*.[42] Was diese polemischen Texte besonders brauchbar machte, war die Identifizierung der *kalifornischen Ideologie* als die Weltanschauung dieser aufstrebenden herrschenden Klasse, deren Erfolg an der traurigen Tatsache zu ermessen ist, dass selbst Kritiker der »bösen Technologie« sie für das Evangelium halten.

Die kalifornische Ideologie entstand aus scheinbar progressiven Bewegungen der Gegenkultur in Kalifornien von Mitte bis Ende des 20. Jahrhunderts.[43] Wieder einmal spielte Repression eine Rolle. Militante Schwarze wurden zu dieser Zeit systematisch ermordet oder inhaftiert.[44] Um nur ein Beispiel zu nennen: Angela Davis durchstand einen Strafprozess und wurde aus ihrer Lehrtätigkeit entlassen. Einmal ihrer ursprünglichen Radikalität beraubt, wurde die Gegenkultur ausschließlich kulturell, und ihre antistaatliche Haltung schloss Frieden mit der libertären Begeisterung für den freien Markt. Wie einst die kapitalistische Weltanschauung im Feudalismus versprach auch die kalifornische Ideologie eine universelle Befreiung, die sich mit ihrem Aufstieg lediglich als die Emanzipation einer neuen herrschenden Klasse erwies.

Ausgehend von der historischen Vision des inzwischen verstorbenen Sozialisten Alvin Toffler entwarf die kalifornische Ideologie eine Welt, in der die Technologie selbst die einzige transformative Kraft der Geschichte darstellt.[45] Der Held dieses episch-poetischen Mythos war die Unternehmer'in, die im Alleingang gegen Arbeiter, Staat und Kultur kämpft, um die vermeintlich »natürliche« Kraft der Technologie zu entfesseln. Einmal befreit, würde sich die Technologie schließlich als Vehikel freier Märkte und einer Rückkehr zur Jefferson'schen Demokratie herausstellen.[46] Folglich ist Technologie ihrem Wesen nach gut.

Barbrook folgt Marx auf der Suche nach den inneren Widersprüchen in der Ideologie der neuen herrschenden Klasse. Er bemerkt die Ironie in der retro-futuristischen Feier Thomas Jeffersons als Schutzpatron der Yeoman[47]-Demokratie, während man zu erwähnen versäumt, dass Jefferson selbst ein Sklavenhalter war.[48] Leider mangelt es vielen der heutigen Technikexperten an Barbrooks Witz und historischem Scharfsinn, außerdem nehmen sie die kalifornische Ideologie weitgehend als gegeben hin. Das Ergebnis ist eine Art Verschwörungstheorie, in der die Öffentlichkeit angeblich durch eine Kabale der »Silicon Valley«-Unternehmer getäuscht wurde. Um ihre Absicht zur Entfesselung mächtiger Werkzeuge der Monopolbildung und politischen Steuerung zu verschleiern, haben sie uns alle zu der Vorstellung verleitet, Technologie sei ihrem Wesen nach gut, obwohl sie doch eigentlich böse ist.

Wie Barbrook betont, entspringt die Entwicklung der Produktivkräfte nicht auf magische Weise den Gehirnen von Business-Genies. Im Falle des Silicon Valley bedurfte es massiver staatlicher Förderung, die durch die Forschungslabore der Universitäten floss.[49] Es mag zu einem gewissen Zeitpunkt durchaus im Bereich des Möglichen gewesen sein, dass diese Entwicklungen sowohl zu einer digitalen Agora oder Allmende als auch (oder als Alternative) zu neuen Formen von Klassenmacht auf der Grundlage von Informationsasymmetrien und eines Überwachungsstaats hätten führen können. Was in beiden moralischen Fabeln über die Technologie ausgeblendet wird – egal, ob ihr Wesen nun gut oder böse sein soll –, ist der Kampf um die Form, die die Technologien des Internets annehmen würden.

Sowohl Barbrook als auch Kleiner kommt besondere Bedeutung durch ihr *détournement* klassischer Marx-Texte zu, indem sie Begriffe, die uns heute nichts mehr sagen, durch eine Sprache ersetzen, die von den aufkeimenden Klassenkämpfen unserer Zeit durchdrungen ist. Interessanterweise haben beide sich Vorsilben bedient, sie aber nicht dem Kapitalismus angefügt, sondern ihrem Begriff davon, was in ihm und gegen ihn entstehen könnte, um ihn zu negieren: Kleiners *Telekommunismus* und Barbrooks *Cyberkommunismus*. Ich betrachte das heute als eine nützliche Übergangstaktik, mit der wir uns aus der Begriffskombinatorik früherer historischer Konflikte herausarbeiten können. Das Ziel aber ist eine Theorie der gegenwärtigen Situation, in der die Entwicklung der Produktivkräfte möglicherweise beginnen könnte, den porösen Fesseln der Produktionsverhältnisse durch unverhoffte Risse zu entkommen.

In den 1990ern schien es noch möglich, eine andere Zukunft für das Internet zu entwerfen, und es gab zahlreiche Kämpfe um seine sich erst noch herausbildende Form: die technische, politische, rechtliche und kulturelle. Wir haben einige Schlachten gewonnen, den Krieg aber haben wir verloren. Wie der fortschrittliche Flügel der *Social relations of science* war auch diese Bewegung am Ende besiegt. Aber das ist kein Grund so zu tun, als hätte es sie nie gegeben. Vielmehr muss es darum gehen, die Kämpfe jener Zeit zu beschreiben und zu analysieren, ebenso wie jene, die sich heute als relativ neue Ausdrucksformen dessen fortsetzen, was für Arten von Welten innerhalb der – und gegen die – Produktivkräfte unserer Zeit möglich sind.[50]

Marx sah im Kapitalismus den negativen Beweis dafür, dass das Problem der materiellen Knappheit potenziell zu bewältigen wäre. Wir sehen jetzt, dass die Informationsknappheit im Prinzip bereits bewältigt ist. In beiden Fällen haben wir entscheidenden Einfluss, im ersten Fall auf das Fortbestehen von Ausbeutung, im zweiten Fall auf das Fortbestehen von Desinformation, Störungsrauschen und Informationsasymmetrie. Auch hier liegen die Mittel zur Lösung dieser Probleme zum Greifen nah, doch der Klassencharakter der bestehenden Produktionsverhältnisse legt den Produktivkräften Fesseln an. Nur stellt diesmal nicht allein die kapitalistische Klasse einen Hemmschuh für die Entwicklung dar, sondern auch die vektoralistische Klasse. Dies jedoch als Problem zu betrachten, bedeutet nicht nur den Produktivkräften Aufmerksamkeit zu schenken, sondern auch auf die Klassenverhältnisse zu blicken, die sie erzeugen und in denen sie strukturiert sind. Was an der Technologie gut oder böse sein mag, ist das Ergebnis von Klassenkonflikten – und zwar zwischen mehr als zwei Klassen.

4 Der Klassenstandort-Blues

... nach einem universalen Gesetz [muss sich] jede Klasse vor ihrem Verschwinden zuvor vollständig und allseitig entehren ...

Aimé Césaire

Zur Erinnerung an das Gedankenexperiment, das sich durch diese Kapitel zieht: Was, wenn wir es nicht mehr mit Kapitalismus zu tun haben, sondern mit etwas Schlimmerem? Können wir uns dem nun dadurch annähern, dass wir Ausbeutungs- und Herrschaftsverhältnisse der Gegenwart beschreiben, beginnend mit den sich abzeichnenden Merkmalen, und uns von dort aus in alle möglichen Richtungen weiterarbeiten? Dieses Kapitel spielt vor allem mit der *soziologischen Phantasie*.[1] Das bedeutet die Fähigkeit, das Problem *synchron* zu erfassen – als könnten wir durch die gesellschaftliche Formation der Gegenwart hindurchschneiden und ihre Anatomie betrachten – und nicht *diachron* in Form von Entwicklungsmustern im Zeitverlauf (ein Thema, das ich in Kapitel 5 diskutiere, einer historischen Fantasia).

Da die Soziologie, mit der wir spielen, eine vulgärmarxistische ist, könnte unsere Vorstellungskraft sich zunächst vielleicht einigen Merkmalen der Produktivkräfte zuwenden. Es ist ja nach wie vor so, dass die Grundlage unserer gesellschaftlichen Existenz in der Extraktion von nutzbarer organischer und anorganischer Materie aus der Erde besteht. Und es ist nach wie vor so, dass die unendliche Vielfalt an Waren um uns herum dadurch entsteht, dass man riesige Mengen an Energie in Form von fossilen Brennstoffen und Arbeitskraft auf diese Grundmaterie einwirken lässt. Doch diese beiden Prozesse scheinen heutzutage einer dritten Verhältnisform untergeordnet zu sein. Im kleinen wie im großen Maßstab scheint ein großer Teil der Primärproduktion und Sekundärfertigung durch schnelle Ströme, umfangreiche Archive und komplexe Algorithmen gesteuert zu werden, deren konkrete Existenz in einer tertiären Form besteht – der der Information.

Die informationsbasierten Produktivkräfte reichen bis in den Produktionsprozess hinein, sei es in Form von Industrierobotik oder der detaillierten Dauerüberwachung lebendiger Arbeit. Sie erstrecken sich bis hin zu globalen, in Echtzeit arbeitenden Mess-, Befehls- und Kontrollnetzwerken. Diese Informationsnetzwerke umfassen nicht nur anorganische und organische Materie und Energie, sondern auch den Menschen als »Benutzer«, der Information produziert, auch wenn er nicht arbeitet. Der Wert der Information kann auch aus unbezahlter Arbeit abgeschöpft werden.

Die Produktionsverhältnisse scheinen sich so zu entwickeln, dass sie diese Produktivkräfte in neuartige Erweiterungen der privaten Eigentumsform einschließen. Wittgensteins Beitrag zum Kommunismus bestand im soliden Nachweis der These, dass es keine Privatsprache gibt, aber in unserer Zeit finden sich privatisierte Sprachen überall.[2] Und nicht nur Sprachen: Bilder, Codes, Algorithmen, sogar Gene können Privateigentum werden, und das Privateigentum wiederum prägt die Art und Weise, wie wir uns die Grenzen und Möglichkeiten dieser Information vorstellen.

Information ist ein Verhältnis zwischen Neuheit und Wiederholung, Störanfälligkeit und Ordnung.[3] Die Neuheit wird aus einer Klasse abgeschöpft, deren Anstrengungen sich kaum durch die Kategorie der Arbeit beschreiben lassen. Denn während Arbeit [labor] eine Tätigkeit wiederholt, deren Form im Voraus festgelegt ist, besteht der Sinn jener anderen Tätigkeiten darin, einzigartige Exemplare solcher Formen überhaupt erst herzustellen. Neben dem Arbeiter steht die Figur der Hackerin, die nicht wiederholten Inhalt, sondern neuartige Form produziert, eine Form, die in den meisten Fällen in jemand anderes Eigentum übergeht.

Man muss sich fragen, ob die herrschende Klasse, die diese Produktionsweise anführt, noch zutreffend als kapitalistisch bezeichnet werden kann.[4] Das unmittelbare Eigentum an den Produktionsmitteln scheint nicht länger notwendig zu sein. Ein beachtlicher Teil der Bewertung der führenden Unternehmen unserer Zeit besteht nicht aus materiellen Vermögenswerten, sondern aus Information. Ein Unternehmen ist seine Marken, seine Patente, seine Warenzeichen, seine Reputation, seine Logistik und vielleicht allem voran seine besonderen Praktiken der Informationsauswertung.

Manche Menschen erwecken gerne den Eindruck, man könne dem Kapitalismus einfach ein oder zwei Adjektive hinzufügen und damit alles Genannte beschreiben, doch diese Option haben wir bereits als uninteressante Poesie verworfen. Vielleicht haben wir es hier nicht mit demselben altbekannten, unendlichen Wesen des Kapitalismus zu tun, das sich lediglich in neue Erscheinungen kleidet. Nennen Sie es zum Beispiel Finanzkapitalismus, wenn Sie wollen, aber vielleicht ist der Aufstieg des Finanzsystems in Wirklichkeit nur ein Symptom. Yann Moulier Boutang lässt uns im Finanzwesen etwas anderes sehen als spekulativen oder fiktiven Exzess.[5] Es geht hier um das Problem des Tauschwerts in einer Zeit, in der die Produktivkräfte nach innen wie nach außen durch Information gesteuert werden: Niemand weiß, was irgendetwas wert ist. Die Finanzialisierung ist eine perverse Vergesellschaftung des Problems der Informationsunsicherheit in Bezug auf den Wert.

Betrachten wir sie also als eine postkapitalistische Produktionsweise mit einer herrschenden Klasse anderer Art, der Vektoralistínnenklasse. Ihre Macht besteht nicht im unmittelbaren Eigentum an den Produktionsmitteln, wie es bei der Kapitalistínnenklasse der Fall ist. Sie besteht auch nicht im Besitz von Agrarflächen, so wie beim alten Feind der Kapitalistínnen, der Grundherrínnenklasse. Und so wie es einst Konflikte zwischen Kapitalistínnen und Grundherrínnen gab, so gibt es jetzt Konflikte zwischen Kapitalistínnen und Vektoralistínnen. Das Kapital ist tot; lang lebe die Vektoralistínnenklasse.

Mit neuen Produktivkräften besiegte im späten 20. Jahrhundert das Kapital die Arbeit. Aber wie der Zauberlehrling beschwor es Kräfte herauf, die es weder zurückhalten noch kontrollieren konnte. Das Kapital kämpft nun seinerseits gegen eine aufsteigende Klasse, die die Mittel für seinen Sieg geliefert hatte. Wenn man eine Informationsinfrastruktur nutzen kann, um die Macht der Arbeiter über den Produktionsprozess auszuhebeln, kann man mit den gleichen Mitteln kapitalistische Produzentínnen dazu bringen, im globalen Maßstab miteinander zu konkurrieren.[6]

Diese verfremdete Sprache für die politische Ökonomie der Information hat einen kleinen Vorteil. Sie ermöglicht es, eine einigermaßen kohärente Geschichte über die Ereignisse zwischen den 1970er Jahren und heute zu erzählen. Sehen wir uns zum Vergleich einige der charakteristischeren Sprechweisen über diese Zeit an. Mein Beispiel hierfür sind Arbeiten des verstorbenen Erik Olin Wright, gesammelt in *Understanding Class*.[7] Ich möchte Wright aus zwei Gründen genauer betrachten. Erstens vertritt Wright einen marxistischen Ansatz in Bezug auf die Klasse, indem er nicht nur ihre herausragende Bedeutung als Schlüsselkategorie der Sozialwissenschaft betont, sondern auch ein spezifisch marxistisches Verständnis dieses Begriffs hochhält. Und obwohl ich Wright bis zu diesem Punkt zustimme, möchte ich zweitens herausfinden, ob sich ein *détournement* seines Schreibens an das Nachdenken über die Entstehung neuer Klassen anschließen lässt.

Aber sehen wir uns zunächst kurz die *diachrone*, oder historische, Auffassung des Kapitalismus an. Ich möchte dem »Einfach-so« widersprechen, mit dem Wright uns erklärt, wie wir in die gegenwärtige Lage geraten sind. Wright: »Die Kombination aus Globalisierung und Finanzialisierung bedeutete, dass ab den frühen 1980er Jahren die Interessen der wohlhabendsten und mächtigsten Teile der kapitalistischen Klasse in vielen entwickelten kapitalistischen Ländern, vielleicht besonders in den Vereinigten Staaten, zunehmend auf globale Finanztransaktionen und Spekulationen ausgerichtet und weniger an die ökonomischen Gegebenheiten und Rhythmen ihrer Heimatländer oder anderer spezifischer geografischer Standorte gebunden waren.«[8] Seines Dekors entledigt, besagt dieser Satz im Grunde nur: Die Ursache der Finanzialisierung ist die Finanzialisierung, und die Ursache der Globalisierung ist die Globalisierung.

Wright spricht von einer Periode, in der sich der »globale Wettbewerb verschärfte«, in der es zu einer »Integration von Waren- und Produktionsketten«, der »Herausbildung einer globalen Arbeiterschaft« und sogar zur »dramatischen Finanzialisierung kapitalistischer Ökonomien« kam.[9] Mit welchen Mitteln? Durch wen? Dies sind Auszüge aus Sätzen, die keine konsistenten Verbindungen zwischen Subjekten und Objekten herstellen und eine Vorliebe für passive Verben aufweisen. Diese Geschichtstheorie lässt sich folgendermaßen zusammenfassen: *Shit happens*.

Natürlich übernimmt Wright diese Aussagen aus einer Konsenssprache. Wir haben uns alle darauf geeinigt, über die Finanzialisierung so zu sprechen, als hätte sie einfach stattgefunden, ohne dass dazu konkrete materielle Praktiken und Techniken erforderlich gewesen wären.[10] Wir haben uns darauf geeinigt, über den Neoliberalismus so zu sprechen, als bezeichne der Begriff eine tatsächliche Instanz, die bestimmte Dinge bewirkt.[11] In anderen Worten: Wir haben uns entschieden, keine Marxisten zu sein. Wir haben uns entschieden, die Sprache der Zeit nicht ihrer eigenen Kritik zu unterziehen. Marx hat die abstrakten Substantive der herrschenden Ideologie seiner Zeit gewiss nicht als gegeben hingenommen. Ebenso wenig war er der Ansicht, dass Ideen Dinge bewirken.

Blicken wir noch einmal auf Wright, dessen Werk in vielerlei anderer Hinsicht ein heilsames Beispiel dafür abgibt, analytische Strenge in die marxistische Tradition zu bringen. Er schreibt: »Im Zentrum der marxistischen Gesellschaftstheorie steht die Idee einer emanzipatorischen Alternative zum Kapitalismus«. Und: »Solange sie keine kohärente Vorstellung davon vermittelt, dass es eine Alternative zum Kapitalismus gibt, verliert eine marxistische Klassenanalyse ihren zentralen Bezugspunkt«.[12] Auch in dieser sozialwissenschaftlichen Variante der marxistischen Tradition sind wir nicht weit von einer Kombinatorik entfernt, in der Geschichte nur durch einen ahistorischen Begriff des Kapitals verstanden werden kann. Emanzipation wird negativ gedacht als Emanzipation vom Kapitalismus. Daher ist das Negativ von Emanzipation *notwendig* der Kapitalismus.

Natürlich gibt es genügend Beweise dafür, dass wir es immer noch (zumindest überwiegend) mit Kapitalismus zu tun haben. Die Frage wäre, ob sich nicht eine zusätzliche Produktionsweise herausbildet, die qualitativ ausreichend unterschieden werden kann, um sie auch anders zu bezeichnen. Das Problem mit einem ererbten Begriff – wie mit ererbtem Geld – ist, dass wir ihn uns nicht selbst erarbeitet haben und ihn deshalb als gegeben hinnehmen. Vielleicht brauchen wir auch für Begriffserbstücke wie den »Kapitalismus« ein wenig vom guten alten Brecht'schen Verfremdungseffekt.[13]

Was also, wenn wir über eine Produktionsweise nach dem Kapitalismus nachdenken würden, die eine noch schlimmere ist? Als Beispiel dafür, wie man ein Gedankenexperiment durchführen kann, wende ich mich wieder Erik Olin Wright zu. Er fragt: Was kann ein marxistischer Klassenbegriff zu theoretischen und empirischen Arbeiten beitragen, die Klasse als Schichtung verstehen oder Konzepte verwenden, die eher von Max Weber oder Émile Durkheim stammen? Wright führt geschickt vor, was ein marxistischer Klassenbegriff zu bewirken vermag, wenn man von einem unendlichen Kapitalismus ausgeht. Die Frage, die ich hinzufügen möchte, ist diese: Was geschieht, wenn wir die Annahme aufgeben, dass dies immer noch derselbe alte Kapitalismus ist?

Wright hat dankenswerterweise den »Paradigmenanspruch«[14] des elitären Marxismus fallen gelassen, wonach dieser allen Sozialwissenschaften überlegen ist, da er die besseren Fragestellungen oder Methoden hat. Stattdessen erhebt Wright zwei Arten von Ansprüchen, die irgendwo auf einem Kontinuum zwischen Souveränität und Kollaboration liegen. Der bescheidene Anspruch lautet, dass sich marxistisches Denken mit anderen Formen von Soziologie verbinden lässt. Sie alle haben ihre eigene Perspektive und erhellen einander wechselseitig. Der stärkere Anspruch lautet, dass die marxistische Perspektive ein größeres Bild ergibt, das uns etwas von der Welt und der Geschichte zeigt, das anderen Ansätzen nicht zugänglich ist.

Hier tut Wright für die Gesellschaftstheorie das, was Fredric Jameson für die Literaturtheorie oder Perry Anderson für das historische Denken tun: den Anspruch erheben, dass der Marxismus einen besonderen Standpunkt bietet, von dem aus andere Bereiche interpretiert und synthetisiert werden können. Dieser Standpunkt erscheint dann nicht als der der Arbeiterklasse, sondern als der der Totalität selbst. Lautet Jamesons berühmte Losung »Stets historisieren!«, so könnte Wrights Losung lauten: »Stets soziologisieren!«. Das bedeutet, als äußere Grenze der makroskopischen Perspektive den Standpunkt einer sozialen Formation einzunehmen, die von Beziehungen der Klassenausbeutung und -beherrschung durchdrungen ist.[15]

In einer seiner brillanten Zusammenschauen schreibt Wright, dass durkheimianische, weberianische und marxistische Ansätze auf verschiedenen Ebenen dessen operieren, was ich das *Spielfeld* [gamespace] der gegenwärtigen gesellschaftlichen Formation nennen würde.[16] Diese Ebenen sind die *situative*, die *institutionelle* und die *systemische* Ebene. Der Durkheim'sche Ansatz ist situativ und befasst sich auf kleinster Ebene mit den Bewegungen innerhalb des Spiels. Der weberianische Ansatz ist institutionell und beschäftigt sich auf der mittleren Ebene mit den Regeln des Spiels. Der marxistische Ansatz ist systemisch und dreht sich im großen Maßstab um einen Wechsel des Spiels.

Bei all diesen Ansätzen geht es auch um Klassenverhältnisse, die Klassenakteure mit zumindest teilweise bewussten Absichten hervorbringen, sei es, Spielzüge zu machen, die einen voranbringen, oder Spielregeln anzufechten, die die eigene Klasse benachteiligen, oder das ganze Spiel auf ein anderes Spiel umzustellen. Meine Frage wäre die nach dem *Klassenunbewussten*. Vielleicht hat gar nicht die Arbeiterklasse, sondern eine andere Spielerin das Spiel gewechselt, während die Produktivkräfte zu neuen Produktionsverhältnissen vorstoßen, mit denen unsere Überbausprachen zur Beschreibung der Klassenstruktur erst noch Schritt halten müssen.

Wright meint, dass eine Gelegenheit zum Spielwechsel durch die Arbeiterklasse, sprich zum Sturz des Kapitalismus, derzeit nicht besteht. »Eine Interpretationsweise zur Geschichte der letzten fünfzig Jahre lautet, dass es eine allmähliche Verschiebung der Spielebenen gegeben hat, für deren Verständnis vielen Beobachtern zufolge die Klassenanalyse als die relevanteste erscheint.«[17] Daher sei es sinnvoll, sich an die Weberianer zu wenden (deren wissenschaftliches Interesse eher darin besteht, die Regeln zu hinterfragen, als das Spiel zu wechseln) und sogar an die Durkheimianer (deren Fokus darauf liegt, welche Spielzüge Akteurinnen innerhalb gegebener Regeln machen können). Wrights Ziel ist es letztlich, diese drei Ansätze als den verschiedenen Ebenen entsprechend zu verknüpfen, wobei Marx für die höchste und visionärste Ebene steht.

Das ist eine brauchbare Antwort auf die Gegenerzählung vom »Tod der Klasse«.[18] Wright liefert eine flexible Klassenanalyse, die er mit konkreten Forschungsergebnissen untermauert – mit der Präzision einer Sozialwissenschaft. Sein Klassenbegriff hat drei Achsen: Eigentum, Autorität, Expertise. Seine Sicht der Klassenstruktur umfasst Klassenstandorte auf drei Ebenen, die sich nicht immer sauber überlagern. Aus den *Eigentumsverhältnissen* ergeben sich die Klassenstandorte von Arbeitgeberinnen, Kleinbürgern und Arbeitnehmern. *Autoritätsverhältnisse* bestimmen die Standorte von Managern, Vorgesetzten und ihren Untergebenen. *Expertiseverhältnisse* erzeugen die Standorte von Fachkräften, Qualifizierten und Unqualifizierten.

Wright interessiert sich für die Durchlässigkeit von Klassengrenzen und betrachtet daher drei Arten von Klassenverbindungen: Mobilität zwischen den Generationen, klassenübergreifende Freundschaft und klassenübergreifende Haushalte. Am wenigsten durchlässig erscheint ihm die Eigentumsgrenze (ein Befund, der Marxisten nicht überraschen wird). Klassenverbindungen zwischen Arbeiterinnen und Arbeitgeberinnen sind beschränkt. Die Grenze zwischen Arbeitnehmern und Kleinbürgern ist durchlässiger. Wright erkennt offen an, dass in den Vereinigten Staaten die Grenzen der Rasse vielleicht noch weniger durchlässig sind, was aber die Nützlichkeit der Kategorie Klasse nicht in Frage stellt. Die Klasse hat zwar nur einen bescheidenen Vorhersagewert. Doch »bei der Vorhersage zahlreicher Einstellungsaspekte schneidet die Klasse oft genauso gut oder besser ab als viele andere sozialstrukturelle Variablen.«[19]

Vergleichen wir das mit Perspektiven, die von Durkheim und Weber ausgehen. In durkheimianischen Klassenanalysen bilden Berufe die Analyseeinheit.[20] Hier wird Klassenhomogenität nur auf der Mikro- und Berufsebene sichtbar, nicht in »großen« Klassenkonzeptionen. Es geht mehr um die realen Arbeitsmärkte und darum, wie sie Berufe definieren. Solche Berufsgruppen agieren im Interesse ihrer Mitglieder, schöpfen Renten ab, wenn sie können, und bestimmen Lebenschancen. Hier gelten selbst universitäre Soziologen und Ökonomen als verschiedene »Klassen«. Damit könnte eine Annäherung an die Frage beginnen, warum Akademikerïnnen in einer Zeit, in der ihre Lebenschancen schwinden und die Mittel zu ihrer Hortung versagen, nicht recht zusammenkommen, um ihre gemeinsamen Interessen zu vertreten. Auch Marxisten verschiedener Bereiche entfremden sich in dieser Durkheim'schen Welt der Mikroklassen voneinander.

Der Durkheim'sche Ansatz konzentriert sich auf die Selektion und Selbstselektion in geschlossene Gruppen, die mehr miteinander als mit anderen Gruppen interagieren. Hier spielen Referenzen und die formale Definition von Berufen eine Rolle. Damit lassen sich die Verhältnisse auf individueller Ebene gut erklären. In Bezug auf alles außer Bildung, Einkommen und Vermögen funktioniert diese Mikroperspektive Wright zufolge besser als eher weberianisch oder marxistisch geprägte Makroansätze. Die Durkheimianer sind gut bei Lebensstilen, Geschmäckern und politischen oder sozialen Einstellungen.[21]

Ein Schlüssel zu Webers Theorien ist die Monopolisierung oder das *Horten von Chancen*, sprich die soziale Schließung, etwa mithilfe von Zertifikaten oder Lizenzen, rassen- oder geschlechtsspezifischer Ausgrenzung. Aus der Perspektive prekär beschäftigter Arbeiterïnnen könnte man sogar Gewerkschaften als eine Form der Chancenhortung betrachten – eine Idee, auf die ich noch zurückkommen werde. Vielleicht der wichtigste Mechanismus der Monopolisierung von Chancen ist das Privateigentum selbst. Wright: »Sowohl in der Weber'schen als auch in der Marx'schen Tradition der Soziologie kann man daher die zentrale Spaltung zwischen Kapitalisten- und Arbeiterklasse als Ausdruck einer spezifischen Form der Chancenhortung verstehen, die durch die gesetzlichen Bestimmungen der Eigentumsrechte durchgesetzt wird.«[22]

Sowohl Marx als auch Weber betrachteten Eigentum als grundlegend für einen relationalen Klassenbegriff. Beide verstanden den Unterschied zwischen objektiv definierter und subjektiv gelebter Klasse. Beide meinten, der Mensch folge auf

Dauer dem materiellen Interesse. Marx teilte Webers Ansicht, dass Statusgruppen die Marktmechanismen behindern und eine alternative Grundlage für kollektives Handeln darstellen. Beide dachten, die Rationalisierung der Marktbeziehungen würde Statusgruppen langfristig verschwinden lassen. Weber war jedoch viel weniger geneigt zu glauben, dass Klassen sich polarisieren und die zentrale gesellschaftliche Dynamik ausmachen würden.

Webers theoretischer Rahmen betrachtet Klasse als relational, verharmlost aber die marxistische Vorstellung antagonistischer Klassen. Für Marx schöpfen die herrschenden Klassen einen Mehrwert aus den untergeordneten Klassen. Sie tun dies etwa durch Beherrschung, durch Ausübung von Macht und Zwang, wie im Fall der Sklavenhaltung in der Warenproduktion der amerikanischen Südstaaten. Oder sie tun dies durch Ausbeutung, durch die Wertaneignung aus der Tätigkeit einer untergeordneten Klasse, wie im Fall des liberalen Kapitalismus in Großbritannien zur Zeit von Marx. Man könnte sich auch fragen, ob in unserer Zeit nicht noch weitere Mittel des Klassenantagonismus erfunden worden sind.

Bei Weber ist die Klasse enger mit dem Thema der *Rationalisierung* verbunden.[23] Rationale Machtformen verdrängen nichtrationale wie Ehre oder patriarchale Autorität. Marx dachte, diese Rationalisierung vereinfache die Kategorie der Klasse, während Weber das nicht dachte. Weber meinte, die Klasse entscheide über die Lebenschancen in der rationalisierten Gesellschaft. Er war weniger interessiert an Deprivation als an instrumenteller Rationalität. Marx war mehr an der Klassenausbeutung in der Produktion interessiert; Weber an Klasse als einem bestimmenden Faktor für die Lebenschancen auf dem Markt. Wright: »Die marxistische Klassenanalyse beinhaltet die Weber'schen Kausalprozesse, fügt ihnen aber eine Kausalstruktur innerhalb der Produktion selbst hinzu.«[24]

Die Klasse ist also Teil der Rationalisierung, der Abschaffung der traditionellen Bauernschaft, des Übergangs von der Landaristokratie zur landwirtschaftlichen Grundherrschaft. Die Klasse hat teil am Aufstieg der Berechnung materieller Interessen. Der Bauer, der dem Freiherrn eine Pflicht schuldig ist, wird zum Pächter, der dem Grundherrn Pacht bezahlt. Die Sklavin, die Eigentum des Plantagenbesitzers ist, wird zur *Sharecropperin*, formell »frei«, aber beim Grundherrn verschuldet, der nicht selten der alte Herr in neuer Rolle ist. »Obwohl die Klasse an sich in Webers Soziologie ein eher zweitrangiges Thema sein mag, ist sie dennoch sehr eng mit einem seiner tiefgreifendsten theoretischen Anliegen verbunden – der Rationalisierung.«[25]

Meine Frage hier würde lauten: Wenn dies bereits zu mehreren überlappenden und rivalisierenden Formen von Rationalisierung des Klassenantagonismus geführt hat, warum sollte man dann denken, dass daraus nicht noch eine weitere entstehen würde? Der Antagonismus zwischen Bauern und Grundherren entstand aus dem zwischen Leibeigenen und Adel.[26] Leibeigene verloren ihr Land durch Gewalt oder durch Verschuldung und flohen in die Städte, während eine Rationalisierung der landwirtschaftlichen Produktion zu Überschüssen führte, mit denen sich eine Stadtbevölkerung ernähren ließ, die wiederum zur urbanen Arbeiterschaft wurde und in antagonistischem Verhältnis zum Kapital stand. Und doch hatten Grundherren und Kapitalistinnen auch einander entgegenstehende Interessen. Aber hat die Rationalisierung mit der Entstehung der Bauern- und der Arbeiterklasse aufgehört? Was passiert, wenn nicht die Produktion von

Lebensmitteln oder anderen Gütern rationalisiert wird, sondern die von neuer Information?

Weber hatte nicht viel über Arbeit zu sagen, aber wo er es tat, bezog er sich auf Arbeitsdisziplin. Die Arbeitgeberinnen sind frei, »zu heuern und zu feuern«. Die Arbeitnehmer sind keine Miteigentümer, aber trotzdem verantwortlich für ihre eigene soziale Reproduktion. Das sind die Bedingungen, unter denen *indirekter Zwang* operiert. Aber es wirft zugleich das Problem auf, wie sich eine maximale Arbeitsleistung erzielen lässt. Wright: »[D]urch Webers gesamtes Werk zieht sich die Auffassung, dass die Rationalisierung perverse Auswirkungen hat, die die Würde und das Wohl von Menschen systematisch gefährden.«[27]

Doch Weber bezieht das Interesse an Arbeitsdisziplin und Herrschaft nicht in die Kategorie der Klasse mit ein. Hier brauchen wir ein wenig Marx, für den die Ausbeutung – wie Wright sagt – »die Klassenanalyse mit einer spezifischen Form von normativem Bewusstsein ausstattet«.[28] Ausbeutung lenkt die Forschung auf Fragen der Klasse als etwas Relationalem, im Tausch *und* in der Produktion. »Indem Weber die Arbeitsleistung in erster Linie als ein Problem der ökonomischen Rationalität behandelt, richtet er die Klassenanalyse auf eine Reihe von normativen Überlegungen, die vor allem die Interessen der Kapitalisten im Blick haben: Effizienz und Rationalisierung.«[29]

Wrights Synthese von Marx und Weber betrachtet die Ausbeutung als fundamental, auch wenn sie insbesondere die Vorstellung des Chancenhortens als das bestimmende Merkmal der »Mittelklasse« versteht. Daraus könnte man ein Bild von den Vereinigten Staaten zeichnen, das sie als durch Ausbeutung stark polarisiert zeigt, ein Land, in dem die Chancenmonopolisierung der Mittelklasse ausgehöhlt wird durch das, was Wright

Neoliberalismus und *Deindustrialisierung* nennt. Ich denke aber, das alles lässt sich besser verstehen unter Bezugnahme auf neue Produktivkräfte, die Information instrumentalisieren und rationalisieren, wodurch neue Eigentumsformen und damit neue Klassenverhältnisse entstehen. Dazu gehört auch der Antagonismus zwischen einer Hackerklasse, die aus Information Neues schaffen soll (die Bedingung für deren Eigentumscharakter), und einer Vektoralistenklasse, die den Vektor der Informationssteuerung und -beherrschung besitzt oder kontrolliert.

Die Abspaltung des Antagonismus zwischen Vektoralisten- und Hackerklasse von demjenigen zwischen Kapitalistinnen- und Arbeiterklasse entsteht aus der Entwicklung der Produktivkräfte, die eine extensive und intensive Rationalisierung – oder besser noch *Abstraktion* – der Informationserzeugung bewirkt hat. Wie Horkheimer und Adorno in ihrer eigenen Synthese von Marx und Weber festgestellt haben, dient die Rationalisierung der Mittel irrationalen Zwecken, nicht zuletzt dadurch, dass sie die Natur als bloßes Objekt der Ausbeutung betrachtet, in derselben Weise wie sich die Ausbeutung der Arbeiterklasse vollzieht, indem alles der Warenform untergeordnet wird.[30] Jede nachfolgende Form der Klassenherrschaft mag abstrakter sein als die, die sie subsumiert, aber sie ist nicht rationaler.

Der Antagonismus innerhalb des Verhältnisses zwischen Vektoralistïnnen- und Hackerklasse umfasst alle drei Komponenten eines Klassenverhältnisses: Eigentum, Autorität und Expertise. Er entsteht in erster Linie aus einer Rationalisierung sogenannter geistiger Eigentumsrechte, die Information zunehmend in einer Art Privateigentumsrecht einhegen. Aufrechterhalten wird die vektoralistische Herrschaft über alle untergeordneten Klassen durch die Automatisierung von Autoritätsverhältnissen, die die Form einer allgegenwärtigen Überwachung und Quantifizierung annehmen – eine Rationalisierung aller Aspekte menschlichen Handelns.

Beherrschung durch Expertise erweist sich als interessante und subtile Frage. Der Aufstieg der Vektoralistenklasse verändert die Arten von Referenzen, die für Klassenmacht von Bedeutung zu sein scheinen. Sie sind zunehmend technischer Natur. Der Zugang zu solchen Qualifikationen bietet scheinbar die Möglichkeit von Klassenmobilität. Hier ergänzen sich die Perspektiven von Weber und Durkheim gut. Das Horten von Chancen durch die Zugangskontrolle zu Elite-Qualifikationen gewährleistet die soziale Schließung und die Ausübung berufsständischer Macht durch Fachwissen. Da Männer wie Frauen – ganz zu schweigen von Frauen *of Color* – manchmal im formalen Sinn elitäre Referenzen vorweisen können, wird ihre Ausgrenzung schließlich mit altmodischeren Mitteln von Autorität und Herrschaft durchgesetzt, nämlich durch das »toxische Arbeitsumfeld«.

Dazu ließe sich noch viel mehr sagen. Ich erwähne hier lediglich die Möglichkeit einer weiteren Achse des Klassenantagonismus, neben Eigentum, Autorität und Expertise. Man könnte dies die *technische Dimension* des Klassenantagonismus nennen, wo dieser in die Form des Informationsvektors selbst eingebaut ist. Diese Dimension umfasst zahlreiche Aspekte, vom Design von Algorithmen, die Kredite vergeben, bis hin zur Entwicklung objektorientierter Programmierumgebungen, die zwei Dinge ermöglichen: eine rationalisierte Produktion von Programmierkomponenten durch eine verstreute und entmachtete Hackerklasse sowie zugleich den Erhalt zentraler Kontrolle über proprietären Code. Anstatt durch Beherrschung oder Ausbeutung entsteht diese Form des Klassenantagonismus aus Informationsasymmetrien und selektiven Zugriffs- und Steuerungsprotokollen.[31] Formen nicht nur von Klassen-, sondern auch von Rassen- und Genderdiskriminierung haben sich aus den Eigentums-, Autoritäts- und Expertiseverhältnissen gelöst und als technisch (oder algorithmisch) kodierte Machtformen niedergeschlagen.[32]

Um heute über Klassenantagonismus nachzudenken, wären dann wohl zwei Schritte erforderlich. Den ersten haben wir Wright zu verdanken: Durkheims Interesse an den Spielzügen und Webers Interesse an den Spielregeln lässt sich in Marx' größere Perspektive eines Wechsels des Spiels selbst einordnen. Aber für den zweiten Schritt sind wir auf uns allein gestellt: Ohne Hoffnung auf den Sprung in ein Spielfeld ohne Herrschaft und Ausbeutung müssen wir die Handlungsmöglichkeiten der untergeordneten Klassen neu überdenken. Wright spricht sehr maßvoll über den normativen Aspekt des Marx'schen Projekts. Er erwähnt nicht den Bezugspunkt, zu dem sein Heliotropismus tendiert: den Kommunismus. Aber seine Klassenanalyse beruht dennoch auf ihm als einem »verborgenen Gott«.[33] Wright bewahrt sich eher den Glauben an die Abwesenheit als an die Anwesenheit des Möglichen, sei es in revolutionärer oder reformistischer Form.

Ich glaube, wir müssen uns vielleicht das normative Ziel selbst noch einmal neu vor Augen führen, ausgehend von den gesammelten Erfahrungen der Bäuerin, des Arbeiters und der Hackerin als untergeordneten Klassen. Was ist die gerechte Art und Weise, Materie, Energie *und* Information zu erzeugen und zu verteilen? Aus der Antwort auf diese Frage könnte man dann Strategien und Taktiken zum Wechsel des vektoralistischen Spiels ableiten. Doch in der Zwischenzeit müssen wir uns wohl damit begnügen, um die Regeln des aktuellen Spiels zu kämpfen und um das tägliche Leben seiner Spieler, Gauner und Malocher, *making their moves*, wie es die vulgäre Blues-Sprache unserer Zeit – von Hip-Hop bis Trap – ausdrücken würde.[34] Neben denjenigen, die den eher klassischen Ansätzen von Durkheim und Weber verpflichtet sind, befasst sich Wright mit prominenten gegenwärtigen Sozialtheoretikern, die originelle Perspektiven anzubieten versuchen. Ich werde mich hier auf Wrights Seite schlagen, und zwar gegen einige der bekanntesten alternativen Gesellschaftstheorien – Thomas Piketty, Guy Standing und Wolfgang Streeck. Gleichzeitig aber werde ich deren Perspektiven in das Gedankenexperiment einfließen lassen, dass wir es nicht mehr mit Kapitalismus, sondern mit etwas Schlimmerem zu tun haben.

Thomas Piketty kommt das Verdienst zu, Ungleichheit als etwas anderes als nur ein Problem ungleicher Chancen wieder auf die Tagesordnung gesetzt zu haben.[35] Seine empirische Arbeit zeigt, dass der starke Einkommensanstieg der oberen 10 % in Wirklichkeit der des oberen 1 % oder sogar nur der 0,1 % ist. Ein beträchtlicher Teil davon ist eher auf den Anstieg der Supergehälter als auf Kapitaleinkommen zurückzuführen. Die CEO-»Klasse« legt ihr Gehalt selbst fest. Hier möchte ich hinterfragen, wie in einer informationsbasierten politischen Ökonomie die Fähigkeit zur Kontrolle (aber nicht wirklich zum Besitz) der Produktionsmittel einer Klasse zukommen kann, die sich ihrerseits als die Celebrities der Informationskontrolle selbst präsentiert. Die Beherrschung der Aufmerksamkeit wird zu einer Form von Klassenmacht.

Die technischen Details von Pikettys Arbeit konzentrieren sich auf das Verhältnis von Kapital zu Einkommen als einer Möglichkeit, den Wert des Kapitals im Verhältnis zum wirtschaftlichen Gesamteinkommen zu messen. In Wrights Worten: »Pikettys Hauptargument lautet, dass dieses Verhältnis die strukturelle

Grundlage für die Einkommensverteilung zwischen Kapitaleignern und Arbeitern darstellt. Bei ansonsten gleichbleibenden Bedingungen und einer gegebenen Kapitalrendite gilt: Je höher dieses Verhältnis, desto höher der Anteil des Nationaleinkommens, der an die Vermögenseigner fließt.«[36] Geht das Wachstum zurück, erhöht sich der Quotient von Kapital zu Einkommen. Die Bedeutung des ererbten Reichtums nimmt zu, während zugleich auch die Einkommenskonzentration steigt. Es ist das Schlimmste aus beiden Welten: eine Rentier-»Klasse« plus eine CEO-»Klasse« aus Blendern und Hausierern, die auf Kosten aller anderen die Welt unter sich aufteilen.

Piketty beginnt mit einer Klassenanalyse, gibt sie aber wieder auf, sobald er in die empirische Arbeit einsteigt, wo er das Einkommen von CEOs als Rendite aus Arbeit betrachtet, wie es die meisten Einkommenstabellen tun. Wright: »In modernen Unternehmen liegt ein großer Teil der Kapitalmacht in den Händen von Spitzenmanagern [...] Diese besetzen das, was ich einen widersprüchlichen Standort innerhalb der Klassenverhältnisse genannt habe [...] Sie nutzen ihre vom Kapital abgeleitete Macht innerhalb der Klassenverhältnisse des Unternehmens, um sich einen Teil der Unternehmensgewinne für ihre privaten Konten anzueignen.«[37]

Aber ist ihre Macht wirklich »vom Kapital abgeleitet« oder ist sie längst etwas anderes? So etwas wie ein gemeinsames Erscheinungsmanagement derer, die ein Unternehmen gegenüber dem Markt vertreten, und dem Markt, der es bewerten soll. Aber wie lässt sich ein Unternehmen bewerten, wenn ein solch großer Teil seiner Vermögensbasis die Gestalt von Information annimmt? Ein Unternehmen ist heute unter anderem eine Marke, ein Haufen Patente, ein Logistikprozess, eine Horde professioneller Hackerïnnen, die neues geistiges Eigentum produzieren.

Wie lässt sich Information in Wert verwandeln und in eine hortbare Chance, wenn es keine wirklich privaten Sprachen gibt und Information im Prinzip ein konkurrenzfreies Gut ist?[38]

Piketty unterscheidet nicht zwischen Grundeigentum und Kapital, obwohl es dafür gute Gründe gäbe. Grundherrinnen und Kapitalistinnen sind bereits verschiedene Typen herrschender Klassen mit sich überschneidenden, aber nicht identischen Interessen. Bodenrente und Profit sind unterschiedliche Formen der Mehrwertaneignung. Perverserweise können Grundbesitzer vom Aufstieg des Vektors in einer Weise profitieren, wie es das Kapital nicht vermag. Wie Matteo Pasquinelli meint, erhöhen die heutigen Eigentümer und Vermieter (oft mit gigantischen globalen Immobilienportfolios) ihre Mieten, indem sie den Informationswert abschöpfen, den die Anwesenheit der Hackerklasse generiert.[39] Einerseits vertreibt die Ansiedlung sogenannter Kreativer oder Techies in einem Viertel Arbeiterinnen und nicht-weiße Mieter. Andererseits fügen die neuen Bewohnerinnen dem Ort Informationsschichten hinzu, die als Mehrwert an Bankerinnen und Anwälte verkauft werden können und dadurch im Gegenzug reine Hackerklassen-Mieter wieder verdrängen. Die Gentrifizierung ist nur ein Schritt auf dem Weg zur Aristofizierung. Man könnte hier noch weiter über Ricardos uralte Spannung zwischen Bodenrente und Profit nachdenken, allerdings mit verändertem Fokus: vom Land in die Stadt, zu den Monopolmieten, die an urbanen Standorten erzielt werden.[40]

Guy Standing ist der Name, den man am häufigsten mit der inzwischen weithin diskutierten Vorstellung vom *Prekariat* als einer Klasse und nicht nur von schlechten Lebenschancen verbindet.[41] Standing liefert eine dreidimensionale Definition von Klasse, unterteilt in Produktionsverhältnisse, Verteilungsverhältnisse und (interessanterweise) Verhältnisse zum Staat. Er identifiziert sieben Klassen: Plutokratie, Salariat, Fachkräfte (*profician* als Kofferwort aus *professional* und *technician*), Arbeiterklasse, Prekariat, Arbeitslose und Lumpenprekariat. Die Angehörigen des Prekariats haben unsichere Arbeitsplätze. Ihre anderen Einkommensquellen neben den Löhnen schwinden. Sie werden immer weniger zu Staatsbürgern und mehr zu bloßen Einwohnern. Nicht nur sind ihre Arbeitsplätze prekär, sie sind auch verwundbar in den Verteilungsverhältnissen und von marginaler Bedeutung für den Staat.

Zum Prekariat gehören Menschen, die aus Gemeinschaften der Arbeiterïnnenklasse verdrängt werden, und Familien, die eine relative Deprivation im Verhältnis zu einer realen oder imaginären Vergangenheit erfahren. Zu ihm gehören auch Migranten und Asylsuchende, für die es keine Gegenwart gibt. Zum Prekariat gehören zunehmend Menschen, die aus einer gebildeten Mittelklasse herausfallen – etwa befristete Universitätsangestellte – und keine Zukunft haben. Für Standing ergibt sich daraus eine potentiell »gefährliche Klasse«.

Marxisten könnten im Prekariat Arbeiter sehen, die (im Weber'schen Sinn) schlechte Lebenschancen hatten. Standing meint, es gebe Antagonismen zwischen dem Prekariat und der Arbeiterklasse. Aber haben Prekariat und Arbeiterinnen voneinander verschiedene Interessen? Nicht unbedingt.[42] Vielleicht könnten sie ein gemeinsames Interesse daran haben, das Spiel zu wechseln (obwohl es hier vielleicht noch mehr darüber zu sagen gäbe, inwiefern Arbeiter und Prekariat unterschiedliche Interessen hinsichtlich der Spielregeln und Spielzüge haben könnten). Gewerkschaftliche Organisation zum Beispiel kann den Arbeiterïnnen, die in der Gewerkschaft sind, eine Art dauerhafte Beschäftigung sichern, aber ob das auch denjenigen außerhalb der Gewerkschaft zugutekommt, ist eine offene Frage.

Wolfgang Streeck argumentiert in Durkheim'scher Manier, dass der Kapitalismus besser funktioniert, wenn man rationales, eigennütziges Handeln beschränkt, und zwar basierend auf Vertrauen, Legitimität und Verantwortung.[43] Die Kritik, die Wright hier anbringt, lautet, dass das Maß an Beschränkung des Eigeninteresses, das für Kapitalistïnnen optimal ist, unter dem liegt, das für Arbeiterïnnen optimal ist. Um seine Macht zu vergrößern, versucht das Kapital, Beschränkungen zu beseitigen, auch über die Grenzen der wirtschaftlichen Effizienz hinaus.

Wright: »Seit den frühen 1980er Jahren wurde der Eifer, die Regulierungsmaschinerie des Kapitalismus zu demontieren, von dem Wunsch angetrieben, die Ermächtigungsbedingungen für kapitalfeindliche Interessen zu untergraben – auch wenn das aus der Sicht langfristiger Erfordernisse der Kapitalakkumulation eine Unterregulierung des Kapitalismus bedeutete.«[44] Man könnte das etwas anders sehen, wenn man die Interessen der Kapitalisten- und der Vektoralistenklasse voneinander unterscheidet. Das im letzten Vierteljahrhundert entstandene (De-)Regulierungsregime begünstigt die Mobilität von Information – und nicht nur im Finanzsektor – als Mittel zur transnationalen Koordinierung wirtschaftlicher Aktivitäten. Dies geschieht nicht nur auf Kosten der Arbeiter, sondern auch all jener kapitalistischen Unternehmensformen, die an physische Fertigungsanlagen und Infrastruktur gebunden sind und daher ein Interesse an lokalen, regionalen oder nationalen Verhältnissen von Vertrauen, Legitimität und Verantwortung haben.

Wir können Wrights Schlussfolgerung gegen den Strich lesen: »Eine Aufklärung der Kapitalistenklasse über ihre langfristigen Interessen an einer starken zivilgesellschaftlichen Kultur von

Verpflichtung und Vertrauen reicht nicht aus; auch die Machtverhältnisse müssen sich ändern. Und da eine solche Verschiebung der Machtverhältnisse für Menschen in privilegierten Positionen hohe Kosten bedeutet, wird sie nur durch einen Prozess der Mobilisierung und des Kampfes erreicht werden.«[45] Was nun, wenn jene Kapitalistinnen, die an die Produktion konkreter Dinge an einem bestimmten Ort gebunden sind, das bereits wissen, aber die Macht an eine ganz andere Art von herrschender Klasse verloren haben, die auf einer höheren Abstraktionsebene oder – in Webers Sprache – auf einer neuen Rationalisierungsstufe operiert? Sie besitzt oder kontrolliert die Information über Dinge, nicht die Dinge selbst. Das ist nicht unbedingt rationaler, aber es ist abstrakter und verleiht ihr daher noch größere Macht.

Um sich neue Formen von Klassenkompromissen vorstellen zu können, müsste man vielleicht auch neu darüber nachdenken, welche Klassen überhaupt Kompromisse eingehen könnten. Da es offenbar keine Möglichkeit gibt, das Spiel zu wechseln, blickt Wright auf diejenigen, die die Spielregeln ändern wollten, etwa Walter Korpi und Gøsta Esping-Anderson, skandinavische Sozialdemokraten und Erben von Ernst Wigforss.[46] Allerdings stellt sich die Frage, ob es möglich ist, sozialdemokratische Strategien aus der Ära der großen nationalen Fertigungsindustrien in einer Zeit wiederzubeleben, in der der Informationsvektor die Kosten geografischer Ausbreitung stark senkt und die alten kapitalistischen Fertigungsbetriebe und -regionen im globalen Maßstab in direkte Konkurrenz zueinander setzt.

Wright plädiert für ein paar heilsame gegenhegemoniale Strategien, basierend auf geografischer Verwurzelung, lokalen öffentlichen Gütern und Arbeitergenossenschaften. Aber man muss sich fragen, ob solche Maßnahmen (zumindest in ihrem traditionellen Verständnis) wirklich tragfähig sind, wenn man bedenkt, dass die Produktivkräfte immer abstraktere Produktionsverhältnisse vorantreiben, die sich dann in transnationalen Rechts- und Vertragsformen niederschlagen, die Information als Privateigentum schützen. Trebor Scholz schlägt als zeitgemäßeren Ansatz eine Art von *Plattform-Kooperativismus* vor.[47] Dem vektoralistischen *Stack* muss auf der Infrastrukturebene ein *Counterstack* entgegengestellt werden.

Wright: »Technologische Entwicklungen könnten eine Verankerung der kapitalistischen Produktion in lokal verwurzelten, hochproduktiven kleinen und mittleren Unternehmen realistischer werden lassen.«[48] Man könnte das den Brooklyn-Effekt nennen, nach dem dortigen Boom der Kleinunternehmen, ja sogar der verarbeitenden Industrie.[49] Aber auch wenn die eigentlichen Produkte einen gewissen Ortsbezug haben, beruht ein solcher Lokalismus auf einer Informationsinfrastruktur oder einem Vektor-*Stack*, der in Besitz und Kontrolle der Vektoralistenklasse ist: Google, Amazon, PayPal und so weiter bekommen alle ihren Anteil. Ihre Macht kann die Form einer vektoriellen Infrastruktur annehmen, die es ihnen ermöglicht, sowohl gegenüber dem Kapital als auch gegenüber untergeordneten Klassen Informationsasymmetrien zu etablieren und asymmetrisch Informationen über all jene Aktivitäten zu akkumulieren, die nun dem Vektor unterworfen sind.

Wenn Wright also sagt, er »vermute, dass ein Ausstieg aus dem Kapitalismus in der gegenwärtigen historischen Phase keine Option darstellt«[50], dann müssen wir diese Annahme meines Erachtens hinterfragen, aber nicht in einem guten Sinne. Vielleicht ist das schon nicht mehr Kapitalismus, sondern etwas Schlimmeres. Es handelt sich nicht nur um eine Rentenblase von aus der »Realwirtschaft« entkoppelter Spekulation.[51] Man könnte nicht mehr vorhersagen, welcher Teil davon überhaupt real ist – und vielleicht konnte man das auch nie. Wir blicken nicht nur auf eine Ära »aggressiver Affirmation und Durchsetzung privater Eigentumsrechte«[52] im sogenannten Neoliberalismus, sondern auch eine der Schaffung neuer Formen von Privateigentum und diesbezüglich neuer antagonistischer Verhältnisse, insbesondere in Bezug auf das geistige Eigentum.

Es spricht viel für die Art und Weise, wie Wright rivalisierende Sozialtheorien als Kollaborateure im größeren Rahmen einer recht traditionellen marxistischen Soziologie zusammenführt. Aber womöglich muss man umgekehrt auch das wieder mit einer vulgäreren Betrachtung der Transformation der Produktivkräfte verknüpfen, insbesondere der Herausbildung der Information als einer technologischen und gesellschaftlichen Macht. Man könnte dann in einem weiteren Schritt diese Perspektive mit der Untersuchung des *metabolischen Bruchs* zusammenbringen, im Zuge dessen die Instrumentalisierung von Information den gesamten Planeten als rationalisierte Sphäre der Ressourcenentnahme im Zeichen des Tauschwerts mobilisiert.[53] Bis an den Punkt, wo diese vektorielle Abstraktion vollkommen irrational wird und droht, den ganzen Planeten mit in den Abgrund zu reißen.

Vielleicht brauchen wir eine *Asozialwissenschaft*, die neu darüber nachdenkt, ob man das Soziale überhaupt als einen eigenen Analysebereich begreifen kann. Auf der einen Seite ist das Soziale nahtlos mit der Informationstechnologie verzahnt, auf der anderen Seite hängt es von einer Ressourcenmobilisierung im planetarischen Maßstab ab, die katastrophale metabolische Brüche verursacht. Hier könnte ein noch »größerer« konzeptioneller Rahmen vonnöten sein, in dem Wrights partielle Synthese einen Bestandteil ausmachen könnte (eine Frage, auf die ich in Kapitel 6 zurückkommen werde).

Man könnte auch noch einmal über die Arten von sozialen Formen und Taktiken der Klassenexistenz nachdenken. Bestimmte Gruppen von Arbeitern und Hackerinnen sehen sich inzwischen mit einer hochgradig befristeten Arbeitsexistenz konfrontiert. Wenn der Vektor eines ist, dann eine Plattform, die jegliche menschliche Aktivität austauschbar und ersetzbar macht. Hier lässt sich Wrights hervorstechendes Konzept der *widersprüchlichen Klassenstandorte* sowohl auf der beabsichtigten strukturellen Ebene wie auch als guter Leitfaden zum Verständnis von Alltagserfahrung denken.

Ein Beispiel wären, wie Angela McRobbie beobachtet hat, Frauen aus der Arbeiterklasse, die sich trotz niedriger Bezahlung, langer Arbeitszeiten und prekärer Beschäftigung darum bemühen, in der Modeindustrie zu arbeiten, weil sie nicht einfach nur einen Job haben, sondern kreativ sein wollen.[54] Sie wollen Hackerinnen sein, keine Arbeiterinnen. Ganze Industrien beruhen heute auf dem Versprechen kreativer Tätigkeit, das ihnen als Lockvogel dient. Die eigentliche Tätigkeit ist Arbeit, oft sogar manuelle Arbeit, und insbesondere für Frauen häufig affektive Arbeit, bei der die Aufgabe in Wirklichkeit nur darin besteht, Kund*innen bei Laune zu halten.

Etwas Ähnliches geschieht in der Technologiebranche in der sogenannten Start-up-Kultur. Sie beschäftigt Hacker im engeren, eher Durkheim'schen Sinne des Wortes: Menschen, die programmieren. (Selbst hier erweist sich womöglich vieles als Arbeit im Sinne von Wiederholung und dem Ausfüllen softwaregenerierter Formulare, die von jemand anders entwickelt und designt wurden – und vor allem jemand anderes Eigentum sind.) Das Versprechen lautet jedoch, dass die Hacker*in zur Eigentümer*in werden kann. Der Lockvogel ist die Versuchung, Teil der herrschenden Klasse zu werden. Das unternehmerische Risiko wird überproportional auf die Hackerïn abgewälzt, während die Gewinne überproportional an den Teil der Vektoralistenklasse fließen, den man als *Venture Capital* oder Risikokapital kennt. Einigen Teilen der Hackerklasse wird um den Preis erhöhter Prekarität die Möglichkeit versprochen, in die Vektoralistenklasse aufzusteigen – was aber selten geschieht. Die meisten finden sich in Routinen gezwängt, die sie eher zu Lohnarbeiterïnnen machen.

Menschen, die in »kreativen« oder »technischen« Bereichen arbeiten, leben mit dauerhaft Durkheim'schen Vorstellungen von »Klasse«. Immer geht es um Gruppen, die auf allerlei verschwommene Weise kollektive Identitäten definieren. Ein weniger häufiges Thema ist das Weber'sche vom Chancenhorten. So kommt es etwa fortwährend zu Wutausbrüchen in Bezug auf die Ungleichheiten, die sich aus dem (fehlenden) Zugang zu Referenzen ableiten. Oder wir könnten uns damit beschäftigen, wie an manchen Arbeitsplätzen Frauen durch sexuelle Belästigung aus der Spur geraten, oder wie bestimmte Branchen systematisch People of Color ausschließen. Das sind wichtige Gesprächsthemen und in der Tat Probleme, die es zu bekämpfen gilt.[55]

Weniger üblich ist es, darüber innerhalb eines umfassenderen Klassenbegriffs nachzudenken. Klasse hat die drei Wright'schen Dimensionen (Eigentum, Autorität, Expertise) und nun noch eine vierte: die Macht der *Informationsasymmetrie*. Rassen- und Geschlechterunterdrückung verbinden sich nun mit allen vier Dimensionen von Klasse. Das unmittelbare Problem besteht darin, dass die anderen Denkweisen von Klasse Menschen in Cluster unterteilen. Das sind dann in der Tat Dinge, die der Vektor der Informationstechnologie verfolgen und verwalten kann. Er kann Ihnen sagen, wie viele Frauen wie viel Geld verdienen oder wie viele Angestellte angeben, etwas anderes als weiß zu sein. Klasse im marxistischen Sinne ist schwerer greifbar zu machen.

Erstens: Klasse bedeutet Klassen*antagonismus*. Sie ist keine Kategorie, sondern ein Verhältnis. Und zwar eines, das manchmal nicht Individuen verbindet, sondern das, was Gerald Raunig und andere *Dividuen* nennen: Einheiten, die kleiner sind als ein Individuum.[56] Es stellt sich heraus, dass Individuen tatsächlich weiter dividiert werden können. Man könnte sich Klassenstandorte also entweder als widersprüchlich vorstellen, wenn man sich die Menschen, die durch die Klasse verortet werden, als Individuen denkt. Oder man könnte sich Klassen so vorstellen, dass sie ziemlich passgenaue Standorte für Dividuen schaffen, die nicht immer den Individuen entsprechen, deren Teile sie sind. Auf diese Weise kann die Spannung, die Menschen gegenüber Teilen ihrer Existenz empfinden – als Arbeiter und Hacker oder als Hackerin und aufstrebende Vektoralistin (und so weiter) – auf andere Art zum Ausdruck gebracht werden.

Zweitens: Wenn die Klasse eher Dividuen als Individuen verortet, überrascht es nicht, dass die Art und Weise, wie Menschen über ihre Klassenerfahrung nachdenken, oft widersprüchlich ist. Was ich als *vektorielle Kultur* bezeichnen würde, ermutigt alle Menschen zu der Vorstellung, sie seien Unternehmer ihres Selbst, die im großen Kasino des Lebens um die Einsätze ihrer eigenen animalischen Geister spielen.[57] Zwanzig Jahre an Hip-Hop-Texten haben eine ausgefeilte Palette von Gedanken und Gefühlen darüber hervorgebracht, was für ein Zustand das ist. Das öffentliche Selbst soll ein knallharter Boss sein. Wie Cardi B. rappt: »I'm a boss you a worker bitch«.[58] Was es bedeutet, ein Boss zu sein, orientiert sich heute eher an der Vektoralisten- als an der Kapitalistenklasse. Es geht um die Akkumulation asymmetrischer Informationsverhältnisse. Es geht um die Beherrschung und Monopolisierung von Aufmerksamkeit. Es geht um die Monetarisierung von Erscheinungen. Das Ding, das es zu besitzen gilt, ist eine Marke, beginnend mit dem vermarkteten Selbst und sich von dort aus weiter verzweigend.

Wenn dies das öffentliche Gesicht ist, das die Subalternen annehmen müssen, ob Arbeiter oder Hackerin, dann mögen die privaten Gefühle, die es maskiert, vollkommen andere sein. Man kann das Versagen, der eigenen persönlichen Marke gerecht zu werden, mithilfe medizinischer, therapeutischer oder »spiritueller« Sprache erfassen.[59] In dieser Welt herrschen Langeweile, Angst, Depression, mangelnde Konzentration, fehlender Wille. Es kann einiges an pharmazeutischem Management – legal und illegal – erfordern, um das öffentliche Gesicht von heute hervorzubringen.[60]

In dem Maße, in dem eine Sprache über Macht existiert, die diese Erfahrungen thematisieren kann, vermittelt sie zwar Perspektiven aus der *critical race theory* und dem Feminismus, dringt aber oftmals nicht bis zu einer Sprache der Klasse vor. Diese Sprache der Klasse, der jene anderen Perspektiven inzwischen den Rang abgelaufen haben, ist verkümmert, seit die vektorielle Macht die kapitalistische als eine ihr untergeordnete Form subsumiert hat. Die Sprache der Klassenanalyse (im marxistischen Sinne) erscheint veraltet, denn sie ist veraltet. Sie umfasst nicht mehr all die Klassen, die inzwischen zur Debatte stehen. Wenn wir uns als synchrones Nebeneinander eine Matrix aus antagonistischen Klassen vorstellen, die auch neu entstehende Klassen mit einschließt, dann können wir den Kapitalismus aus seinem Urlaub in der Ewigkeit zurückbringen in das diachrone Nacheinander *historischen* Denkens.

5 Eine Zeitmaschinentheorie der Geschichte

Wir wissen zwar nicht mehr, was der Sozialismus ist, noch wie man ihn erreichen kann, und dennoch bleibt er das Ziel.
Deng Xiaoping

Nehmen wir an, Sie haben eine Zeitmaschine. Sagen wir, Sie reisen damit zurück in die Mitte der 1970er Jahre. Sie springen heraus und halten Ausschau nach einflussreichen Leuten dieser Zeit. Sie erzählen ihnen ein bisschen was darüber, was im 21. Jahrhundert so los ist. Für einige dieser Menschen ergeben manche Ihrer Geschichten Sinn; andere Geschichten wiederum klingen völlig verrückt.[1]

Nehmen wir zum Beispiel an, Ihre Zeitmaschine hat Sie in die Mitte der 70er Jahre nach China geschickt. Sie erzählen dort, dass im zweiten Jahrzehnt des nächsten Jahrhunderts das Schicksal des globalen Markts in den Händen der Kommunistischen Partei Chinas liegen wird. Das würde ziemlich wahnsinnig klingen. Die mittleren bis späten 70er sahen in China den Sturz der Viererbande, den Maoismus light von Hua Guofeng und schließlich die Machtübernahme Deng Xiaopings. Aber selbst da noch würde das China von heute für jeden unvorstellbar erscheinen – außer für Deng Xiaoping.[2]

Würden Sie mit der Zeitmaschine in die Mitte der 1970er der Sowjetunion fahren, könnten Sie auf gemischte Reaktionen stoßen. Leonid Breschnew ist in seinem zweiten Jahrzehnt an der Macht, und es sieht so aus, als würde alles ewig so weitergehen. Die Stellvertreterkriege laufen nicht allzu schlecht – mit einem guten Auftritt in Angola und einem entscheidenden Sieg in Vietnam –, zumindest bis zur sowjetischen Invasion in Afghanistan 1979. Sie würden wahrscheinlich einigen Ideologen begegnen, die denken, dass alles prima läuft und Sie irre sein müssen, zu glauben, dass es Anfang der 90er vorbei sein wird. Andererseits schleppt sich die Wirtschaft nur so dahin. Die Produktivität ist niedrig. Das Militär verschlingt einen riesigen Teil der Ressourcen. Wladimir Putin, der 1975 zum KGB kommt, denkt vielleicht schon darüber nach, wie man auf Machtkurs bleiben könnte, ohne wirklich an diese spezielle Art der Macht glauben zu müssen.[3]

Wenn Sie mit ihrer Zeitmaschine in die mittleren 1970er Jahre der Vereinigten Staaten reisen würden, könnten Sie diejenige sein, die verwirrt ist. Jimmy Carter ist Präsident. New York ist pleite und kaputt. Microsoft ist gerade gegründet worden. Wenn Sie dem Thinktank der »Intellektuellen« jener Ära erzählen, dass die Sowjetunion zusammenbrechen wird, könnten Sie auch dort auf gemischte Reaktionen stoßen. Vergessen wir nicht, dass die Vorfahren der heutigen Neokonservativen sich ziemlich sicher waren, dass so etwas nicht passieren konnte. Für sie war die Sowjetunion nicht nur ein gewöhnlicher repressiver Staat. Sie war ein *totalitärer* Staat, der sich so weit in sämtliche Bereiche des täglichen Lebens hineingefressen hatte, dass er nicht von internen Kräften zu Fall gebracht werden konnte, sondern nur von außen – zum Beispiel durch die Bewaffnung militanter Islamisten, um die Sowjets in Afghanistan zu bekämpfen.[4]

Aber würden Sie Ihre Geschichte den Neoliberalen erzählen, würden die sie verstehen.[5] Die Neoliberalen haben schon immer gesagt, dass Planung nicht funktioniert, weil sie einfach eine zu grobschlächtige Art und Weise ist, in einer Volkswirtschaft *Information* zu organisieren – und Information ist das, worauf es in

Volkswirtschaften ankommt. Aber diese Leute hatten damals nicht viel Einfluss. Ihre Zeit war noch nicht ganz gekommen.[6] Und wenn sie von Information sprachen, meinten sie eigentlich nur Märkte. Sie hätten genauso wenig wie alle anderen gewusst, warum die Gründung von Microsoft sich als etwas Großes herausstellen würde. (Später werden sie allerdings so tun, als hätten sie es gewusst.)

Es ist ein Gemeinplatz, anzunehmen, dass die Sowjetunion tot und begraben ist, und dass die Volksrepublik China sich in allem irgendwie dem Westen angleicht, außer in der Politik. Es gibt andere Perspektiven. Eine von ihnen lautet, dass der »Kommunismus« – weit davon entfernt, Teil der Vergangenheit zu sein – quicklebendig ist und nach wie vor einen Großteil des Planeten dominiert. Das, worüber die hundert Millionen Menschen starke Kommunistische Partei Chinas herrscht, gleicht etwas weniger dem »neoliberalen Westen« und etwas mehr dem, was die Sowjetunion hätte sein können, wäre sie auf dem Kurs der Neuen Ökonomischen Politik geblieben, die sie von 1921 bis 1928 verfolgte. Übrigens war Deng Xiaoping zu dieser Zeit kurz in Moskau. Man fragt sich, ob er fünfzig Jahre lang für sich im Stillen über so etwas wie die Neue-Ökonomische-Politik-Version des »Sozialismus« nachgedacht hat, bevor er sie tatsächlich aufbauen und ihrer Verselbständigung zusehen durfte.[7]

Das Gespenst, das in Europa und in weiten Teilen der Welt umgeht, ist das Gespenst des Antikommunismus.[8] Es mag eine nützliche Perspektive sein, sich vorzustellen, dass nicht nur die Sowjetunion gestorben sein könnte, sondern mit ihr auch die entsprechende andere Hälfte: die sogenannte Freie Welt.[9] Natürlich war diese Welt nicht ganz so frei, wenn man all die Schläge, Folterungen, Morde und Massaker mitrechnet, die das US-Militär und seine Stellvertreter auf der ganzen Welt verübt haben: Suharto in Indonesien, Pinochet in Chile, Mobutu im Kongo und der Schah im Iran – auch diese Schurken und Schlächter waren Teil der »freien« Welt.[10] Und in den Vereinigten Staaten selbst bestand die Antwort des Staats auf die Befreiung der Schwarzen darin, Masseninhaftierungen anzuordnen.[11] Andererseits gab es aber noch einen kleinen wichtigen Faktor für den teilweisen Erfolg von Sozialdemokratie und Bürgerrechten im Westen: nämlich die notwendige Konkurrenz um Loyalität mit dem internationalen Kommunismus. Denn der erhob immerhin den Anspruch auf ein Narrativ von universeller Gerechtigkeit und dem historisch endgültigen Sieg einer höheren Form des Lebens.

Selbst die Feinde des Kommunismus mussten zugeben, dass das eine ziemlich packende Erzählung war: Es gab den Feudalismus, jetzt gibt es den Kapitalismus und mit ihm den Sozialismus, der sich zum Kommunismus weiterentwickelt, in dem die Geschichte endet. »Wir werden euch begraben«, wie Chruschtschow 1956 meinte, als die Menschen noch ernst nahmen, was die sowjetische Führung sagte.[12] Die angesehensten Köpfe des Westens taten ihr Bestes, um mythisch-episch-poetische Großerzählungen zu schaffen, die genauso überzeugend waren, in denen aber die Freie Welt die Zukunft und nicht die Vergangenheit sein sollte.[13] Erstaunlich viele dieser Köpfe waren einigermaßen abgehalfterte Marxisten und Sozialisten: James Burnham mit seiner Managerrevolution; Daniel Bell mit der postindustriellen Gesellschaft; Walt Rostows Wachstumsstadien und Take-off-Theorie; Alvin Tofflers Zukunftsschock.[14]

Die meisten dieser Theorien vermieden es, über Klassenkonflikte nachzudenken. In dieser Hinsicht folgten sie eher Saint-Simon als Marx.[15] Es waren Geschichten über Technologie und

Fortschritt – oder wie man heute sagen würde: Akzeleration (oder Beschleunigung).[16] In Wahrheit waren die Marxisten ihnen auch beim Akzelerationismus zuvorgekommen. Dieser Teil der Geschichte wird von allen Seiten eher vernachlässigt. Wenn es einen ursprünglichen Akzelerationisten gab, dann war es J. D. Bernal, den wir schon in Kapitel 3 kennengelernt haben. Als prominenter britischer Wissenschaftler der Zwischenkriegszeit schrieb er ein fulminantes akzelerationistisches Traktat mit dem Titel *The World, the Flesh and the Devil* (1929). Darin stellte er sich die Vollendung von Rationalität und Begehren nicht so sehr als eine Verbesserung des menschlichen Lebens vor, sondern als die Verwandlung des Menschen in eine Art posthumane Spezies.[17]

Doch Bernal war auch bewusst, dass das alles furchtbar schief gehen konnte: »Wissenschaftskonzerne könnten durchaus zu unabhängigen Staaten werden und in der Lage sein, ihre größten Experimente ohne Rücksprache mit der Außenwelt durchzuführen [...] Die Welt könnte sich tatsächlich in einen menschlichen Zoo verwandeln, der so intelligent organisiert ist, dass seine Bewohner gar nicht merken, dass sie sich allein zum Zweck der Beobachtung und des Experiments dort befinden.«[18] Wie man sieht, begann Bernal eine gewisse Ahnung davon zu bekommen, wohin uns die Produktivkräfte führen und von welcher Art herrschenden Klasse sie kontrolliert werden könnten.

Bernal konvertierte kurz darauf zum Kommunismus und dachte gemeinsam mit dem linken Flügel der *Social-relations-of-science*-Bewegung über die Zusammenhänge nach, wie Wissenschaft und Technik die Produktivkräfte umgestalten. Für Bernal stellten die transformativen Fähigkeiten der Wissenschaft den Wissenschaftsarbeiter – einen der Vorläufer der Hackerklasse – dem Kapital gegenüber, das die volle Kraft des technologischen

Wandels auf das beschränkt, was mit dem Profitstreben vereinbar ist. Bereits 1939 glaubte Bernal, dass eine wissenschaftliche und technologische Revolution im Gange war, die sich qualitativ von den im Industriekapitalismus entwickelten Produktivkräften unterschied.[19] Diese waren Stückwerk und Zufall gewesen; die Revolution war Absicht und Planung. Das Alte beruhte auf rudimentärem Know-how; das Neue basierte auf der Beherrschung von Materie, Energie und Information, begriffen über abstraktes, konzeptuelles und sich ständig weiterentwickelndes Wissen.

Bernal war in seiner Glanzzeit von etwa 1930 bis 1950 eine enorm einflussreiche Figur.[20] Seine Anwendung wissenschaftlicher Erkenntnisse auf die Fragen der Kriegsführung machte die D-Day-Invasion möglich. Er war ein Pionier auf dem Gebiet der Organisation wissenschaftlicher Information. Für seine Röntgenkristallographie wurde er zum Fellow der Royal Society ernannt. Doch seine Loyalität gegenüber der Sowjetunion überschattete seine Karriere, als das Kriegsbündnis zerfiel und der Kalte Krieg ausbrach. Dennoch trug die *Social-relations-of-science*-Bewegung, für deren linken Flügel er stand, dazu bei, Wissenschafts- und Technikarbeiter auf der ganzen Welt, von Dänemark bis Japan, zu politisieren.[21]

Obwohl Bernal auch nach dem Einmarsch in die Tschechoslowakei 1968 zur Sowjetunion hielt, war ironischerweise seine Idee der wissenschaftlich-technischen Revolution quicklebendig im geistigen Ferment des Prager Frühlings, dessen Protagonisten versucht hatten, einen »Sozialismus mit menschlichem Antlitz« zu schaffen. Diese Formulierung wird Radovan Richta zugeschrieben, der das Buch *Zivilisation am Scheideweg* herausgab.[22] Es erschien 1966 und ist ein weiterer vergessener Klassiker des Akzelerationismus. Die Autorïnnen argumentierten zurückhaltend, dass der Sozialismus sowjetischer Prägung gescheitert sei, dass aber das Staatseigentum an den Produktionsmitteln eine neue Art der Vergesellschaftung ermöglichen sollte, und zwar nicht nur der Arbeit und Produkte, sondern der Gesamtheit des Wissens.

Als ich online nach diesem vergessenen Buch suchte, kaufte ich am Ende ein Exemplar, das einmal Daniel Bell gehört hatte. Es ist nicht schwer, akzelerationistische Theorien der Freien Welt wie die von Bell als Antwort nicht nur auf die klassische marxistische Geschichtsprophetie zu betrachten, sondern auch auf das, was bis in die 70er Jahre noch eine sehr reale Furcht war: dass es dem Osten und nicht dem Westen gelingen würde, aus der wissenschaftlich-technischen Revolution eine neue Produktionsweise hervorzubringen. Aber weder im Osten noch im Westen hatten akzelerationistische Denker wirklich begriffen, welch seltsame ontologische Eigenschaften Information besitzt, und dass – mehr noch als die Wissenschaft von Materie und Energie – letztlich die Informationswissenschaft das bestimmende Merkmal des kommenden Jahrhunderts sein würde.[23] Die marxistischen Akzelerationisten aber hatten immerhin ein wichtiges Kennzeichen der künftigen Welt fast verstanden: dass nämlich in dieser Welt neue Formen von Klassenantagonismus herrschen würden.

Es ist schon ironisch, dass es nicht die Sowjetunion war, die das Internet entwickelt hat. Die Sowjets gingen an die Sache heran wie Amerikaner, während die Amerikaner gerade deshalb erfolgreich waren, weil sie es angingen wie Sowjets. Was einmal das Internet werden würde, war das Ergebnis staatlicher Investitionen in die Grundlagenforschung ziemlich großer, kollaborativer Institute, genau wie Bernal es vorgeschlagen hatte. Wenn wir das Scheitern der sowjetischen Version in einem Wort erklären müssten, könnten wir uns wohl auf dieses einigen: »Wettbewerb«.[24]

Seit dem Krieg hatte der amerikanische Staat die Gewohnheit angenommen, kollaborative Projekte zu finanzieren, die sowohl Grundlagenforschung als auch technische Entwicklung umfassten. Erstaunlicherweise ging es dabei mehr um den Austausch von Ideen als um die Geheimhaltung von Entdeckungen, die man zu Patentmonopolen hätte machen können. Das aus dem Krieg hervorgegangene, geteilte Basiswissen über Computertechnik, Kommunikation, Radar- und Elektrotechnik war die Grundlage für die erheblichen Investitionen des Pentagon in alle diese Bereiche während des Kalten Kriegs.[25]

Bernal war etwas zu sehr orthodoxer Marxist, um sich mit Information theoretisch zu befassen, aber er hat sich ihr als praktischem Problem genähert.[26] Bei der Art von Physik, die er betrieb, ging es nicht darum, immer kleinere Teilchen zu verstehen, wie wir uns die Hauptströmung der modernen Physik vorstellen. Es ging darum, immer größere und größere Teilchen zu verstehen: Wie verbinden sich Atome nicht nur zu Molekülen, sondern zu riesigen, organischen Makromolekülen? Technische Fortschritte in der Röntgenkristallographie machten es möglich, solche Fragen zu beantworten. Dieser Weg sollte andere Forscher dazu führen, die Struktur etwa von Vitamin B12 und Insulin zu verstehen (wofür Bernals Schülerin Dorothy Crowfoot Hodgkin den Nobelpreis erhielt).[27] Diese Techniken trugen auch zu Watson und Cricks berühmter Arbeit über die DNA bei (die unter nicht genannter Mitwirkung von Rosalind Franklin entstand).[28] All das sollte schließlich fantastisch komplexe Berechnungen erfordern, und Bernal war einer der ersten, der mehr oder weniger moderne Computertechnik auf diesem Gebiet einführte.

Kurz gesagt, mit allen Vor- und Nachteilen ermöglichen Computer die Berechnung dessen, was man heute als »Big Data« bezeichnen würde.[29] Das erlaubt die Simulation von wirklich komplexen Dingen wie organischen Molekülen oder auch ganzen Volkswirtschaften. Einige Experten hatten sogar daran geglaubt, dass der Sowjet-Sozialismus funktionieren könnte, wenn man die Preise variabel gestaltet und Computer in die Entscheidungen über Ressourcenallokation einbezieht. Aber die Machthaber lehnten das ab. Sie wollten das Kommando über ihre Kommandowirtschaft nicht aus der Hand geben.[30]

Radovan Richta muss gewusst haben, dass es der sowjetischen Kybernetik nicht gelungen war, ihre Produktionsweise über die dysfunktionale staatssozialistische Steuerung hinauszubringen.[31] In seinem Buch gibt es einen Hinweis darauf, dass es sich hier um eine Art Klassenkonflikt handelte: die Wissenschaftsarbeiterïnnen gegen die Parteiapparatschiks. Aber von einigen bemerkenswerten Ausnahmen abgesehen, waren Erstere immer noch Insider und nicht gewillt, die Geduld eines Staates auf die Probe zu stellen, der so viele ihrer Vorgänger ins Gefängnis gesteckt, gefoltert und getötet hatte.[32]

Das berüchtigtste Beispiel für den sowjetischen Missbrauch der Wissenschaft war die Lyssenko-Affäre.[33] Der Bauernsohn Trofim Lyssenko war ein Agronom, dessen im Wesentlichen lamarckistische Sicht der Evolution zur offiziellen Politik wurde – auf Kosten jener Wissenschaftler, die sich auf Mendels Entdeckungen in der Genetik beriefen. Doch dieser bekannte Fall staatlicher Einmischung in die Wissenschaft im Osten verschleiert bestimmte Aspekte von Macht und Wissenschaft im Westen. So nutzten etwa die westlichen Ideologen den Fall Lyssenko für Propagandazwecke aus, ohne auf die Komplexität der Fakten

Rücksicht zu nehmen. Ihre Forderung nach »Freiheit« der Wissenschaft scheint mit Freiheit so viel zu tun zu haben wie die »Freie Welt«. Die Wissenschaft wurde für geheime Militärprogramme kooptiert. Wissenschaftler, die unbequeme Fragen zur Wissenschaftspolitik stellten, verloren ihr Visum, ihre Sicherheitsfreigabe, sogar ihr Labor und ihren Lebensunterhalt.[34]

Der absurdeste Fall war sicherlich der von Qian Xuesen, einem chinesischen Einwanderer in den USA. In der Nachkriegszeit hatte er eine steile Karriere auf dem jungen Gebiet der Raketentechnik eingeschlagen (die am Caltech in »Jet Propulsion« umbenannt worden war, um sie seriöser klingen zu lassen). Aber offenbar hatte er, ohne es zu wissen, Kontakt mit Mitgliedern der Kommunistischen Partei gehabt. Also deportierte man ihn – in das mittlerweile kommunistische China. Dort wurde dieser einstmals unpolitische Wissenschaftler sowohl zum loyalen Kommunisten als auch zum Architekten des chinesischen Raketenprogramms. Die Silkworm-Antischiffsrakete, eine Nachfahrin seiner Entwürfe, wurde in den komplizierten Stellvertreterkriegen unserer Zeit auch gegen die US-Streitkräfte eingesetzt.[35]

Allerdings war dieses Beispiel nichts im Vergleich zur allgemeinen Demobilisierung und Demoralisierung der wissenschaftlichen Linken in den Nachkriegsjahren. Progressive Wissenschaftler wie Bernal wurden ebenso angegriffen wie die Gewerkschaften, die entstanden waren, um die Interessen und Bestrebungen der wissenschaftlichen und technischen Arbeiter̈innen zu formulieren und zusammenzuführen. Ironischerweise war die Großforschung inzwischen wirklich ein Geschöpf massiver staatlicher Förderung, wie Bernal es vorhergesagt hatte. Und doch war die Wissenschaftsideologie, die sich durchsetzen sollte, nicht der Bernalismus, sondern die von seinem ideologischen

Erzfeind Michael Polanyi ausgedachte Vorstellung von Wissenschaft als einem »Markt der Ideen«.[36]

Wer auch immer dem Vorurteil anhängen mag, die Wissenschaft sei von Natur aus reaktionär oder unpolitisch oder ein Ausdruck bloßer »Metaphysik«, täte gut daran, sich anzusehen, wie viel Zwang und Kooptation nötig waren, um die Macht progressiver und linker Wissenschaft im Westen nach dem Krieg unschädlich zu machen. Polanyis Forschungsgruppe erhielt sogar Zuwendungen durch den inzwischen als CIA-finanziert bekannten *Kongress für kulturelle Freiheit*.[37] Würden Sie heute in die Zeit der 1970er zurückreisen und einem kränkelnden Bernal erzählen, dass es zu Beginn des 21. Jahrhunderts Links-Heideggerianer geben würde, hätte ihm das vielleicht einen zweiten Schlaganfall beschert.[38]

Hier sind wir also und versuchen zu begreifen, was im Laufe der zweiten Hälfte des 20. Jahrhunderts geschehen ist. Dabei sind wir ausgerüstet mit kritischen Theorien, die sich von ihrer einstigen Verbindung zu den politischen Kämpfen in den Wissenschaften gelöst haben und doch von alten Wunden des Kalten Kriegs gelähmt sind, die immer noch weitgehend der Diagnose harren.[39] Kein Wunder also, dass es nur wenige gute Begriffswerkzeuge gibt, um zu verstehen, wie die Produktivkräfte in der Nachkriegszeit wirklich revolutioniert wurden. Stattdessen haben wir es mit Nachfahren der Saint-Simon'schen Konsenstheorien zu tun.[40] Die »Ökomodernisten« zum Beispiel bestehen darauf, dass es nichts gibt, was sich nicht durch noch mehr Technologie in ihrer jetzigen Form lösen ließe, geleitet von der Weisheit der heutigen herrschenden Klasse. Die von Bernal angestoßene Denkrichtung, die in besonderer vulgärmarxistischer Manier, aus einer gründlichen Kenntnis der Produktivkräfte heraus, historischen Wandel als von Klassenkonflikten durchzogen begriff, war dagegen viel weniger ausgeprägt.

Damit war in den Nachkriegsjahren das Feld frei für ein Theoriegebilde, das tatsächlich ein bisschen Ahnung von Information hatte[41]: der Neoliberalismus. Dessen große Stunde sollte aber erst dann kommen, als offensichtlich wurde, dass die Sowjetunion keine klare und akute Bedrohung mehr darstellte. Inmitten der Ölschocks der frühen 70er und der unerbittlichen Militanz der Arbeiterklasse angesichts eines schwachen Produktivitätswachstums, setzte sich in den herrschenden Klassen einiger führender westlicher Staaten die Idee durch, dass die Zeit reif sei für einen echten Klassenkrieg gegen die Arbeiterschaft – anstatt nur für einen simulierten Atomkrieg gegen die Sowjetunion. In der Tat könnte man sich fragen, ob die nukleare Entspannung zwischen den Vereinigten Staaten und der Sowjetunion daher rührte, dass ein gemeinsames Interesse daran bestand, den Unmut der Arbeiterklasse an der jeweiligen imperialen Heimatfront zu bekämpfen.

Die neoliberale Politik wurde nicht überall betrieben, aber auch das war Teil des Problems. Wenn Sie in die Mitte der 1970er zurückreisen könnten und dort erklären würden, dass sich die japanische Wirtschaft Anfang des 21. Jahrhunderts im Stillstand befinden und einige ihrer einst mächtigen Unternehmen zum Verkauf stehen werden, dann träte man Ihren Vorhersagen mit einer gewissen Überraschtheit entgegen. Denn in den 1970ern war es Japan, das die Bedrohung für die wirtschaftliche Dominanz der USA darstellte. Japan schien verstanden zu haben, wie sich der Klassenkampf innerhalb einer gleichwohl produktivitätssteigernden Dynamik eindämmen ließ. Und es hatte verstanden, wie man die Information, die die Arbeiterschaft über den Produktionsprozess besitzt, in die Qualitätskontrolle der industriellen Fertigung einfließen lassen konnte. In Japan arbeiteten Staat und Unternehmen zusammen, um den freien Markt im Inland zu beschränken und ökonomische Ressourcen zu bündeln, um mit aller Kraft die Exportmärkte zu erobern.[42]

Im Zweiten Weltkrieg hatte Japan mit seinen Zero-Jagdflugzeugen kein einziges Mal das amerikanische Festland angegriffen. Das Beste, was die Japaner zustande brachten, war der Abwurf einiger Brandbomben aus unbemannten Heißluftballons, die von Schulmädchen aus Reispapier zusammengeklebt worden waren und dann auf dem Jetstream über den Pazifik schwebten.[43] Statt mit Zeros fiel Japan schließlich mit Mitsubishi Colts und Galants in die Vereinigten Staaten ein – Autos, die zufällig vom selben Firmenkonglomerat hergestellt wurden wie eben jene Zeros. Mit der Eindämmung der geopolitischen Bedrohung durch die Sowjetunion und China – letzteres über Nixons »Ping-Pong-Diplomatie« der 1970er – bestand die Herausforderung also eher in der Militanz der Arbeiterklasse auf der einen und in hochentwickelten japanischen Exporten auf der anderen Seite. Der neoliberale Angriff auf die Arbeit – im Namen der »freien« Märkte als den effizientesten Verarbeitern von Information – kam in Gang.

Eine weitere Anomalie im Zusammenhang mit dem Aufstieg des Neoliberalismus ist Italien. Mitte der 1970er Jahre schien sich das Land in einer Art spektralem Bürgerkrieg zu befinden. Die Roten Brigaden entführten Menschen. Die Geheimpolizei schien den Staat zu lenken. Die Kommunistische Partei war nahe an einem »historischen Kompromiss«, der sie an die Macht gebracht hätte, in Partnerschaft mit ihrem alten Erzfeind, den Christdemokraten. Diese Entwicklung hatte eine oppositionelle linksautonome Bewegung samt entsprechender Theorie hervorgebracht. Die Geheimpolizei tat ihr Bestes, um diese Theoretiker, etwa Antonio Negri oder Paolo Virno, einzusperren, ins Exil zu treiben oder zum Schweigen zu bringen. Aber es sah so aus, als könnte Italien tatsächlich nach links schwenken.[44]

Würden Sie in der Zeit zurückreisen und den Italienern Mitte der 1970er erklären, wie der Kulturindustriemagnat Silvio Berlusconi in den 90ern an die Macht kam, wären ihre Zuhörer womöglich nicht erfreut.[45] In den 1970ern hatten Großkonzerne wie Fiat und Olivetti versucht, billige Arbeitskräfte aus dem ländlichen Süden einzusetzen, aber viele dieser jungen Arbeiterïnnen politisierten sich.[46] Also versuchten die Unternehmen es stattdessen mit Automatisierung, um so die Macht der Arbeiterschaft unter Kontrolle zu halten. In jedem Fall war Italien, wie Japan, in den Nachkriegsjahren nicht auf dem neoliberalen Kurs, auch wenn es (im Gegensatz zu Japan) nicht besonders erfolgreich darin war, eine Alternative in Aussicht zu stellen. Der italienische Exzeptionalismus hat zwar einen energischen Strang marxistischer Theorie hervorgebracht, der allerdings stärker in lokalen Exzentrizitäten verwurzelt war, als er vielleicht gerne zugeben würde.[47]

Der Mythos des Neoliberalismus besagt, dass zuerst seine *Idee* da war, und dann Politiker wie Margaret Thatcher und Ronald Reagan daraus Politik und schließlich Gesetze machten. Trotz seinem eindeutig idealistischen Geschichtsbild ist dieses Narrativ bei einigen Linken beliebt.[48] Ich glaube, man kann die Geschichte auch anders erzählen. Denn wodurch wurde es überhaupt erst möglich, neoliberale Politik umzusetzen? Was hat sich seit den 70ern geändert und dadurch ermöglicht, das Bankwesen zu globalisieren und riesige internationale Lieferketten aufzubauen, in denen Fertigungskomponenten aus der ganzen Welt zusammenlaufen?

Der Schlüssel hierzu liegt bereits in der beiläufigen Tatsache, dass Mitte der 1970er Jahre Microsoft gegründet wurde. Es war nicht die Information als Idee – freie Märkte –, die die Produktionsweise verändert hat. Es war eine gewaltige, globale Infrastruktur, in der Information die Steuerung von Geldströmen, Maschinen, Ressourcen und Arbeitskräften ermöglichte. Wenn man mit einem Computer die Positionen von zehntausend Atomen in einem Protein berechnen kann, dann kann man mit ihm auch ein globales Produktionssystem organisieren, das die Macht militanter Arbeiter in einer Fabrik in Detroit aushebelt.[49]

Es gibt nicht wirklich eine Zeitmaschine, die Sie in die 1970er Jahre zurückversetzt. Oder besser gesagt, die Zeitmaschine fährt nur in eine Richtung, sie ist also weniger eine Zeitmaschine [time machine] als vielmehr eine *Vergangenheits*maschine [tome machine]. Sie können im Archiv nach einigen vergessenen Geschichtssträngen suchen, und die Vergangenheit kehrt als etwas anderes zurück. Noch erstaunlicher als die Überraschungen, die eine Zeitmaschine von heute Menschen in der Vergangenheit bescheren könnte, sind vielleicht die Überraschungen, die eine Vergangenheitsmaschine uns aus dem Archiv bereiten kann. Vielleicht könnten wir uns in einer Art Geschichtskunst üben, die die Geschichte auf andere Weise erzählt, um dadurch herauszufinden, warum bestimmte Formen von Geschichten vernachlässigt oder unterdrückt werden. Bei den aus der Kombinatorik der Geschichtselemente herausgegriffenen Standardgeschichten haben wir es womöglich mit willkürlichen Erzählgewohnheiten zu tun.

Wie wäre es also mit dieser Geschichte: Es ist ein Irrtum, unsere Zeit *neoliberal* zu nennen, wenn ihre Politik weder »neo-«

noch überhaupt »liberal« ist. Man könnte die heutige Politik ebenso gut mit einem anderen Retro-Begriff als *alt-fascist* bezeichnen.[50] Es geht um den Machterhalt der herrschenden Klasse durch die Manipulation von ethnischen und rassistischen Vorurteilen sowie den Einsatz von Überwachung und offener Gewalt zur Unterdrückung abweichender Meinungen. Es geht im Kern um den gefängnisindustriellen Komplex, der inzwischen auf globaler Ebene ausgebaut wurde, wie Angela Davis uns in Erinnerung ruft.[51] Neu ist keineswegs die Politik, die ein farcehaftes Abbild der alten Überbauten ist, sondern die Produktionsweise, die ihr zugrunde liegt. Hier könnte man sagen, dass auch die Wirtschaft nicht »liberal« ist, und gerade das macht sie zu etwas Neuem. Sobald sich die Produktivkräfte auf Information hin ausrichten, verändert das die Warenform.

Diese Produktionsweise ist schon etwas Seltsames. Das, was Bernal und Richta die *wissenschaftlich-technische Revolution* nannten, hat sich tatsächlich ereignet, und zwar im Westen, nicht im Osten. Aber sie war das Ergebnis einer sonderbaren Form von »Sozialismus«. Sie entstand aus einer kriegsbedingten Vergesellschaftung der wissenschaftlichen und technologischen Macht. Wissenschaftler und Ingenieure, an Universitäten und in Unternehmen, kooperierten miteinander. Ihre Erfindungen wurden nicht umgehend patentiert, sondern geteilt. Das legte den Grundstein für die Entwicklung der Produktivkräfte in der Nachkriegszeit. Bis zu einem gewissen Grad setzte sich dieser »Sozialismus« fort, etwa unter der Schirmherrschaft der *Advanced Research Projects Agency* (ARPA) des Pentagon, die unter anderem maßgebliche Forschung zu Computersystemen finanzierte.[52]

Wenn es eine zentrale Innovation gab, die aus diesem seltsamen westlich-staatssozialistischen, militärisch-industriellen

Komplex hervorging, dann war es die Informationstechnik. Es dauerte eine Weile, bis sich die einzelnen Teile zusammenfügten. Aus der Sicht des frühen einundzwanzigsten Jahrhunderts ist das Merkwürdige daran, dass die staatssozialistisch geförderten wissenschaftlich-technischen Anstrengungen, die zunächst die Achsenmächte und dann die Sowjets besiegen sollten, am Ende dazu dienten, nach außen hin mit der japanischen Industrie zu konkurrieren und im eigenen Land die Arbeiterklassen zu besiegen. Ein im Grunde vergesellschaftetes Forschungsprogramm diente dem Aufbau einer Infrastruktur – die Benjamin Bratton als *Stack* bezeichnet, und ich als *Vektor* –, die die systematische und globale Privatisierung von Objekten, Subjekten und der zwischen ihnen entstehenden Information ins Werk setzte.[53]

Dass dies kein unabwendbares Schicksal für Wissenschaft und Technik war, wurde durch die Unterdrückung kritischer und abweichender Stimmen unter den Wissenschaftlerïnnen verschleiert. Der Bernalismus, oder allgemeiner die *Social-relations-of-science*-Bewegung, wurde im Zuge der Politik der Roten Angst während des Kalten Kriegs lahmgelegt. In der relativen Abwesenheit dieses Denkens fehlte den gängigen Erzählungen über diesen historischen Zeitraum ein Gespür für die Klassenkonflikte innerhalb der neuen Produktivkräfte und für das Ausmaß, in dem sie den Kapitalismus – wie es dann Ende des 20. Jahrhunderts geschah – in etwas anderes verwandeln konnten.

Die bekannteste Geschichte über Wissenschaft und Technik während des Zweiten Weltkriegs ist die des Manhattan-Projekts und der Atombombe. Aber vielleicht war diese Geschichte nicht das einzige relevante Teil des Puzzles. Der Krieg im Pazifik war wahrscheinlich die größte logistische Operation, die bis dahin je durchgeführt worden war. Robert McNamara, der später die Ford

Motor Company und dann das Pentagon leiten sollte, war während des Krieges ein auszubildender Logistikexperte. Damals wurden bahnbrechende Leistungen dabei vollbracht, Zusammenstellung und Transport einer unglaublich komplexen Palette an Ressourcen über riesige Gebiete hinweg mit Hilfe von Kommunikation und Computerkalkulation zu steuern.[54]

Was zunächst dazu dienen sollte, die Achsenmächte zu besiegen, dann die Sowjets einzudämmen, dann mit der japanischen Industrie zu konkurrieren, wurde am Ende dafür genutzt, die Produktion zu globalisieren, die neuerdings zur Verfügung stehenden billigen Arbeitskräfte der Volksrepublik China auszubeuten und die Macht der organisierten Arbeiterschaft in Italien, den Vereinigten Staaten und in weiten Teilen der überentwickelten Welt zu zerschlagen. Damit ist jedoch ein Paradox verbunden: Das Kapital glaubte, in seinem Kampf gegen die Arbeit nur einige neue Formen von Kommunikation und Komputation einzusetzen, doch am Ende wurde schließlich auch das Kapital dieser Macht subsumiert. Die Kapitalistïnnenklasse wurde zu einer untergeordneten Herrschaftsklasse gegenüber der *Vektoralistïnnenklasse*. Das Kapital ist tot; der Vektor lebt.

Die Kapitalistenklasse besitzt die Produktionsmittel, also die Mittel zur Organisation von Arbeit. Die Vektoralistenklasse besitzt die Mittel zur Organisation der Produktionsmittel. Der Vektor hat eine doppelte Form: die Form des Vektors, entlang derer Information verteilt werden soll (der extensive Vektor), und die Form des Vektors, entlang derer Information gespeichert und verarbeitet werden kann (der intensive Vektor). Die Vektoralistïnnenklasse besitzt und kontrolliert auch den Produktionsprozess, etwa durch Patente, Urheberrechte, Marken, Warenzeichen, proprietäre logistische Prozesse und dergleichen.

Es ist schon bemerkenswert, wenn man sich heutzutage die weltgrößten Konzerne ansieht und feststellt, dass ein Großteil ihrer Macht und ihres Eigentums in vektorieller Form vorliegt. Viele von ihnen stellen die Dinge, die sie verkaufen, nicht wirklich her. Sie kontrollieren den Produktionsprozess, indem sie die zugrundeliegende Information kontrollieren und besitzen. Selbst wenn sie immer noch etwas herstellen, stammt ein beträchtlicher Teil der Unternehmensbewertung aus Portfolios mit geistigem Eigentum oder aus proprietären Daten über ihre Kunden und so weiter. Das Kapital wurde einer abstrakteren Form technischer Macht untergeordnet.

Betrachtet man also die Vektoralistenklasse, bieten sich drei weitere Aspekte an. Erstens scheint sie imstande zu sein, nicht nur aus Arbeit Wert abzuschöpfen, sondern auch aus dem, was Tiziana Terranova *freie Arbeit* nennt.[55] Selbst wenn Sie nur die Straße entlang schlendern, übermittelt das Telefon in Ihrer Tasche Daten an irgendeine vektoralistische Entität. Die Vektoralistïnnenklasse scheint in der Lage zu sein, aus qualitativer Information Umsätze zu generieren, ähnlich wie Banken es mit quantitativer Information tun. Vielleicht ist die Machtausübung durch die Kontrolle quantitativer und qualitativer Information kennzeichnend für dieselbe herrschende Klasse.

Zweitens ordnet die Vektoralistenklasse sich die alte Art von Herrschaftsklasse, die Kapitalistenklasse, in der gleichen Weise unter, wie die Kapitalisten sich die alte Grundherrenklasse unterordneten, die mittels Bodenrenten die landwirtschaftliche Produktion der Kommodifizierung unterwarf. In diesem Sinne ist der Aufstieg der Vektoralistenklasse eine vergleichbare und folgerichtige Verschiebung der Machtverhältnisse innerhalb der herrschenden Klassen. Die Vektoralistïnnenklasse sitzt immer noch am oberen Ende einer Pyramide von ausgebeuteter Arbeit, aber sie ist auch darauf angewiesen, Mehrwert aus einer anderen, ziemlich privilegierten, aber dennoch untergeordneten Klasse abzuschöpfen.

Ich nenne sie die *Hackerklasse*. Bernal hatte bereits eine Ahnung von dieser Entwicklung, als er versuchte, die Interessen der Wissenschaftsarbeiterïnnen im und gegen den Kapitalismus auszuformulieren, aber das war noch nicht ganz die Hackerklasse. Die musste die Entwicklung ausgefeilter Formen des geistigen Eigentums abwarten, die wiederum in die Gestaltung von Schnittstellen für den kreativen Prozess eingebettet sind. Dadurch wird die qualitative Arbeit der Hervorbringung neuer Formen von Information in Eigentum verwandelt, das auf dem Markt gleichwertig gehandelt werden kann. Kurz gesagt: Dem bereits komplexen Beziehungsgeflecht zwischen dominanten und untergeordneten Klassen wurde eine weitere Klassendynamik, die zwischen Vektoralisten und Hackerïnnen, hinzugefügt.

Drittens war es eher die politische Ökonomie des ehemaligen Westens als die des Ostens, die in der Lage war, die Auswirkungen der wissenschaftlich-technischen Revolution weiter voranzutreiben, und zwar in Form des Aufstiegs der Vektoralistenklasse. Aber es war die Staatsform des ehemaligen Ostens, die sich im Westen durchgesetzt hat. Der Vektor ist nicht nur ein Mittel zur Umgestaltung der Produktion. Er ist auch ein Mittel zur Umgestaltung der Staatsmacht.[56] Daten können gesammelt werden für logistische Zwecke der ökonomischen Steuerung; Daten können aber auch gesammelt werden, um den staatlichen Überwachungs- und Sicherheitsapparat zu füttern. Auch die westlichen Staaten hatten ihren Überwachungsapparat, aber er war nie so umfassend wie der im Osten. Das neue weltweite Modell nutzt den Vektor, um die alten Träume des KGB vom Informationsstaat zu verwirklichen. Das ist es, was Guy Debord die Bühne des *integrierten Spektakulären* nannte, das das Schlimmste aus Osten und Westen vereint.[57]

Der Westen ist jetzt der ehemalige Westen. Sein Wirtschaftssystem hat sich gewandelt. Es ist nicht mehr der Kapitalismus – es ist etwas Schlimmeres. Es übernimmt noch mehr Kontrolle über das Arbeits- und Alltagsleben. Es erweitert die Ausbeutung der Natur bis hin zur möglichen Ausrottung. Es ist sicher nicht der wunderbare Traum von einer »postindustriellen Gesellschaft«, geschweige denn Bernals und Richtas akzelerationistischer Sozialismus. Es ist eine relativ neue und ausgereiftere Form der Klassenherrschaft, die in mehr oder weniger »friedlicher Koexistenz« mit dem ehemaligen Osten in Gestalt von Russland steht, dessen globale Bedeutung sich darauf beschränkt, als Raubtieroligarchie eine Rohstoffexportwirtschaft zu monopolisieren.[58] Die Sowjetunion zahlte einen hohen Preis dafür, dass es ihr nicht gelang, die besondere Rolle der Information zu erkennen und einen Modus Vivendi mit ihren Wissenschaftsarbeitern zu erreichen.

Beide Systeme koexistieren heute mit der Volksrepublik China, die unter Deng Xiaoping eher dem japanischen Modell folgte als dem sogenannten neoliberalen, das Löhne drückt und die Überschüsse in exportorientiertes Wachstum fließen lässt. Was für Kräfte auch immer in China in eine neoliberalere Richtung gedrängt haben mögen, sie scheinen nach dem Finanzcrash von 2008 entscheidend geschlagen worden zu sein. Xi Jinping hat seine Macht gefestigt und China auf einen anderen Kurs gebracht. Vielleicht ist der neoliberale Staat nicht das einzige Modell des Informationsstaats. China verfolgt ein anderes. Einen autoritären Informationsstaat, ohne Zweifel, aber die Staaten des ehemaligen Westens sind angesichts ihrer eigenen Tendenzen kaum in der Position, das zu kritisieren.

Im Westen hat die vektorielle Macht die Arbeiterklasse so sehr zum Rückzug gezwungen und ihre Löhne gesenkt, dass die westlichen Arbeiterïnnen das, was China produziert, gar nicht mehr konsumieren können. Ihre Fähigkeit dazu wurde vorübergehend durch Schulden gestützt, doch inzwischen ist das ganze System geflutet mit Zahlungsausfällen und überschüssigen Produktionskapazitäten. Die Kommunistische Partei Chinas erkannte die Gefahr einer Überproduktionskrise und lenkte ihr Geflecht aus staatlichen und privatwirtschaftlichen Akteuren auf den außergewöhnlichen Plan, die Seidenstraße wieder zu beleben und den chinesischen Herstellern neue Märkte in Zentralasien und darüber hinaus zu erschließen. Die beherrschende Idee scheint, wie schon unter Deng, immer noch die Ausweitung der Produktivkräfte zu sein, nun über die Grenzen Chinas hinaus – und diesmal im Bund mit der Kontrolle über den Vektor.[59]

Ihrer eigenen Meinung nach schöpft die Kommunistische Partei ihre Legitimität aus zwei Faktoren: Sie beschleunigt den Ausbau der Infrastruktur und bewältigt die Folgen für die Suprastruktur oder den Überbau des Social-Engineering-Projekts, das über die Grenzen der Volksrepublik China hinausdrängt.[60] Dass dies das Schicksal einer leninistischen Partei sein sollte, ist im Westen sowohl für die Linke als auch für die Rechte derart unvorstellbar, dass beide so zu tun scheinen, als würde dieses monströse Projekt gar nicht wirklich stattfinden. Wesentlich mehr Denkaufwand wäre dagegen vonnöten, um zu klären, was an der internen Klassenpolitik der chinesischen Führungsriege, die deren ehrgeizige Gleichschaltung von Staat, Vektor und Kapital erst möglich macht, das eigentlich Besondere ist.[61]

Benjamin Bratton ist der Ansicht, dass das, was er den *Stack* nennt oder ich den *Vektor* nenne, eine spezielle Form von Geopolitik hervorbringt, bei der die einstmals souveränen Staaten mit einer Art von Macht verhandeln müssen, die sich auf dezentrale Informationsinfrastrukturen stützt, wodurch eine relativ neue Form von virtueller Geografie entsteht.[62] Wenn es nach Bratton ginge, sollten wir uns nicht nur mit dem strategischen Wettbewerb zwischen China und den USA befassen, sondern auch mit dem, was er den »Ersten Sino-Google-Krieg von 2009« nennt.[63] Im ehemaligen Westen scheint sich die Vektoralistenklasse aus dem Raum des repräsentativen Staates zurückzuziehen und auf transnationale Vektoren zu setzen. Unterdessen errichtet Chinas herrschende Klasse ein anderes Modell, bei dem Staatsgebiet und *Stack*gebiet zusammenfallen.

Von all den Reisen in unserer imaginären Zeitmaschine oder Vergangenheitsmaschine sind diejenigen in die und aus der Volksrepublik China sicherlich die verwirrendsten, zumindest für die unter uns aus dem ehemaligen Westen und womöglich auch für die aus dem ehemals sowjetischen Osten. Besonders schwierig ist es für westliche Marxisten. Es gibt noch immer eine zähe Truppe bärtiger alter Professoren und Anhänger diverser Sekten, die meinen, die Flamme eines »orthodoxen« Marxismus – in einigen Fällen sogar ausgestorbene Strömungen eines verwestlichten Maoismus – am Leben zu erhalten. Das ist ein seltsamer Dünkel, wenn man ihn vom Standpunkt der hundert Millionen Mitglieder zählenden Kommunistischen Partei Chinas aus betrachtet. Auch wenn man deren Version davon vielleicht deutlich widersprechen möchte, ist der orthodoxe Marxismus heute nun mal das, was diese Partei darunter versteht. Eine häretische Variante sollte also am besten von einer gründlichen Auseinandersetzung mit den »Xi-Jinping-Ideen« ausgehen, anstatt von alten Streitigkeiten, die in staubigen Archiven schlummern.

Für jemanden aus dem ehemaligen Westen ist der vorsätzliche »Ultrabolschewismus« der chinesischen Marxisten etwas Merkwürdiges, besonders seitdem er zu einer mythischen Kombinatorik geworden ist, mit deren Hilfe die jetzt regierende Partei ihre eigene Ausrichtung beschreibt und vor sich selbst rechtfertigt.[64] Im ehemaligen Westen ist es üblich, sich vorzustellen – und zwar nicht ohne einen Hauch von Eurozentrismus –, dass wir die Hüter dessen sind, was der Marxismus ist. Und das kann nur bedeuten, dass die chinesische Regierungspartei diesen Marxismus entweder einfach ignoriert oder bloße Lippenbekenntnisse zu ihm ablegt oder sich nur scheinheilig auf ihn beruft. Das könnte in der Tat teilweise zutreffen.

Der Kommunistischen Partei Chinas ist es ziemlich egal, was wir im ehemaligen Westen unter Marxismus verstehen. Was auch immer der Marxismus ist – ihrer Auffassung nach wird sein Schicksal in China bestimmt, nicht im ehemaligen Westen und schon gar nicht im ehemaligen Osten. Und das Schicksal des Marxismus war es, zum mythischen Geschichtengenerator zu werden, durch den eine chinesische Version der Bolschewistischen Partei sich selbst ihre eigene Geschichte erzählt. Das ist keineswegs ein zynisches Manöver, denn der Machtanspruch der Partei hängt zu einem gewissen Teil von der Überzeugungskraft dieser Geschichte ab.

Die Partei hat an drei Knotenpunkten ihrer Entwicklung drei sehr unterschiedliche Arten von Geschichten aus der marxistischen Kombinatorik abgeleitet. Die »Mao-Zedong-Ideen« sahen im Klassenkampf einen voluntaristischen Akt, bei dem die Politik das Kommando übernahm und aus einer überwiegend bäuerlichen Bevölkerung durch Zwang eine Formation der Arbeiterklasse machte – unter Führung der Partei.[65] Die »Deng-Xiaoping-Theorie« verlagerte sich stattdessen auf die Entwicklung der Produktivkräfte, um die Industrialisierung und die Bildung einer Art Kapitalistenklasse zu beschleunigen – unter Führung der Partei.[66] Die »Xi-Jinping-Ideen« verlegten sich ihrerseits auf Chinas weltgeschichtlichen Führungsanspruch durch den Aufbau einer massiven Vektor- oder *Stack*-Infrastruktur, die globale Handels- und Lieferketten steuert, die denen des ehemaligen Westens Konkurrenz machen – unter Führung der Partei.[67]

Mao hatte vor der Straße des Kapitalismus gewarnt, aber er ahnte nichts von der Seidenstraße des Vektoralismus, die ihr folgen sollte. Im ehemaligen Westen brach das Kapital die Macht der Arbeit, indem es den Informationsvektor nutzte, um ein neues globales Produktionssystem zu koordinieren, und insbesondere indem es die eigentliche Produktion nach China verlagerte, wo unter der Schirmherrschaft der Partei eine Kapitalistenklasse entstand. Vielleicht hat diese Klasse sich in der Tat die Partei vollständig einverleibt. Es ist gut möglich, dass die Riege der reichsten Milliardäre des Planeten aus Granden der Kommunistischen Partei Chinas und ihren Familien besteht.

Der chinesische Staat hätte durchaus eine »neoliberale« Wende vollziehen können. Doch mit dem Zusammenbruch des globalen Finanzsystems 2008, ausgelöst durch den Spekulationswahn auf dem US-Markt für hypothekenbesicherte Wertpapiere, scheint China seinen Kurs entscheidend geändert zu haben. Der chinesische Staat und seine Wirtschaft werden, wie andere auch, zunehmend von einer Vielzahl an Formen von Big-Data-Vektoren und nicht mehr ausschließlich vom Finanzsektor angetrieben. Die chinesische Führungsklasse scheint die Kontrolle einer transnationalen Wertschöpfungskette eher durch Eigentum am Informationsvektor als durch Eigentum an den Produktionsmitteln anzustreben. Fabriken, die aus dem ehemaligen Westen nach China outgesourct wurden, werden nun über eine chinesisch kontrollierte Informations- und Logistikinfrastruktur in noch weniger entwickelte Staaten (darunter einige im ehemaligen Osten) erneut outgesourct. Die Partei scheint sich jetzt als weltgeschichtlichen Akteur zu begreifen, der einen globalen Universalismus verwirklicht – allerdings einen von chinesischer Prägung.[68]

Es gibt nicht Welt genug, um den ehrgeizigen globalen Vektor Chinas – oder wessen auch immer – tatsächlich zu bauen. Der intensive Komputationsvektor kann heute so gut wie alles modellieren, von komplexen biochemischen Formen über ganze Volkswirtschaften bis hin zur gesamten Biosphäre. Und wie sich zeigt, ist diese Biosphäre in Bedrängnis. Es ist die wissenschaftlich-technische Revolution, die einerseits die Biosphäre in die Krise stürzt und andererseits die einzigen verlässlichen Informationen liefert, die wir über den Klimawandel und andere Symptome des Anthropozäns haben.[69] Einmal mehr erleben wir einen Moment, in dem wissenschaftlich geschulte Menschen anfangen, das System zu hinterfragen, in dem ihr Wissen ausgebeutet wird. Nur dass es diesmal nicht um Giftgas, Atomwaffen oder DDT geht, sondern um den gesamten Prozess von vektorieller und kommodifizierter Produktion und Konsumption – ein Prozess, der immer abstrakter und zugleich immer weniger rational geworden ist.

Wenn Sie in die 1970er Jahre zurückreisen und den Klimawissenschaftlern erklären würden, dass zu Beginn des 21. Jahrhunderts der durch die industrielle Produktion verursachte Klimawandel definitiv zu einem Anstieg der globalen Durchschnittstemperaturen geführt hat, würden die Forscher sich wahrscheinlich die Modelle und Daten, die Sie mitgebracht haben, ganz genau ansehen wollen – aber sie wären wahrscheinlich überhaupt nicht überrascht. Allerdings würden sie Sie vermutlich fragen, was die Menschen unserer Zeit dagegen unternehmen. Und Sie werden sich wünschen, sie hätten nicht gefragt.

6 Die Natur als Extrapolation und Trägheit

Es gibt eine Natur, die Wunder wirkt in dieser großen Fritteuse, als die der Fortschritt sich entfaltet.

Drew Milne

Wir leben in einer Zeit, in der erschreckend mächtige Produktivkräfte in höherem Tempo als je zuvor den Planeten in Schutt und Asche legen. Doch auf derselben Technologie, die ins Desaster führt, beruhen auch ausgefeilte Methoden, um das Ausmaß des Schadens zu ermitteln. Sie funktionieren wie eine Kassandra mit *Augmented Reality* und ziehen alle möglichen »hässlichen Gefühle« nach sich.[1] Die Frage danach, was die *Natur* sein könnte, kehrt aus ihrem Hippie-Exil zurück. Lange Zeit schien kritisches Denken in der Annahme zu bestehen, dass die Wirklichkeit sozial konstruiert ist. Inzwischen scheint die Zeit für die Annahme gekommen, dass das Soziale sich durch die Wirklichkeit konstruiert.[2]

Dieser Pessimismus kann schnell in Panik, Entsetzen, Resignation oder Zynismus umschlagen. Anscheinend ist die Zerstörung natürlicher Existenzbedingungen ein integraler Bestandteil dessen, wie kommodifizierte Produktionsweisen immer schon funktioniert haben, angefangen bei den frühesten kolonialen Ausbeutungsprojekten.[3] Der Tauschwert ordnet alle anderen Werte seiner eigenen Reproduktion unter.[4] Wenn wir uns all das als Kapitalismus vorstellen, dann besteht höchste Dringlichkeit, ihn durch eine andere, weniger *exterministische* Produktionsweise zu ersetzen.[5] Und doch scheint das Kapital auch in dieser Vorstellung ewig zu sein; es verändert nur seine Erscheinungsformen. Die Möglichkeit seiner Negation rückt in immer weitere Ferne.

Die 60er Jahre waren vielleicht die letzte Phase, in der die Negation des Kapitalismus durch eine Revolution von außen überhaupt möglich erschien. Der Kapitalismus in der überentwickelten Welt und der Imperialismus in der unterentwickelten sahen einen Moment lang so aus, als könnten sie durch neue Formen von proletarischer Militanz beziehungsweise antikolonialer Bewegung gestürzt werden.[6] Zu diesen externen Revolutionen ist es nicht gekommen. Sowohl der Marxismus als auch die postkoloniale Theorie haben sich vornehm zurückgezogen.[7] Wenn also die kapitalistisch-imperialistische Basis bis in alle Ewigkeit voranschreiten sollte, so gab es vielleicht Wege, die kulturellen oder politischen Überbauten gegen sie zu wenden.

Reist man mit der Vergangenheitsmaschine zurück in die Welt der französischen Philosophen der 70er Jahre, stößt man auf ein alternatives Nachdenken über kollektives historisches Handeln, das als Reaktion auf diese Pattsituation entstanden ist. War es möglich, den Kapitalismus nicht zu *negieren*, sondern zu *beschleunigen*? Vielleicht würde seine eigene interne Revolution zu seinem Untergang führen? Diese Idee war schon früher aufgekommen, aber Akzelerationisten halten sich normalerweise nicht mit Rückschau auf. Die neue Welle der Beschleunigung begann mit Deleuze und Guattaris Buch *Anti-Ödipus* (1972) und in ihrer auf charmanteste Weise delirierenden Form mit Jean-François Lyotards *Ökonomie des Wunsches* (1974).[8] Eine rechts-akzelerationistische Wendung nahm sie in den Texten von Nick Land, gesammelt im Band *Fanged Noumena* (2011). Eine links-akzelerationistische Version habe ich im *Hacker-Manifest* (2004) vorgeschlagen.[9]

Hier das akzelerationistische Motiv aus dem *Hacker-Manifest*: »Ein Doppel geht um in der Welt, das Doppel der Abstraktion. Im Zuge der Entwicklung des Privatbesitzes von Land über Kapital zu Information wird Eigentum selbst zu etwas immer Abstrakterem. Kapital als Eigentumsform befreit Grundbesitz aus seiner räumlichen Bindung. Information als Eigentumsform befreit das Kapital von seiner Bindung an ein bestimmtes Objekt. Diese Abstraktion von Eigentum macht Eigentum selbst zu einem Objekt beschleunigter Innovation – und von Konflikten. Klassenkonflikte spalten offen, schleichen sich aber auch heimlich in jede Beziehung, die eine Eigentumsbeziehung wird. Mit dem Entstehen der Hackerklasse steigt die Frequenz, mit der neue Abstraktionen produziert werden. Wo Privatbesitz vorherrscht, wie in der vektoriellen Welt, beschleunigt dieser zwar den Hack, indem er ihn als Privateigentum anerkennt, kanalisiert ihn dabei aber auch in die unablässige Reproduktion der Warenform.«[10]

»Dritte Natur wird zu jener Umgebung, in der die Produktion zweiter Natur sich beschleunigt und intensiviert und dabei in ihrem Selbstverständnis global wird. Die Beschränkung freier Produktivität durch ihre Kanalisierung in Eigentum, wie sie durch den Staat im Interesse der herrschenden Klasse vorgenommen wird, kann zwar die Entwicklung für eine Weile beschleunigen, verzögert und verzerrt sie am Ende jedoch unausweichlich. Weit davon entfernt, die perfekte Form für alle Zeiten zu sein, ist Eigentum immer kontingent und wartet darauf, durch einen frischen Hack seine Fesseln zu sprengen. Die Vergangenheit lastet wie ein schwerer Traum auf dem Bewusstsein der Gegenwart.«[11]

»Es gibt zwei Richtungen von Politik, die im Klassenkampf innerhalb von Nationen und dem imperialistischen Kampf zwischen Nationen beide nachgewiesen werden können. Die eine Richtung ist die Politik der Abschottung. Sie versucht, Schutz in einer imaginierten Vergangenheit zu finden. Sie versucht, nationale Grenzen als neue Mauer einzusetzen, als Schutzschild, hinter dem unwahrscheinliche Allianzen ihre bestehenden Interessen im Namen einer glorreichen Vergangenheit schützen sollen. Deleuze: ›... aber ihre Technik ist eben, sich der Bewegung zu widersetzen.‹ Die Politik, der sie sich widersetzt, ist die Politik des Vektors. Diese ist eine Politik der Beschleunigung hin zu einer unbekannten Zukunft. Sie versucht, internationale Ströme von Information, Handel oder sonstigen Aktivitäten als das Mittel der Wahl zu nutzen, um damit für neue Quellen von Wohlstand oder Freiheit zu kämpfen, die die von nationalen oder kommunalen Grenzen auferlegten Beschränkungen überwinden.«[12]

Was ich als zentristischen Akzelerationismus bezeichnen würde, haben Nick Srnicek und Alex Williams später in *Die Zukunft erfinden* entworfen.[13] Sie wiederholen darin so geschickt wie unbewusst einige von J. D. Bernals Ideen zur Ausweitung der Produktivkräfte, wie man sie etwa bei dem von ihm beeinflussten britischen Labour-Führer Harold Wilson hätte finden können.[14] So formulierte es Wilson in seiner berühmten Rede von 1963: »In all unseren Plänen für die Zukunft haben wir unseren Sozialismus im Hinblick auf die wissenschaftliche Revolution neu bestimmt und bekräftigt. Aber diese Revolution kann nicht Realität werden, wenn wir nicht bereit sind, die wirtschaftlichen und sozialen Annahmen, die unser gesamtes Gesellschaftssystem durchdringen, weitgehend zu verändern. In dem Großbritannien, das wir in der Gluthitze dieser Revolution schmieden werden, wird es auf keiner Seite der Produktion Platz für restriktive Praktiken oder überholte Methoden geben.«[15] In Srnicek und

Williams' Version soll Wilsons »Gluthitze« der Technologie nicht nur den Mangel überwinden, sondern – so ihre originelle Wendung – die Arbeit selbst abschaffen.[16] Dieses Motiv haben sie von den italienischen Autonomisten übernommen. Die zentristischere Note zeigt sich in ihrer Ablehnung dessen, was sie »folkloristische Politik« nennen: lokal, kleinteilig und horizontal, mit Affekt und Identität verbunden.

All diese Spielarten des Akzelerationismus enthalten eine eklatante Leerstelle. Keine von ihnen hat allzu viel über das Anthropozän zu sagen, obwohl ich in *Gamer Theory* eine Selbstkritik in dieser Richtung versucht habe.[17] Es ist paradox, dass Denkschulen mit einem wunderbar vulgären Enthusiasmus für Wissenschaft und Technik der führenden Wissenschaft unserer Zeit keine Aufmerksamkeit schenken: der Klimawissenschaft. Immerhin scheinen hier einige der Negationisten tatsächlich Interesse zu zeigen. Allerdings eint sie alle die Tendenz, aus dem ewigen Kapitalismus sogar noch eine geologische Epoche zu machen: das »Kapitalozän«.[18]

Damit sind wir wieder beim nervtötenden Zeitgeist. Anscheinend gibt es nirgendwo eine Bewegung der untergeordneten Klassen, die die Macht hätte, das Kapital zu negieren. Und selbst wenn es eine gäbe, wäre die Negation des Kapitals an sich noch keine Lösung für das Problem, bald acht Milliarden Menschen (Tendenz steigend) zu ernähren, ohne den Planeten zusammenbrechen zu lassen. Ganz abgesehen von der vornehmen Hybris, Geowissenschaftlern zu erklären, wie sie ein erdgeschichtliches Zeitalter nennen sollen.

Dem akzelerationistischen und dem negationistischen Marxismus ist gemeinsam, dass sie Geschichte als *Sozial*geschichte begreifen. Sie sind nicht vulgär in einem erdverbundenen Sinne.

Beide unterscheiden prinzipiell zwischen dem Menschlichen und dem Nichtmenschlichen und beschäftigen sich hauptsächlich mit Ersterem. Was wir brauchen, ist eine andere Achse, eher eine »räumliche« als eine zeitliche. Es geht um die Frage, wie sich sowohl die Kontinuitäten als auch die Grenzen zwischen Natur und Kultur denken lassen, oder was Donna Haraway *Naturkultur* nennt.[19] Eine Rückbesinnung auf diese Achse scheint angebracht, denn das Anthropozän könnte bedeuten, dass eine Trennung zwischen Naturgeschichte und Sozialgeschichte keineswegs selbstverständlich ist. Steigen wir also wieder in die Vergangenheitsmaschine und suchen nach Texten, die uns in dieser Hinsicht weiterbringen.

An einem Ende dieser »räumlichen« Achse sollten wir Joseph Needham ansiedeln. In *Time: The Refreshing River* entwickelte er den Begriff der *Extrapolation*.[20] Obwohl Needham in den 1920ern Marx auf Deutsch gelesen hatte, war er stärker von Ernst Machs Forderung geprägt, die Rolle der theoretischen Spekulation zu beschränken.[21] Zum Marxisten wurde er erst, als Nicolai Bucharin 1931 eine Delegation sowjetischer Wissenschaftler und Wissenschaftshistoriker nach London anführte.[22] Needhams Radikalität hatte ebensoviel damit zu tun, dass er versuchte, zwei Auswirkungen der Englischen Revolution zusammenzubringen: den egalitären Kommunalismus der Levellers und die Wissenschaft im Dienste des gesellschaftlichen Fortschritts des Invisible College, das sich später zur Royal Society entwickelte.[23] Die Produktivkräfte, die Letztere zu beschleunigen half, sollten schließlich deren atomistisches Weltbild überwinden und Bedingungen schaffen, um das soziale und politische Projekt der Ersteren zu verwirklichen.

Needham war Biologe, sein Forschungsgebiet die Embryologie.[24] Wie wächst ein winziger Haufen undifferenzierter Zellen zur Form einer bestimmten Spezies von Organismen heran? Neben den materiellen und experimentellen Herausforderungen war dies ein Forschungszweig mit begrifflichen Fragestellungen, insbesondere nach dem Begriff der Form. Wie Marx war Needham ein Leser von Lukrez, von dem er die Vorstellung einer kleinen Anzahl unterschiedlicher Atomtypen übernahm, aber den Fokus auf die Bindungen legte, die diese Atome zu einer Vielzahl an Formen zusammenfügen.[25] Er verwarf die aristotelische Idee einer höheren Macht oder finalen Form, die die Elemente in sich selbst zusammenzieht – der Ursprung der meisten *vitalistischen* und neuen materialistischen Theorien, die ein besonderes zusätzliches Prinzip einführen wollen, um den Unterschied zwischen Lebendigem und Nichtlebendigem zu erklären.

Needham widerstand diesem Zusatzvitalismus, stieß aber an die Grenzen mechanischer Metaphern und chemischer Theorien, um die Entwicklung von Embryonen zu erklären. Stattdessen entlehnte (détournierte) er das Bild des *Feldes*.[26] In einer Feldtheorie wird die Entwicklung durch Proximitätseffekte bedingt. Form und Funktion eines Teils hängen von den Beziehungen zu benachbarten Teilen ab; Nachbarschaftsmuster formen das Ganze. Kristalle sind ein Beispiel für eine solche Feldnachbarschaft im nichtorganischen Bereich. Das bedeutet jedoch weniger eine Reduzierung der Biologie auf die Physik als vielmehr die Übertragung eines Problems aus der Biologie in die Physik: nämlich die Frage, wie die Nachbarschaft in einem Feld dazu führt, dass sich bestimmte Arten von Formen zusammensetzen. Der hohe Organisationsgrad in organischen Systemen ergibt sich aus fundamentalen Eigenschaften der physikalischen Materie. Aber Materie verfügt über eine Organisationstätigkeit, die die Größenordnung von Atomen und Molekülen übertrifft.

Die Autonomie der Biologie als Wissenschaft hatte mit dem Maß an Organisation zu tun, das sie untersucht. Die Einheit der Wissenschaft ergibt sich aus der Erforschung der Beziehung zwischen verschiedenen Organisationsmaßstäben und nicht aus der Souveränität der Physik. Das war keine Form von Reduktionismus, aber auch keine universell anwendbare allgemeine Systemtheorie. Die Frage der Form muss in ihrer Spezifik auf jeder Größenebene untersucht werden. Die Biochemie, mit der Needham sich beschäftigte, liefert ein Verständnis dafür, wie Moleküle sich in Mustern und Strukturen ausrichten können, die sich in eine höhere Größenordnung von ungleich vielfältigeren Formen zusammenfalten und verflechten können.

Needham wandte sich von der Embryonenforschung zur Erforschung der technologischen Entwicklung in China, die mit dem ersten Band von *Wissenschaft und Zivilisation in China* einsetzte, einem Projekt, das er für den Rest seines langen Lebens fortführte.[27] Er näherte sich der Beziehung zwischen dem Gesellschaftlich-Technischen und dem Biologischen auf ähnliche Weise wie der Beziehung zwischen dem Biologischen und dem Physikalischen. So wie es keinen magischen vitalistischen Geist gibt, der die Biologie von der Physik unterscheidet, so gibt es auch kein gesondertes Prinzip des Sozialen. Dennoch haben wir es hier nicht mit einem Reduktionismus zu tun. So wie die Biologie die Erforschung von Formen ist, die spezifisch für einen bestimmten Grad an Organisation sind, so gilt das gleiche auch für die Soziologie. Und so wie die Biologie ihre eigene Fragestellung an die Physik heranträgt, so richten die Sozialwissenschaften ihre eigenen Fragen an die Naturwissenschaften. Was für

Formen sind möglich? Die Biologie – und die Geologie – setzen der Bandbreite möglicher Formen eine Grenze, aber sie setzen nicht voraus, dass die bestehenden Formen notwendig oder ewig sind.

Vielleicht kann es gelingen, aus der Natur- wie aus der Sozial- und Technikgeschichte eine Reihe von anderen möglichen Formen zu *extrapolieren*. Die streng atomistische Weltsicht, die für die westliche Wissenschaftsentwicklung, wie die Royal Society sie verkörperte, zentral war, hatte Needhams Meinung nach ausgedient. Er war der Auffassung, dass China aufgrund seiner langen Geschichte komplexer sozialer Organisation, die ein reiches Erbe feldbasierter Anschauungen ermöglichte, und aufgrund seiner revolutionären Wende in jüngerer Zeit dazu in der Lage war, aus der Natur- wie der Sozialgeschichte die nächste Stufe der Organisation von Wissen und sozio-technischer Form zu extrapolieren.[28] Wenn man doch nur in einer Zeitmaschine zurückreisen und ihn nach seiner Sicht auf die etwas andere Version einer solchen Vision fragen könnte, wie sie von Xi Jinping umgesetzt wird.

Needhams Extrapolation könnte der eine Pol einer Achse sein, der die Naturkultur als affirmative Theorie und experimentelle Praxis begreift. Was aber befindet sich am anderen Ende dieser Achse? Nennen wir es *Trägheit*. Wenn Needham affirmativ darüber nachdachte, was die natürliche Welt der sozialen an Formen vorgeben könnte, dann konzipieren die *Trägheitstheoretiker* es negativ: die Natur als das nicht-soziale Andere. Sie befassen sich mit dem, was sich dem gesellschaftlichen Handeln widersetzt. Sie gehen davon aus, dass die geschichtliche Entwicklung – sei es in Form der Negation oder der Beschleunigung – nur aufsteigt, um wieder zu fallen und sich in tote Materie zurückzuverwandeln. Die vielleicht bedeutendsten Denker der Trägheit sind – oder wären – Jean-Paul Sartre und Maurice Merleau-Ponty.

Lucien Goldman stellte einmal die provokante These auf, dass Martin Heideggers *Sein und Zeit* (1927) im Grunde eine Antwort auf Georg Lukács' *Geschichte und Klassenbewusstsein* (1923) war, allerdings verschoben auf streng philosophisches Gebiet. Beide versuchten, den Dualismus auf eine Weise zu überwinden, die die Ehre der Philosophie verteidigt, Hoheit über eine Totalität zu beanspruchen. Für Heidegger gibt es ein verlorenes Ganzes, das der Trennung von Objekt und Subjekt vorausgeht; für Lukács gibt es eine historische Handlungsmacht – die Partei der Arbeiterklasse –, die zum einheitlichen Subjekt-Objekt der Geschichte werden kann. Im einen Fall ist die gute Totalität verloren; im anderen Fall ist sie im Entstehen. Was der Wiedergewinnung von Heideggers verlorenem Ganzen im Wege steht, ist das *Uneigentliche*; was dem Bewusstsein einer zu schaffenden Totalität bei Lukács entgegensteht, ist die *Verdinglichung*, für die der Warenfetischismus nur ein Beispiel ist.

Mit der Geschichte der Trägheit hier zu beginnen, hilft dabei, die sonderbare Weise zu erklären, in der Sartre eine Heidegger-Lektüre in eine Art von innen nach außen gekehrter lukácsianischer Totalitätsdialektik wendete. So umschiffte er die Kombinatorik von der Negation zur Trägheit. Bekanntlich ist Sartres Heidegger-Lektüre eine höchst »kreative«, ein *détournement*. Sartre entwirft keine Seinsontologie, sondern eine Phänomenologie der *conditio humana*, sein berühmtes *Das Sein und das Nichts*.[29] Wenn für Heidegger das Uneigentliche eine grundlegende Einheit verdeckt, wird es für Sartre zu einem schrecklichen Abgrund. Im Herzen des Seins gibt es nur das Nichts. Das Subjekt tritt dem Objekt als etwas unaufhebbar Fremdem gegenüber. Nach Hegel nennt Sartre das Objekt das *An-Sich*; das Subjekt nennt er das *Für-Sich*. Das Für-Sich ist negativ definiert. Es gibt hier keine affirmative Anthropologie, kein Gattungswesen im Sinne Feuerbachs oder des jungen Marx.[30]

Das bewusste menschliche Subjekt, das Für-Sich, ist keine Identität. Es ist nichts als eine Differenz, ein Mangel. Das Für-Sich ist abhängig von seinem Verlangen nach dem, was es nicht ist. Der Mangel, den das Für-Sich empfindet, kann niemals überwunden werden, da es weder eine frühere Einheit gibt, die es zu enthüllen gilt, noch eine letzte Form, die als Ziel am Ende der Geschichte zu postulieren wäre, wie es die Negationisten tun. Auch stehen das An-Sich und das Für-Sich in keinem reziproken Verhältnis. Dem Für-Sich mangelt es am An-Sich, aber nicht umgekehrt.[31]

Nicht das Kapital, sondern das unglückliche Bewusstsein ist ein Dauerzustand. Zu dieser Zeit ist Sartres Denken gnadenlos individualistisch. Die Beziehungen zwischen atomistischen Subjekten sind konflikthaft. Nur der objektivierende Blick eines externen Beobachters kann die zerstrittenen Individuen zu einer Gruppe zusammenschließen und ein Gefühl von Gemeinschaft erzeugen, das *Wir-Objekt*. Doch dieser Vorgang hat seine Grenzen. Es gibt keinen Gott, der diesen Platz für das gesamte Gattungswesen einnehmen kann. Auch gibt es niemals eine Zeit der Versöhnung. Das Für-Sich ist zukunftsorientiert, und die Zukunft ist immer offen, ein Reich der Freiheit.[32]

Sartre denkt wie Lukács gegen Engels (und dessen vulgärmarxistische Anhänger wie Needham), dass die Natur undialektisch ist, doch für Sartre lässt sich die Geschichte nicht getrennt von der Natur betrachten. Bei Sartre durchdringt die undialektische Natur den Menschen in Form des Leibes und bringt das

Für-Sich durcheinander. *Der Ekel* (so auch der Titel von Sartres erstem Roman) lässt dem Bewusstsein den Körper offenbar werden.[33] Wie Martin Jay in *Marxism and Totality* anmerkt: »Kurz gesagt, die radikale Heterogenität zwischen Geschichte und Natur, die hegelianische Marxisten wie Lukács und Kojève postulierten, um die dialektische Totalisierung für die menschliche Praxis zu retten, wurde von Sartre in den Bereich der menschlichen Geschichte selbst hineinverlegt.«[34]

Wir sind mit der *Faktizität* einer fremden Welt konfrontiert, die uns nicht gemäß ist. Und doch müssen wir handeln und sind für alle unsere Handlungen verantwortlich: Wir sind zur Freiheit verdammt. Und doch verharren wir in *Unaufrichtigkeit* und weigern uns, etwas Grundlegendes zu akzeptieren: Wir sind unsere Entscheidungen. Was wir tun sollten, ist, ein *Projekt* zu wählen und es in Angriff zu nehmen. Das Ziel solcher Projekte ist jedoch etwas Unmögliches: die Vereinigung des Für-Sich mit dem An-Sich. Es gibt keinen Gott, mit dem man sich vereinigen könnte, nur die träge, abstoßende Faktizität einer fremdartigen Natur. Und wie Sartre in *Das Sein und das Nichts* sagt: »Der Mensch ist eine nutzlose Leidenschaft.«[35] Das war das Weltbild, das Sartre in den 1930er Jahren entwickelte, einer deprimierenden und dunklen Zeit, in der es töricht gewesen wäre, irgendeine Versöhnung von Vernunft und Geschichte zu erwarten.

Dann kam der Krieg. Die Résistance warf die Frage des *Engagements* auf.[36] Wir sind frei, unser Leben zu gestalten, und werden durch unsere Handlungen bestimmt. Wir erleiden Qualen, wenn wir wählen müssen.[37] Unsere Handlungen können nicht willkürlich sein, wie bei den Surrealisten oder bei Bataille, aber gleichzeitig beginnt Sartre, bei den Projekten, durch die wir die Freiheit verwirklichen, Beschränkungen zu sehen. Am Rande von *Das Sein und das Nichts* stand bereits die Kategorie der *Situation*, jener unscharfe Bereich, in dem die Umrisse zwischen dem An-Sich und dem, was das Für-Sich zu verwirklichen vermag, nicht von vornherein bekannt sind. Die Situationisten werden diesen Gedanken später zu einer ganzen Praxis ausweiten, nicht des freien Aktes, sondern der *konstruierten Situation*, in der verschiedene Akte möglich sind.[38]

Wahrscheinlich war es Merleau-Ponty, der Sartre in Richtung Marxismus drängte. Für Merleau-Ponty sind wir nicht zur Freiheit, sondern zum Sinn verurteilt. Unser Bewusstsein ist sowohl im Körper als auch im Sozialen eingebettet. Die Résistance bedeutete für Merleau-Ponty nicht Sartre'sche Freiheit, sondern die Ambiguitäten der Geschichte. Der Widerstand war ein kollektives Eingreifen in die Geschichte, kein individuelles Projekt, aber es war auch nicht Lukács' Partei als geeintes Objekt-Subjekt der Geschichte, das die verdinglichte Welt negiert, um die wahre Totalität hervorzubringen. In seinen *Abenteuern der Dialektik* betrachtete Merleau-Ponty historische Unternehmungen als Abenteuer ohne rationale Garantien und betonte den experimentellen Charakter des Marxismus. Er verteidigt den revolutionären Terror (ein Gedankengang, der sich bei Žižek wiederholt)[39]. Das kollektive Handeln kann sich seine Situation nicht aussuchen. Das Proletariat bleibt weiterhin die transzendente Hoffnungsfigur.

Merleau-Ponty kam zu der Einsicht, dass sich die Politik gegenüber der Totalität nicht wirklich artikulieren kann. Wie er in den *Abenteuern* schreibt: »Es fehlte dem Marxismus des jungen Marx wie dem ›westlichen‹ Marxismus von 1923 das Mittel, die *Trägheit* der Unterbauten, den Widerstand der ökonomischen und selbst *natürlichen Bedingungen* auszudrücken, das Versinken der ›persönlichen Verhältnisse‹ in den ›Dingen‹. Der Geschichte, wie sie von ihm beschrieben wurde, fehlte es an Undurchdringlichkeit; sie ließ ihren Sinn allzufrüh durchscheinen. Die Langsamkeit der Vermittlungen mußte noch zur Kenntnis genommen werden.«[40]

Trägheit, Unterbau, Vermittlung – gegen die die Negation keine magische Macht hat. Es gibt keinen Sprung heraus aus den banalen, vulgären Dingen, die in einer widerspenstigen Welt dem Handeln entgegenstehen. Das war die brutale Erfahrung der frühen Sowjetunion, über die Andrei Platonow so treffend geschrieben hat.[41] Den Negationisten fehlt das Gespür für die unnachgiebige institutionelle Verfasstheit der Geschichte, für die Überreste und Trümmer, innerhalb derer jeder Versuch kollektiven Handelns die Energie für sein Entstehen aufbringen muss. Merleau-Ponty: »Marx konnte nur dadurch die Illusion einer in der Geschichte und ihrer ›Materie‹ verwirklichten Negation hegen und weitergeben, daß er die nicht-kapitalistische Zukunft zu einem absolut Anderen machte. Wir aber, die wir Zeugen einer marxistischen Revolution waren, wissen sehr gut, daß die revolutionäre Gesellschaft ihr Gewicht, ihre Positivität hat, daß sie also kein absolut Anderes ist.«[42]

Merleau-Ponty beschuldigte Sartre des *Ultrabolschewismus*, immer noch dem Mythos der Partei als transzendentem Subjekt-Objekt der Geschichte anzuhängen und dieser dadurch Vernunft zu unterstellen. Sartre, so sagt er, habe kein Verständnis für das Netz der Symbole, die Passivität der Subjekte, die Widerständigkeit der Objekte. Wenn Merleau-Ponty der eine Ursprung für Sartres Auseinandersetzung mit Marx war, so war der andere – seltsamerweise – Heidegger. Im »Brief über den Humanismus« meint Heidegger, dass Marx das Problem der Entfremdung immerhin aufgeworfen und daraus ein Geschichtsverständnis abgeleitet habe, das eine echte materielle Ursache dieser Entfremdung in den kapitalistischen Produktionsverhältnissen der modernen technologischen Produktivkräfte ausmache.[43]

Sartre sträubte sich immer noch gegen die Totalität als Kategorie und damit auch gegen die terroristische Praxis, die Partikularität im Namen der Geschichte zu liquidieren. Er dachte die Entfremdung noch nicht historisch, sondern nur phänomenologisch und hatte dem führenden historischen Denken der Zeit nichts entgegenzusetzen. Angesichts der Heftigkeit, mit der die »orthodoxen« Marxisten jener Zeit ihn angriffen, ist es durchaus verständlich, dass Sartre an einem solchen Schritt auch kein Interesse hatte. Trotzdem war er von 1950 bis 1956 »Weggenosse« der Partei und tat sein Bestes, für sie das Denken zu übernehmen.

All das findet seinen Höhepunkt in Sartres *Kritik der dialektischen Vernunft* (1960).[44] Sartre betont immer noch das Primat des Individuums und die Widerständigkeit der gelebten Erfahrung gegenüber jedem abstrakten System. Er denkt Totalität als eine tote Äußerlichkeit, die durch menschliches Handeln erzeugt wird. Was Lukács als *Totalität* und der junge Sartre als das *An-Sich* bezeichnete, nennt der spätere Sartre das *Praktisch-Inerte*. Das ist der große Haufen bearbeiteter Materie, der sich unseren Handlungen widersetzt und sie nach seinen gewohnten Mustern formt, in etwa so, wie Marx im »Maschinenfragment« und anderswo das fixe Kapital als tote Arbeit gegenüber der lebendigen Arbeit versteht. Das Praktisch-Inerte ist das irreduzibel Andere, auch wenn es durch kollektive menschliche Arbeit hervorgebracht wurde. Es ist in gewisser Weise eine vollständige Vulgarität.

Das Für-Sich wird nun als *Praxis* gedacht, als Selbstbestimmung durch Handeln in der Welt. Aber führt alles Handeln zum

Praktisch-Inerten? Anders als bei Lukács gibt es hier kein affirmatives Modell des Unentfremdeten am Ende der Geschichte, denn für Sartre ist das Für-Sich immer negativ definiert, durch seinen Mangel. Unser Gattungswesen ist nichts als Mangel, Begehren, Projekt. Die Praxis kann jedoch eine Form von *Totalisierung* sein – ein von Lefebvre entlehnter Begriff –, die dynamisch, lebendig und vor allem instabil ist.[45] Sartre hält eine rationale Gesamtgeschichte für möglich, aber nur als eine zukünftige, als ein von der Praxis zu postulierendes Projekt. Er will den Glauben an die Geschichte nicht ganz aufgeben. Aber nervös macht ihn die Geschichte als letzte Instanz, wie bei Lukács, und Sartre ist sich der Tendenz bewusst, dass der Zweck – die Geschichte – für die Partei jedes Mittel rechtfertigt. Die Geschichte kann Gott als objektivierenden Blick nicht ersetzen.

In jedem Fall ist das, was wir erleben, zumeist repetitiv. Jede Totalisierung durch Praxis ist ephemer. Es gibt eine Art Anti-Dialektik der *Passivität*. Praxis kann sich als Akt einer *Fusionsgruppe* ereignen, die sich zusammenfindet, um ein Projekt umzusetzen, aber alle Beteiligten fallen ins Praktisch-Inerte zurück. Tatsächlich fügt die Praxis einer Fusionsgruppe dem Praktisch-Inerten vielleicht nur eine neue Schuttschicht hinzu, ein paar neue Trägheitsursachen. Die Fusionsgruppe fällt wieder zurück in das, was Sartre *Serialität* nennt. Die Welt lässt sich durch kollektive Praxis nicht wirklich erkennen. Gruppensolidarität könnte ebenso sehr das Ergebnis von Zwang wie von Freiheit sein. Echte Akte der Reziprozität, von Fusion und Praxis, sind sehr selten, auch wenn es bei Sartre keine magische Leerstelle gibt, aus der solche Ereignisse entspringen könnten.[46]

In der *Kritik* überträgt Sartre die Begriffe aus *Das Sein und das Nichts* in eine neue Sprache: Das *Unauthentische* wird zur

Serialität, das *Projekt* zur *Praxis* und die *Faktizität* zur *Knappheit*. Die ursprüngliche Struktur der Welt ist eine der Knappheit, zu negieren und zu überwinden durch das menschliche Bedürfnis. Die Negativität des Bedürfens oder des Begehrens ordnet die Knappheit des An-Sich zu einer Situation. Die nutzlose Leidenschaft, die der Mensch ist, erneuert die Welt in einem sinnstiftenden Projekt. Das ist die *Negation der Negation*. Die Negativität des menschlichen Bedürfnisses organisiert die Negativität der Knappheit. Die Knappheit ist der Grund dafür, dass die Geschichte eine Welt der Gewalt ist.

Das ist eine fast schon Hobbes'sche Welt, nur dass bei Sartre nicht die menschliche Natur gewaltsam ist, sondern die Situation. Unser Gattungswesen besteht einfach aus Negativität und Mangel und wird gewalttätig in der Situation der Knappheit, die die Reziprozität mit anderen verhindert. Die durch das menschliche Begehren verwandelte Knappheit, eine Negation einer Negation, ist das Projekt in seiner kollektiven Form, eine Praxis, und ebenso eine Totalisierung, das heißt eine organisierte Aktivität hin auf ein Ziel. Die Praxis ordnet die Heterogenität der Welt zu einer kohärenten Situation in Richtung eines stets aufgeschobenen Ziels.

Sartre erhält die radikale Differenz aufrecht, die in *Das Sein und das Nichts* das Menschliche vom Nichtmenschlichen trennt. Das Bewusstsein ist von sich selbst entfremdet, in den Dingen und auch in den anderen Menschen. Diese ursprünglichen Dualismen sind die Grundlagen, auf denen Sartre eine integrierte Sicht der Geschichte aufbaut. Wie bei Marx, so bei Sartre: Das Sein ist nicht reduzierbar auf das Denken; das Denken ist in Form der Tätigkeit integraler Bestandteil der Welt. Wir machen unsere eigene Geschichte, aber nicht in Situationen, die wir selbst gewählt haben.[47] Sartre beschäftigt sich nun genauer mit dem Nichtgewähltsein dieser Situationen, die ihrerseits das Ergebnis vergangenen menschlichen Geschichtemachens sind. Marx schrieb in der Anfangszeit der kapitalistischen Produktionsweise, als »[a]lles Ständische und Stehende verdampft«[48]. Sartre schreibt an dem Punkt, wo diese Produktionsweise zum »Spät«kapitalismus wird und all das verdampfte Kapital sich wieder in der einen oder anderen Form verfestigt. Die Praxis sieht sich bei Sartre nicht naturgegebenen Situationen gegenüber, sondern den bereits weiterverarbeiteten Ergebnissen vorangegangener Projekte. In gewisser Weise sprach Sartre schon vom Anthropozän.

Der rohe, verrottende, sich zersetzende Schutt gescheiterter Projekte – der bei Platonow außerhalb des Sinnhaften liegt – erscheint bei Sartre als eine Art Antidialektik, eine Gegenfinalität, die mit den Finalitäten der Praxis verknüpft ist. Diese Antidialektik bringt auch das *Praktisch-Inerte* hervor – Objekte, die nicht nur Objekte sind, sondern in denen sich die Überreste des Menschlichen vermischen. Projekte sind nicht nur durch Knappheit begrenzt, sondern auch durch eine Schicht des Praktisch-Inerten, die ihnen vorausgeht und das Projekt am Ende null und nichtig werden lässt. Das ist Hegels *List der Vernunft*, nur umgekehrt, ein vernichtender Fall in die Bedeutungslosigkeit für jedes noch so rationale akzelerationistische Begehren. Die List der Vernunft, die durch die Geschichte wirkt, ist der idiomatischen Materie nicht gewachsen.

Nicht nur die Welt füllt sich mit dem Praktisch-Inerten als Residuum gescheiterter Praxis. Der Mensch wird dinghaft und passiv, um der Passivität des Dings etwas Menschliches zu verleihen. Hier verallgemeinert Sartre Marx' ketzerischen Begriff des fixen Kapitals als einer Form, die tote Arbeit enthält. Genau wie bei Marx, wo Arbeit und Ware zwei Seiten derselben Sache sind, sind es bei Sartre Praxis und bearbeitete Materie. Die bearbeitete Materie gibt der Tätigkeit ihre Form, und die daraus resultierende Subjektivität ist als *Serialität* ein Nebeneinander von Anonymität und Gleichgültigkeit – wie in jenen Momenten, wo eine Obdachlose in der U-Bahn um Kleingeld bettelt und alle so tun, als seien sie von der Bitte dieser anderen Person nicht angesprochen.

In der Serialität gilt: »jeder Andere ist nämlich Anderer als er selbst und als die Anderen.«[49] Das Zentrum meiner Welt liegt nicht in mir, es liegt für mich in anderen Menschen – und für sie ebenso. Wir alle ignorieren den Bettler in der U-Bahn, als würde er sich nicht an uns wenden. In der Serialität sind wir alle einander äußerlich. Sartres Beispiele für Serialität sind der Markt und die Rundfunkmedien, wobei es schwerfällt, die heutigen sozialen Medien nicht auch als reine Serialität zu betrachten. Serialität findet überall statt, von den Produktionsmitteln bis zu den Produktionsmemen.[50]

Der Serialität stellt Sartre die *Fusionsgruppe* gegenüber. Das mag den Anschein erwecken, als würde er eine »folkloristische Politik« gegen eine Art Anspruch auf »Planungsrationalität« ausspielen. Sartre stellt sich die Fusionsgruppe als das Auftreten eines Ereignisses vor, das eine Subjektivität hervorbringt.[51] Die Fusionsgruppe erzeugt nicht noch mehr Dinge, sondern eine authentische Subjektivität. In der Fusionsgruppe ist jede:r das Zentrum, und das Anderssein wird zur Identität. Die Fusionsgruppe ist kein Dualismus unserer wechselseitigen Gleichgültigkeit mehr.

In der Gruppe eint uns die Bedrohung durch etwas äußeres Drittes, wobei wir die Bedrohung verinnerlichen, um die Gruppe aufrechtzuerhalten. Jede:r wird zu einem Dritten für alle anderen. So fühlte sich jedenfalls die folkloristische Politik von Occupy Wall Street an. Wir schienen eine winzige Fusionsgruppe zu sein, zusammengehalten durch die ständige Angst, von der Polizei vertrieben oder angegangen zu werden. Aber auch das reichte auf Dauer nicht aus, um die Gruppe zu erhalten, und sie löste sich auf, eine nutzlose Leidenschaft.[52]

Die Fusionsgruppe ist zeitlich begrenzt und eine Art Illusion. Ihre Zugehörigkeit definiert sich durch die nicht existente Totalität. An diesem Punkt ist jede:r ein Anführer. Die scheinbaren Anführer sind in Wirklichkeit nur Sprachrohr für die Wünsche der Gruppe. Die Gruppe ist auf eine Zukunft hin ausgerichtet, auf eine Verabredung mit einer zukünftigen Zeit. Die Mittel, mit denen Fusionsgruppen sich selbst der Geschichte aufzwingen, sind nicht schön. Sartres zwei Beispiele sind die Französische und die Russische Revolution, die in gewisser Weise das gleiche Muster aufweisen. Hier können wir am Rande bemerken, dass Sartres Weltsicht – im Gegensatz zu Needham – dem verhaftet blieb, was wir heute als ehemaligen Osten und Westen bezeichnen würden.

In beiden Revolutionen bindet sich die Fusionsgruppe durch einen Blutschwur an eine zukünftige Verabredung mit der Geschichte. Die konstituierende Macht verpflichtet sich dem Begehren ihrer Gruppe und entsteht aus der Negativität dieses Aktes heraus. Der Schwur kann auf Freiheit, Gleichheit, Brüderlichkeit lauten; oder er kann auf Frieden, Land und Brot lauten. Aber der Schwur schafft die Bedingungen für die Identifizierung des Verräters sowie die Gruppenstruktur, in der der Terror die unmögliche Totalität der Fusionsgruppe aufrechtzuerhalten scheint.[53]

Es gibt bei Sartre also einen erfrischenden Pessimismus, und zwar nicht nur, was das Schicksal der Negation als revolutionäres Projekt angeht. Subjektivität wird entweder passiv in dieselbe Form gebracht wie das Praktisch-Inerte, oder sie fusioniert zu Gruppen, die kein Sein haben, die wieder zurückfallen oder – schlimmer noch – sich der Geschichte durch Terror aufzwingen. In diesem Sinne ist die *Kritik der dialektischen Vernunft* eine tiefgreifende Antwort auf den Stalinismus. Aber ich denke, sie ist mehr als das. Es ist, als würde Sartre schon das Anthropozän beschreiben, wie wir es jetzt erleben, wo die Objekte schon von einer vergangenen Praxis in ein Praktisch-Inertes verwandelt wurden und uns in Verhältnisse der Serialität und Passivität zwingen.

Die Trägheit bietet eine Möglichkeit, darüber nachzudenken, wie die Kämpfe der Hackerklasse für einen Moment zusammenkamen, nicht so sehr in einer Fusionsgruppe, sondern in Clustern menschlicher und nichtmenschlicher Cyborg-Akteure, die sich dem Projekt der technischen Beschleunigung als Befreiung angeschlossen hatten. Doch das Projekt kollabierte in die Serialität, die der Vektor nun in neuer Form reproduziert – der Serialität von Social Media, die lediglich das Konsumentenende ganzer Interaktionsketten mit derselben seriellen Form darstellt.

Interessant ist Sartres Bemerkung in *Fragen der Methode*: »Der Marxismus, auch wenn er den Organizismus zurückweist, besitzt keine Waffen gegen ihn.«[54] Es ist nicht klar, ob Sartre so etwas wie den Organizismus Needhams im Sinn hatte. Jedenfalls scheint dieser durchaus geeignet, die vier Quadranten der Kombinatorik des gegenwärtigen historischen Denkens aufzuspannen: und zwar entlang der beiden Achsen Akzeleration/Negation und Trägheit/Extrapolation. Akzeleration und Negation eint tatsächlich ein Optimismus hinsichtlich einer rationalisierbaren, rein sozialen Totalität; Extrapolation und Trägheit weisen das zurück und beharren darauf, dass die Undurchsichtigkeit der gesellschaftlich-technischen Welt unter anderem aus ihrer Verflechtung mit nichtmenschlichem Leben beziehungsweise mit toter Materie resultiert. Negation und Trägheit verbindet die Arbeit des Negativen, während Extrapolation und Akzeleration ein affirmatives Verhältnis zur Gestaltung der Geschichte teilen.

Im Anthropozän besteht die wesentliche Spannung nicht zwischen Akzeleration und Negation, sondern zwischen Akzeleration und Trägheit. Die Trägheit ist das, was die Akzeleration als bereits bestehende Kritik ihrer prometheischen Projekte anerkennen und überwinden muss.[55] Ein Weg zu dieser Überwindung führt über die Theorie und Praxis der Extrapolation organizistischer Organisationsformen, die die Annahme einer Spaltung zwischen Natur und Kultur durchbrechen. Der Organizismus könnte sich stattdessen mit dem befassen, was Donna Haraway *Naturkulturen* nennt, die nicht nur auf die begrifflichen, sondern auch auf die technischen Mittel gerichtet sind, mit denen das erzeugt wird, was Karan Barad den *Schnitt* nennt, und aus denen ein Artefakt der »Natur« in rationalisierbarer Form entsteht, herausgelöst aus seinen kulturellen, sozialen und technischen Existenzbedingungen.[56]

Allein die Vielfalt und Komplexität ihrer Formen muss jedes ideologische Beharren auf einer bestimmten Vorstellung der Natur ausschließen. Die Trägheit pocht auf jenen Wesenskern der Natur, der sich dem Denken widersetzt und der – weit davon entfernt, eine Welt äußerer Objekte zu sein – Teil unserer Existenz ist. Das Nichtmenschliche liegt innerhalb des Menschlichen. Aus der Praxis, im und entgegen dem Praktisch-Inerten, könnte vielleicht weniger die Fusionsgruppe entstehen als vielmehr so etwas wie die *konstruierte Situation*.[57] Wenn irgendetwas aus der inerten Welt Teil des Menschlichen ist, dann ist auch etwas aus der vergangenen Praxis Teil des nichtmenschlichen Praktisch-Inerten. Die Praxis ist weder eine Sache der menschlich-folkloristischen Politik von Fusionsgruppen noch der nichtmenschlichen Serialität der Planung, sondern eher die *inhumane* Konstruktion von Situationen, die verquere Hybride aus beidem sind.

Die Extrapolation beschäftigt sich mit der natürlichen Welt, ist aber zugleich kritisch gegenüber bestehenden Vorstellungen davon, was Natur ist oder sein könnte. Das ist die schnellste Antwort auf ein wiederkehrendes Problem, das von den überkommenen Ansichten eines vornehmen Marxismus herrührt: Wann immer man es auch nur wagt, die Natur zu erwähnen, hat man die Erbsünde des Malthusianismus begangen, in dem die Berufung auf eine begrenzende Natur notwendigerweise zu einer Verteidigung bestehender Hierarchien und eines erzwungenen Mangels wird.[58]

Die Extrapolation muss die Wissenschaft nicht als Souverän betrachten. So schreibt etwa Drew Milne Gedichte über Flechten: »a fungus and a photosynthetic / symbiont in stable vegetative / structure being body specific / the cell walls discovering in / mutual agriculture an extreme / for deserts to a tune of many.«[59] Dieses Gedicht ist Teil einer Serie namens »Flechten für Marxisten«, die aus der genauen Beobachtung dieses anderen, nichtmenschlichen Lebens eine Francis Ponge würdige Sprache erdhafter Beständigkeit extrapoliert.[60] Diese poetischen Betrachtungen führen zu einem détournierten Manifest.

Drew Milne: »Wir, das Biotariat, halten keine menschlichen Wahrheiten für selbstverständlich, sondern erkennen vielmehr an, dass alle Menschen in gegenseitiger Abhängigkeit mit noch nicht anerkannten Lebensformen stehen, dass sie durch ihre Genealogie mit gewissen großen Verantwortlichkeiten ausgestattet sind, dass dazu die Biosphäre, die solare Gemeinschaft und die wechselseitige Förderung einer friedlichen Symbiose gehören. Dass zur Sicherung dieser Verantwortlichkeiten Allianzen unter den Menschen gebildet werden, die ihre anhaltende Vitalität nicht nur aus dem menschlichen Willen, sondern aus dem Fortbestand aller Arten herleiten. Dass, sobald irgendeine Unternehmensform auf diese Ziele zerstörerisch wirkt, es die Pflicht der Menschen ist, sie zu ändern oder aufzulösen und neue Formationen und Allianzen einzurichten und sie auf solchen Grundsätzen aufzubauen und ihre Gewalten in der Form zu organisieren, wie es nach ihrem besten wissenschaftlichen Verständnis zur Gewährleistung ihrer Sicherheit und ihres Glücks geboten zu sein scheint. Gewiss erfordert die Nachhaltigkeit, dass seit langem bestehende Unternehmen und Konzerne nicht um unbedeutender und flüchtiger Ursachen willen verändert werden sollten; und demgemäß hat noch jede Erfahrung gezeigt, dass die Menschen eher geneigt sind zu leiden, solange die globale Erwärmung unausweichlich erscheint, als die Waffen gegen die Kräfte zu ergreifen, die sie gewöhnt sind. Aber wenn eine lange Abfolge von industrieller Umweltverschmutzung und technologischer Innovation, die stets das gleiche Profitstreben verfolgt, die Absicht erkennen lässt, die menschliche Spezies zum Aussterben zu bringen, so ist es deren Verantwortung und Pflicht, solche Konzerne zu beseitigen und sich einen neuen Ordnungsrahmen für eine zukünftige Symbiose zu geben.«[61]

Wenn wir diesen Text in die Zeit von Needham zurückschicken könnten, hätte er ihm als Leser von Marx, der organischen Form und einer gewissen generösen Tradition der englischen

Poesie vielleicht gefallen. Unterdessen hatte sich Sartre bereits von den Kategorien eines Kapitals entfernt, dem in der Geschichte eine Kraft gegenübertritt, die es negiert und aus ihm den unmittelbar vor seiner Entfaltung stehenden Kommunismus hervorbringt. Stattdessen versuchte er, *Praxis* und *Knappheit* zu denken, wobei die Knappheit eine Negativität ist, die von der Praxis wiederum negiert wird. Es ist eine Art und Weise, das zu denken, was noch keine Produktionsweise behoben hat. Die Knappheit geht dem Kapital voraus und bleibt über es hinaus bestehen. Das Projekt zu seiner Überwindung kann (und muss) frei gewählt werden, kann aber niemals die Kluft zwischen der menschlichen und der nichtmenschlichen Welt schließen. Bestenfalls entsteht daraus ein inhumanes Dispositiv, das weniger schlimm, weniger schädlich ist als das letzte.

Sartres Theorie ist atheistisch. Es gibt keinen Gott (keinen Dritten), der eine wechselseitige Wunschnegation vermitteln könnte, der die Subjekte von ihrer Unbestimmtheit, ihrer Freiheit erlösen könnte. Man beachte aber: Eine a-theistische Theorie, eine ohne Gott, hat mit IHM immer noch im Negativ zu tun, als einer Abwesenheit. Es ist nicht so einfach, sich von SEINEM Urteil endgültig zu verabschieden.[62] Es ist aber auch nicht so einfach, sich vom Kommunismus zu verabschieden, oder wie man ihn in der Sprache des Kalten Kriegs nannte: *Ein Gott, der keiner war*.[63] Er ist entweder schwach präsent oder nicht präsent, aber die fixe Idee des Kapitals ist immer noch an ihn als die einzig denkbare Negation gebunden.

So wie man Atheist sein kann, ist es vielleicht an der Zeit, *Akommunist* zu sein. Das hier ist kein Kapitalismus, es ist schlimmer. Es steht uns frei, uns für das, was nach dem Kapitalismus kommen könnte, ein anderes Projekt zu wünschen. Es wird nicht der Kommunismus sein. Wie sich zeigt, war der Ausstieg aus dem Kapitalismus durch eine äußere Revolution eine nicht gewählte Abzweigung. Gott ist tot; der Kommunismus ist tot. Er ist bestenfalls noch der Legacy Code der chinesischen Führungsklasse. Aber damit ist das Vorstellungsvermögen der untergeordneten Klassen nicht erschöpft, deren vulgäre Energien selbst in dieser praktisch-inerten Welt noch einige Überraschungen bereithalten könnten.

7 Viermal Hoch auf die Vulgarität!!!!

die Abschaffung der erhabenen Haltung,
die die Vielzahl der Dinge und ihrer Namen
ins Unermessliche steigert
Pier Paolo Pasolini

Der schnellste Weg, um deutlich zu machen, dass die eigene Version des Marxismus einer anderen einen Hauch überlegen ist, besteht darin, die andere *vulgär* zu nennen. Die eigene Version ist ausgefeilt und subtil, gelehrt und philosophisch anspruchsvoll – all das, was die vulgäre nicht ist. So war es jedenfalls ein Jahrhundert lang. Auch außerhalb der kleinen Welt der selbsterklärten Marxisten waren einige Spielarten des Marxismus in der besseren Gesellschaft akzeptabel – selten aber die vulgären. Was genau mit dem vulgären Anderen nicht stimmt, bekommt man nicht leicht zu fassen, wie wir noch sehen werden. Die Kategorie funktioniert durch Kontrast, als der böse Begriff in einer Kombinatorik. Die Sünden der Vulgarianer sind eben das, gegenüber dem die eigene veredelte Version des Marxismus seine Überlegenheit beansprucht.

Wenn Marx »vulgär« sagte, meinte er oft »bürgerlich«. Nach diesem Verständnis ist das Vulgäre dasjenige, das durch den Tausch seiner Eigenheiten beraubt wurde. Aber »vulgär« ist ein promiskes Wort, und manchmal bezieht es sich auch unter Marxisten nicht auf das (aus)tauschbare Ding, sondern auf die werktätigen Menschen und den »Dreck«, der auf die eine oder andere Weise an ihnen klebt. Ist es nicht seltsam, dass es Marxisten gibt, die sich vom Vulgären distanzieren wollen? Macht sie das zu *vornehmen Marxisten*?

Vielleicht müssen wir die Vorstellung, dass am Vulgären etwas schlecht ist, hinterfragen. Ohne den Anspruch, die zahllosen Bedeutungen des Wortes auszuschöpfen, sei hier einiges genannt, als was das Vulgäre verstanden werden kann: ungezogen, obszön, grob, gemein, urwüchsig, ordinär, volksnah, alltäglich, landläufig, derb, gewöhnlich, taktlos, ungebildet, idiomatisch, ketzerisch. Es ist schon seltsam, wie diese Bedeutungspalette auch bei Queerness oder Schwarzsein mitschwingt und bei jener Form von Weiblichkeit (trans und cis), die eher reglementiert als idealisiert wird.

Es gibt sicherlich marxistische oder marxistisch beeinflusste Denkrichtungen, die zwar (mehr oder weniger) respektabel sind, sich aber dennoch mit der einen oder anderen dieser Formen des Vulgären einlassen. Auf konzeptueller Ebene wären das etwa Aimé Cesaire und die *Négritude*, Georges Bataille und die *Niedere Materie*, Raymond Williams und das *Ordinäre*, Silvia Federici und die *Körperpolitik* – um nur vier zu nennen.[1] Auf der Ebene des radikalen Subjekts denke man an Guy Debord und die urbane Arbeitsverweigerin oder an Paul Préciado und den queeren Sexarbeiter.[2] Man könnte aus diesen affirmativen Vulgärmarxismen eine ganze Gegentradition entwickeln.

Nehmen wir für das Gedankenexperiment dieses Kapitels an, dass ein begrifflicher Zugang zum 21. Jahrhundert nur aus den täglichen Erfahrungen all der Vulgarianer heraus möglich ist, die im 20. beleidigt wurden. Doch zunächst möchte ich etwas genauer betrachten, wie die Beleidigung »Vulgärmarxist!« eingesetzt wird – nämlich auf einige nicht immer ganz miteinander kompatible Weisen –, bevor ich mich vier anderen Formen der Vulgarität widme, die meiner Meinung nach in der gegenwärtigen Situation besondere Aufmerksamkeit verdienen.

Das Vulgäre geschmacklos zu finden, ist vielleicht die bezeichnende Geste des sogenannten *westlichen Marxismus*.[3] Für Georg Lukács halten die Vulgarianer die Grundfesten der bürgerlichen Gesellschaft für einigermaßen unerschütterlich. Sie denken langfristig, bauen Gewerkschaften, Institutionen der Massenkultur und eine Stammwählerschaft auf.[4] Dieser Gradualismus in der Praxis entspricht Lukács zufolge einem Versagen in der Theorie. Die Vulgarianerin betrachtet die Totalität nicht als zentrale Kategorie, sondern hält sie für unwissenschaftlich. Vulgärmarxisten verwerfen die Doktrin vom *Warenfetischismus* als der Wurzel eines falschen Bewusstseins, das die Idee der Totalität verdeckt. Sie praktizieren lediglich marxistisch gefärbte Spielarten der jeweiligen Einzelwissenschaften. Eine echte dialektische Theorie erfasst die Geschichte als Totalität sowohl im Begriff als auch im Handlungsbereich des Proletariats, wobei für die vollständige Vereinigung von Theorie und Praxis die Partei zuständig ist – oder der Philosoph.

Karl Korsch glaubt, die Vulgarianer würden die zentrale Bedeutung der korrekten dialektischen Methode nicht verstehen. Es mangele ihnen an einer philosophischen Perspektive. Für Korsch wie für Lukács ist das Hauptangriffsziel der »orthodoxe« Marxismus der Zweiten Internationale. Beide widersprechen sowohl dessen Gesellschaftstheorie, in der die Basis »mechanisch« den Überbau bestimmt, als auch dessen Geschichtstheorie, die die Abfolge ökonomischer Stadien und der entsprechenden politischen Formationen betont. Dieser Marxismus ist ihnen zu »materialistisch«, zu wenig dialektisch.

Obwohl er selbst einige verschroben vulgäre Tendenzen hatte, bedient sich Walter Benjamin in »Über den Begriff der Geschichte« einer etwas anderen Form von Vulgarismusbeleidigung, die es wert ist, zitiert zu werden: »Der Konformismus, der von Anfang an in der Sozialdemokratie heimisch gewesen ist, haftet nicht nur an ihrer politischen Taktik, sondern auch an ihren ökonomischen Vorstellungen. Er ist eine Ursache des späteren Zusammenbruchs. Es gibt nichts, was die deutsche Arbeiterschaft in dem Grade korrumpiert hat wie die Meinung, *sie* schwimme mit dem Strom. Die technische Entwicklung galt ihr als das Gefälle des Stromes, mit dem sie zu schwimmen meinte. Von da war es nur ein Schritt zu der Illusion, die Fabrikarbeit, die im Zuge des technischen Fortschritts gelegen sei, stelle eine politische Leistung dar. Die alte protestantische Werkmoral feierte in säkularisierter Gestalt bei den deutschen Arbeitern ihre Auferstehung. Das Gothaer Programm trägt bereits Spuren dieser Verwirrung an sich. Es definiert die Arbeit als ›die Quelle alles Reichtums und aller Kultur‹. [...] Dieser vulgärmarxistische Begriff von dem, was die Arbeit ist, [...] will nur die Fortschritte der Naturbeherrschung, nicht die Rückschritte der Gesellschaft wahr haben. [...] Die Arbeit, wie sie nunmehr verstanden wird, läuft auf die Ausbeutung der Natur hinaus, welche man mit naiver Genugtuung der Ausbeutung des Proletariats gegenüber stellt.«[5]

Benjamin ist resistent gegen die Sicht der Arbeiterklasse auf die proletarische Kultur. Von Josef Dietzgen stammt, was man den Mythos der Arbeit als Schlüsselressource für die Selbstorganisation nennen könnte.[6] Vom Standpunkt der Arbeit aus betrachtet: Wie könnte sie zu sich selbst kommen, wenn sie sich nicht selbst als Quelle allen Werts ansähe? Für Korsch und Lukács mangelt es dem Vulgären am richtigen Philosophieverständnis. Bei Benjamin dagegen findet sich interessanterweise eine Distanzierung von einem positiven Verständnis des Vulgären im Selbstverständnis der Arbeiterklasse. Und das nicht ganz zu Unrecht. Aber wenn wir wirklich Dialektiker sein wollen, dann ist jetzt vielleicht der Zeitpunkt gekommen, die Negation zu negieren und auf diese vornehme Betrachtung mit einem rüden Proletenblick zu antworten.

Adorno verwendet den Vulgarismusvorwurf auf andere Weise. In der *Minima Moralia* behauptet er, die Kritik an der Ideologie als einem falschen Bewusstsein sei selbst zur Ideologie geworden.[7] Die vulgärmarxistische Reduktion des kulturellen Artefakts auf seine grundlegenden ökonomischen Determinanten decke sich allzu sehr mit einer Bewertung der Produkte der Kulturindustrie anhand ihrer Verkaufszahlen. Das, was sich in der Kultur dem Tauschwert entziehen könnte, entzieht sich auch der Aufmerksamkeit des Vulgärmarxisten. Für Adorno, wie für Lukács und Korsch, fehlt dem Vulgären das rechte Verständnis der hegelschen Dialektik, doch für Adorno braucht die Dialektik eine zusätzliche Wendung: Ohne die Revolution bleibt das ewige Kapital eine falsche Totalität.

Maurice Merleau-Ponty stimmt mit Lukács' hegelianisch-marxistischer Variante des Vorwurfs überein: Die Vulgarianer missachten den zentralen Begriff der *Totalität*.[8] Sobald wir zu Althusser kommen, ist es gerade die Dialektik, die vulgär ist! Bei Althusser halten die Vulgarianer die ökonomische Basis für das Wesen und sehen im Überbau bloße Erscheinungen. Außerdem entgeht ihnen der entscheidende Einschnitt, den Marx' Kritik der Ökonomie David Ricardos bedeutet. Marx übernimmt nicht einfach den Gegenstand der ökonomischen Wissenschaft und wendet eine »dialektische« Methode auf ihn an. Er konstruiert einen ganz neuen und echt »wissenschaftlichen« theoretischen Gegenstand.

Obwohl Althusser die Dialektik für den Makel des Vulgären hält, tut er das immer noch im Namen eines vornehmen Marxismus, der nicht weniger, sondern mehr philosophisches Engagement einfordert. Während der vornehme Marxist für Lukács die Dialektik in den Marxismus hineinzubringen hat, muss er für Althusser die vulgarisierenden Effekte dieser Dialektik zurücknehmen, und zwar im Namen einer besseren Methode – die aber eine philosophische Methode bleibt.[9]

E. P. Thompson ist berühmt für eine buchlange Tirade gegen Althusser.[10] Doch auch bei Thompson gibt es den taktischen Einsatz der Vulgarismusbeleidigung. In seiner Würdigung Christopher Caudwells ist es der Mangel an Respekt vor disziplinären Grenzen und Hierarchien, den Thompson vulgär findet.[11] Das unterscheidet sich nicht wesentlich von Althussers Sorge über Marxist'innen, die in neumodischen Fachgebieten wie der Kommunikationswissenschaft tätig sind und sich seiner Meinung nach ihre Forschungsgegenstände von der marxistischen Philosophie vorgeben und reglementieren lassen sollten. Sowohl bei Thompson als auch bei Althusser gibt es eine souveräne Form des Wissens: Für Thompson ist die Geschichte die Königin der Wissenschaften; für Althusser ist der Philosoph der König.

Diese Vorstellung von den vulgären Anderen, die ihre dreckigen Fußspuren durch die Disziplinen ziehen und sich nicht an das Protokoll des Souveräns halten, unterscheidet sich von der Auffassung Lukács' oder Merleau-Pontys, für die vulgär zu sein bedeutet, keinen Sinn für das Ganze zu haben – obwohl die beiden Letzteren ebenfalls behaupten, die gehobeneren Einflussmöglichkeiten auf die Synthese zu besitzen. Dies alles sind

Varianten der vornehmen Geste, für sich die souveräne Position eines verfeinerten Marxismus in Anspruch zu nehmen, der Zugang zu einer ganz besonderen Methode oder Perspektive hat.

Es gibt also vier allgemeine Arten des *Othering*, mit deren Hilfe man eine Form des Marxismus *vulgär* nennen kann. Die erste ist politisch: Die Vulgaristen denken in Begriffen eines allmählichen oder evolutionären Prozesses historischen Wandels. Ihnen fehlt der Sinn für den politischen Bruch. Die zweite Art ist theoretisch: Die Vulgaristen richten zu viel Aufmerksamkeit auf Spezialwissen, etwa der Wissenschaften. Es fehlt ihnen an methodischer Souveränität. Die dritte ist kulturell: Die Vulgaristen stehen der Kultur der untergeordneten Klassen zu nahe. Für den Kampf innerhalb der bürgerlichen Kultur fehlt ihnen das feinere Verständnis. Die vierte ist in einem engeren Sinne akademisch: Die Vulgaristen bewegen sich zu promiskuitiv über disziplinäre Grenzen hinweg, und ihnen fehlt die Ausrichtung auf ein traditionelles, souveränes Wissensgebiet.

All diese Verwendungen der Vulgarismusbeleidigung zielen darauf ab, der vornehmen Marxistin eine gewisse Autonomie und Vorrangstellung gegenüber der Arbeiterklasse zu verschaffen. Der Marxismus darf nicht vulgär sein, denn sonst könnten die unteren Klassen von selbst darauf kommen, wie sie ihn auf ihre Situation anzuwenden hätten. Der Marxismus muss auch den Wissenschaften überlegen sein, ansonsten müsste er die eigentlichen Wissenschaftlerinnen, Ingenieure, Designer, Medienschaffende oder technische Menschen im Allgemeinen als Koproduzenten des Wissens anerkennen. Der vornehme Marxismus darf den Nexus von Arbeit, Technik und Natur nicht in den Vordergrund stellen, denn das würde textbasierten, interpretativen Wissensformen wie Philosophie oder Geschichte den

Anspruch auf eine souveräne Rolle weitgehend verwehren. Andererseits darf der Marxismus nicht behaupten, die wissenschaftliche Forschung von außen zu kritisieren. Das würde denjenigen zu viel Raum geben, die (wie ich) in den Parteischulen ausgebildet wurden oder organische Erfahrungen mit neu entstehenden Produktivkräften gemacht haben.

Verzeihen Sie mir ein wenig Vulgarität des 21. Jahrhunderts: Wenn Sie die englischsprachige Verbreitung von »vulgar+marxism« in Googles *ngram* verfolgen, werden Sie feststellen, dass die Verwendung im Laufe der 70er Jahre stetig ansteigt und dann in den 80er Jahren abnimmt. Die 1970er waren die Zeit, in der Lukács, Korsch, Benjamin, Althusser und viele andere westliche Marxisten ins Englische übersetzt und ihre Texte zu Lehrbüchern im akademischen Studium wurden. Nachdem in der Ersten Welt die letzten Kämpfe gegen die fordistischen Formen der Industrieproduktion verklungen waren, suchte der Marxismus Zuflucht im Überbau, insbesondere in der expandierenden Welt der höheren Bildung und der staatlich subventionierten Hochkulturindustrien.

In und nach dieser Hochphase gibt es eine Reihe von Erweiterungen und Entwicklungen der Beleidigung. Antonio Negri meint, die Vulgarianer beschränken sich auf einen objektivistischen und ökonomistischen Marxismus und verkennen das Potenzial revolutionärer Subjektivität. Ja, er ist so gewitzt, auf die Vulgarität von Marx' *Kapital* zu verweisen, das seiner Meinung nach von der Integration der objektiven und subjektiven Aspekte in den *Grundrissen* wieder abrückt.[12] Kojin Karatani kritisiert jene Marxismen als vulgär, die die Marx'sche Ökonomie als Fortsetzung der Ricardo'schen betrachten. Ernesto Laclau hingegen erklärt, die Vulgarianer würden einen philosophischen Fehler begehen, indem sie annehmen, dass der revolutionäre Moment eine absolute Versöhnung der Gesellschaft mit sich selbst hervorbringe und jeden falschen Schein zerstöre. Cornel West sieht in der Vulgarianerin eine essenzialistische und reduktionistische Marxistin, die unter Aktion ausschließlich Gewalt [force] versteht und die diskursive Natur des Politischen verkennt. [13]

Fredric Jameson verteidigt sich gegen »avantgardistische Kunstkritiker«, die ihn »schnell als vulgärmarxistischen Axtmann identifiziert« hätten. In einigen seiner bekanntesten Werke grenzt Terry Eagleton seine eigene Methode wiederholt vom »Vulgärmarxismus« ab, den er in abschreckende Anführungszeichen setzt. So unterschiedliche Autoren wie Samir Amin und Julia Kristeva teilen eine Verachtung für Vulgarianer, die ihrer Meinung nach einem mechanistischen und deterministischen Grundverständnis von Gesellschaft und Geschichte anhängen.[14] In einem originellen Schachzug beginnt Jean Baudrillard bei Walter Benjamins Verachtung für die proletarische Feier der Arbeit als vulgär, paart sie aber mit der Kritik des vornehmen Marxismus an der Arbeit unter der Herrschaft des Kapitals. Für Baudrillard machen beide Positionen schon zu viele Zugeständnisse an den Kapitalismus als einer Wirtschaftsordnung, die diesen Fetisch der Warenproduktion überhaupt erst hervorbringt.[15]

Die Vulgarismusbeleidigung überlebte den Höhepunkt des vornehmen Marxismus in den 1970ern. Vielleicht liegt das zum Teil daran, dass es an den Universitäten, wo der Marxismus zunehmend Einzug hielt, zur Gewohnheit wurde, respektable Formen marxistischen Wissens abzugrenzen, die sich in die Disziplinen einfügen ließen. Da es in der Ersten Welt keine Bewegungen der Arbeiterklasse gab, die auch nur den Anschein erwecken konnten, gesellschaftliche Veränderungen zu bewirken, zog sich die Hoffnung an die Hochschulen oder andere Orte des kulturellen Überbaus zurück.

Aber es gab auch einen anderen Faktor: Soziale Bewegungen wie der Feminismus und die Lesben- und Schwulenbefreiung wollten sich nicht mit einem Sekundärstatus als bloße Epiphänomene des Klassenkampfes zufrieden geben. Der Ort, um die Zentralität dieser Bewegungen zu artikulieren, wurde jedoch manchmal außerhalb der Produktionsverhältnisse angesiedelt. Das Feld der Sprache oder der sozialen, häuslichen und Reproduktionsverhältnisse wurde zum neuen Schauplatz sowohl des begrifflichen als auch des praktischen Kampfes. Die Begründung für solche Orte erfolgte manchmal durch eine Distanzierung vom Vulgärmarxismus, dem man einen gnadenlos ökonomischen und klassenzentrierten Ansatz unterstellte.

Doch die Zeiten ändern sich. Nach den Theoriekriegen der 1980er scheint Gayle Rubin eher besorgt über »Vulgär-Lacanianer«.[16] Mitte der Neunziger untersucht Laura Mulvey die Medien- und Kulturindustrien und sehnt sich fast nach der Rückkehr eines eher vulgären Marxismus: »Dieser Marx hätte zweifellos mit Interesse das Phänomen Rupert Murdoch betrachtet. Die meiste Zeit meines intellektuellen Lebens wären solche simplen Korrelationen in die Kategorie des Vulgärmarxismus gefallen. Heutzutage scheint sich die Kluft der Unterscheidung zwischen ökonomischen Strukturen und Kultur zu schließen.«[17]

Gerade im Zeitalter des Klimawandels scheint eine Rückbesinnung auf den Vulgärmarxismus angebracht. Lukács lehnte die Wissenschaften als Fetische des Partikularen ab, die unfähig seien, jene Totalität zu erfassen, über die nur die Nichtwissenschaft der Philosophie Verfügungsgewalt habe. John Bellamy Foster hat einen ganzen Stammbaum von Marxisten aufgestellt, die wegen dieser oder jener Art von Vulgarität aus dem vornehmen Kanon ausgeschlossen wurden, darunter Engels, Bogdanow, Bucharin und viele weniger bekannte Namen, die sich mit dem schwierigen, schweißtreibenden, zermürbenden Zusammenspiel von Arbeit und Technik mit der Natur beschäftigten und mit den Wissenschaften, die all das erst möglich machen.[18]

Der vornehme Marxismus ist ein möchtegern-souveräner Diskurs – in der Regel ein traditioneller wie die Philosophie –, keine kollaborative und kameradschaftliche Wissensproduktion. Die Natur- und Sozialwissenschaften werden als spezialisiert und instrumentell betrachtet, als Verdinglichung ihrer Gegenstände. Man findet Varianten dieser vornehmen Strategie bei Negri, Karatani und Žižek. (Žižeks Witze sind vulgär; seine Philosophie ist es nicht.[19]) Doch es handelt sich hier offenkundig um ein überholtes Verständnis der Wissenschaften, basierend auf deren Ausformungen im neunzehnten Jahrhundert. Wie ich in *Molekulares Rot* argumentiert habe, muss die Klimawissenschaft wohl oder übel als eine Wissenschaft der Totalität betrachtet werden.[20]

Als Gegenprogramm zum vornehmen Marxismus möchte ich einige besondere Beispiele des Vulgarismus betrachten: zwei aus den 1920er Jahren, zwei aus den 1960ern. Andrei Platonow (eine echte Rarität: ein großer modernistischer Schriftsteller mit proletarischen Wurzeln) hat ein Meisterwerk geschrieben, *Tschewengur*, das man auf vielerlei Weise lesen kann.[21] Mein Fokus liegt hier auf seinen vulgärmarxistischen Aspekten. Es ist eine allegorische Gegengeschichte der Sowjetunion von der Oktoberrevolution über den Bürgerkrieg bis zur Neuen Ökonomischen Politik, aber aus der Sicht von Figuren, die nicht einmal Proletarier sind.

Sie sind Waisen. Das ist nicht Geschichte von unten, sondern Geschichte von unter dem Unten.

Tschewengur zeigt die Oktoberrevolution nicht aus Sicht der Edikte, die im Zentrum erlassen werden, sondern von deren lärmender, inkohärenter Rezeption in den Provinzen. Platonows Figuren betreiben ihr eigenes *détournement* des sowjetischen Marx-Sprechs. Weit entfernt von der Revolution als der figurativen Lokomotive der Geschichte, kollidieren echte Lokomotiven frontal aufgrund von Signalstörung. Diese Welt befindet sich nicht im Übergang zwischen zwei Produktionsweisen, denn es wird kaum überhaupt etwas produziert.

Es gibt bei Platonow im Grunde keine Arbeiterklasse, aber es gibt Genossen. Die Genossen sind diejenigen, die mit den gleichen Gefahren zu kämpfen haben, mit der gleichen unerbittlichen, desorganisierenden Trägheit des Ausgesetztseins gegenüber der Welt.[22] Menschen und Maschinen, Pflanzen und Tiere können alle Genossen sein. Sie alle vergehen mit der Zeit ins Nichts. Die Revolution soll all diese Energien bündeln, sie organisieren, informieren und dabei produktiv machen. Aber die Spannung liegt bei Platonow darin, dass es in erster Linie Not und Armut sind, die Menschen zu Genossinnen machen. Sicherheit und Überfluss nähren die Seele und steigern private Ansprüche. Das Problem besteht darin, die Genossenschaft jenseits der Minimalschwelle von Mangel und Überlebenskampf wiederherzustellen.

In Platonows Welt kann es kein Ende der Geschichte geben, denn die Natur lässt niemals nach, wird nie besiegt, ist niemals fürsorglich. Die Zeit lässt alles vergehen. Der Kommunismus ist immer nur ein Horizont, eine hauchdünne Linie zwischen leerem Himmel und ödem Land. Platonows Figuren leben durch *Ideen zweiter Ordnung*, die im Hier und Jetzt verwirklicht werden können.[23] Sie arbeiten für die Nahrungssicherung oder die Bewässerung, wie Platonow selbst es in den Hungerjahren des Bürgerkriegs tat. Platonow schreibt aus der Perspektive derer, die die Felder beackern, die Eisenbahnen betreuen, und die ihre eigenen Wege finden, Genossïnnen zu sein. Platonows Vulgärmarxismus ist weder ein vollkommener revolutionärer Sprung noch ein sozialdemokratischer Gradualismus. Er ist eine Praxis des täglichen Lebens.

Ein Wechselspiel zwischen vornehmem und vulgärem Marxismus findet sich deutlich im Werk von Angela Davis. Sie studierte in den 1960ern Philosophie bei Herbert Marcuse, war aber auch Aktivistin in der schwarzen Befreiungsbewegung. Davis: »Falls ich noch Reste des Elitebewusstseins in mir trug, das sich fast unvermeidlich in den Köpfen von Collegestudenten einnistet, so ist es mir durch die politischen Schulungsveranstaltungen [der Black Panther Party] gründlich abhandengekommen.«[24] Ich möchte mich auf Davis' Studie über schwarze Blues-Sängerinnen der 20er Jahre konzentrieren.[25] In den Aufnahmen von Ma Rainey und Bessie Smith hört sie eine Sensibilität der schwarzen Arbeiterklasse, die durch Risse in der patriarchalen Sprache zum Vorschein kommt. Die schwarze Arbeiterklasse hatte kaum Zugang zum Schreiben und Publizieren, aber durch ihre Bluessängerïnnen gelang es ihr, in Aufnahmen eine Spur ihrer gesprochenen Sprache zu hinterlassen, auch wenn damals nur wenige Menschen außerhalb der schwarzen proletarischen Kultur diese Tonträger hörten. Davis: »Als die Musik in ihr Zeitalter der mechanischen Reproduktion eintrat, hielt man Blues-Songs nur innerhalb der kulturellen Grenzen ihres Entstehungsorts für reproduzierbar.«[26]

Die Sklavengesellschaft hatte die sexuellen Beziehungen zwischen Schwarzen überwacht. Die Abschaffung der Sklaverei revolutionierte die persönlichen Verhältnisse der Schwarzen. Fragen schwarzer Sexualität ließen sich durch die musikalischen Formen aus der Zeit der Sklaverei nicht thematisieren. Die Spirituals beschworen eine mögliche Welt kollektiver Erlösung, die gleichermaßen jenseitig wie zeitlich strukturiert war. Es war ein heiliges Universum, allumfassend, eine imaginierte Gemeinschaft der Hoffnung. Es war Religion weniger als das »Opium des Volks«, sondern eher als das »Gemüt einer herzlosen Welt«, um zwei von Marx' alternativen Formulierungen zu nennen (die erste ein *détournement* von Heine).[27]

Aus den enttäuschten Emanzipationserwartungen entstand eine mehr nach oben gerichtete Erlösungsbewegung in Form des Gospels und eine niedere, weltliche, in Form des Blues. Gott und der Teufel fanden ihre jeweiligen Formen, wobei der Teufel die Herrschaft über Fragen von Liebe und Sex übernahm. Es war nicht die säkulare Natur des Blues, die den Zorn der Kirche auf sich zog, sondern seine sakrale. Blues-Frauen schufen einen Raum, in dem sie außerhalb der männerdominierten Kirchenkultur über Sexualität predigten.

Im Blues wird die Liebe nicht idealisiert. Die frei gewählte sexuelle Liebe vermittelt zwischen der Emanzipation von der Sklaverei und neuen Formen der Klassenunterdrückung. Im Blues geht es nur sehr selten um Ehe und Häuslichkeit. Blues-Frauen hatten kein Interesse am Mutterschaftskult und setzten sich offen mit Missbrauch und Verlassenwerden auseinander. Sie künden von weiblichem Begehren und übertreten damit die Grenze zwischen öffentlich und privat. Sie bejahen eine emotionale Gemeinschaft und schwarze Humanität. Sie gehen offen mit lesbischer und schwuler Existenz um.

Der Blues ist keine Politik, aber für Davis ist er die kulturelle Vorstufe der politischen Bewegung, zu der ihr eigener lebenslanger Aktivismus gehört. Er nimmt das feministische Prinzip vorweg, dass das Persönliche politisch ist. Er rät Frauen zur finanziellen Unabhängigkeit und zieht arbeitende Männer parasitären vor. Und wenn doch alles scheitert, zieh weiter! Er spricht von Naturkatastrophen, etwa Überschwemmungen, und davon, was solche Erfahrungen für unterdrückte und unsichtbare Gemeinschaften bedeuten. Der Blues spricht auch offen über Sexarbeit und die Risiken von Strafverfolgung und Gefängnis. Er ist die Musik derjenigen aus den untergeordneten Klassen, die ebenso oft den repressiven Staatsapparat erleben wie den ideologischen.

Davis: »Der Blues der Frauen wandte sich gegen ein bürgerlich-schwarzes Verständnis von ›Hochkultur‹, das die populäre Musik der Arbeiterklasse herabsetzte.«[28] Die aufstiegsorientierte, urbane schwarze Kultur distanzierte sich von der Blueskultur. Billie Holiday, deren Untersuchung Davis' Buch abschließt, übertrug die Blues-Sensibilität auf ihre Interpretationen der weißen Populärmusik, die den Blues verdrängte. Holidays Werk détourniert das Material der weißen Kulturindustrie für seine Zwecke. Davis tut dasselbe mit der Kritischen Theorie. Sie eignet sich von ihrem Lehrer Herbert Marcuse den Begriff der *ästhetischen Dimension* an, aber vulgarisiert ihn.[29] Es ist hier die niedere Kunst des Blues, in der die Ästhetik die Form schafft, mittels derer die Überwindung der Alltagserfahrung greifbar werden kann. Man erkennt die in der Form der Kunst erneuerte Welt als einen Aspekt der Realität, der von der Realität verzerrt wird.

Blues-Songs sind kollektives Eigentum, Commons.[30] Davis betrachtet die ästhetische Dimension als kollektiv und vulgär und verbindet sie mit der afrikanischen Praxis des Benennens von Dingen als einer Art von Macht. Kunst (und man könnte hinzufügen: Theorie) erlangt nicht dadurch Größe, dass sie ihr Milieu transzendiert, sondern ist dann am besten, wenn sie in diesem Milieu eine neue Dimension eröffnet, Menschen zur Solidarität miteinander und mit der Welt bewegt und sich zugleich dem Happy End verweigert – wie Holiday es mit »Strange Fruit« tut.

Für Angela Davis führte die beständige Auseinandersetzung mit dem Vulgären zu ihrem langjährigen Engagement für die Abschaffung von Gefängnissen, insbesondere gemeinsam mit schwarzen Frauen aus der Arbeiterklasse innerhalb des gefängnisindustriellen Komplexes.[31] Für Pier Paolo Pasolini war es eher eine Frage des sexuellen Geschmacks, die ihn dazu brachte, seine Nächte mit den *raggazi di vita*, den lebenslustigen jungen Männern des subproletarischen Roms zu verbringen.[32] War es für Adorno die hohe Kultur, die einen Zeitpunkt vor der kapitalistischen Kommodifizierung konservieren konnte, so war es für Pasolini die niedere – nicht die Überreste einer vornehmen, sondern die einer bäuerlichen Welt.

Pasolini – Dichter, Romanautor und Journalist – war ein militanter Arbeiter der geschriebenen Sprache. Eine seiner vielen Interessen war die Vulgärsprache. Dann wechselte er zum Film und überdachte seine ganze Praxis. Es sind seine Schriften über das Kino, auf die ich mich hier konzentriere.[33] Sie gingen von der damals gängigen linguistischen und semiotischen Theorie aus und zogen ihr eigenen vulgären Schlussfolgerungen daraus.

Pasolini begann mit einer Unterscheidung zwischen dem, was er *mündlich-schriftliche* Sprache und die *mündliche* Sprache nennt. Das mündlich-schriftliche Italienisch ist ein Produkt des Überbaus, von Bildung, Literatur, Verwaltung. Zur mündlichen Sprache gehörten im Italien der 1960er Jahre noch die zahlreichen Dialekte. Sie stammen noch aus vormodernen Formen der gesellschaftlichen Produktion. Die mündliche Sprache ist die Sprache der Basis. Eines ihrer amerikanischen Gegenstücke könnte das mündliche schwarze Englisch sein, das aus der Sklaverei entstanden und für Davis in den Sound der frühen Blues-Aufnahmen eingegangen ist. Die mündliche Sprache vermittelt zwischen Arbeit und Natur.

Der Aufstieg dessen, was Pasolini *Neokapitalismus* nennt, ändert das. Er bringt eine Reihe neuer Fachsprachen der Basis hervor. Sie entstammen nicht den Ideologieapparaten von Schule, Kirche, Literatur und so weiter. Es sind die Fabriken, die zu Vereinheitlichern der Sprache werden. Ihre Form der Kommunikation ist nicht unbedingt rational, aber sie ist abstrakter und effizienter. Diese neuen Sprachen der Basis ersetzen die mündlichen Sprachen durch solche, die nicht aus dem ideologischen Überbau stammen, sondern aus der audio-visuellen Technologie. Sie gehen aus den Produktivkräften hervor.

Was den Neokapitalismus – und damit auch seine Modifikationen der Sprache – antreibt, ist eine *Revolution von innen*. Zur Revolution von außen, der Negation des Kapitalismus durch die untergeordneten Klassen, ist es nicht gekommen. Pasolini erfasst hier einen wichtigen Punkt: Dass es der Arbeiterklasse nicht gelungen ist, den Kapitalismus zu transformieren, bedeutet nicht, dass es auch sonst niemand getan hat. Zu den Auswirkungen dieser internen Revolution gehört eine erfolgreiche Transformation der Sprache von unten nach oben. Der Versuch der äußeren Revolution, die Ideologieapparate zu besetzen und eine gegenhegemoniale Kultur von oben nach unten zu etablieren, war da bereits gescheitert. Der vornehme Marxismus ist in einem veralteten Überbau steckengeblieben.

Die neue hegemoniale Sprache war tatsächlich die einer – wie Pasolini sie nennt – *Neobourgeoisie*: die der Eigentümer der Produktivkräfte, aus denen diese neuen Sprachen hervorgehen. Fachsprachen ersetzen die veralteten mündlichen Sprachen als Sprache der Produktion. Sie verdrängen auch die literarischen und administrativen Sprachen des national-kulturellen Überbaus. Hier verdrängt nicht nur eine neue Art von Vulgärsprache eine alte, sie verdrängt auch eine überholte Form der vornehmen Sprache.

Pasolini passte seine Taktik dieser Situation an. Seine Essays über Sprache schreibt er nicht mehr in den alten rhetorischen Formen, sondern in der neuen Fachsprache der Semiotik, in der fortan die Werbetexter ausgebildet werden. Seine Hauptantwort aber ist das Kino. Er betrachtet das Kino als eine technische Fachsprache, die nicht von den national-kulturellen Belangen des Überbaus abhängig ist. Das Kino ist der gemeinsame Traum von Technokrat und technischem Arbeiter (obwohl Pasolini den inneren Widerspruch zwischen diesen beiden Arten von aufstrebendem Klassensubjekt womöglich vernachlässigte).[34]

Sein Eingreifen in die Filmgeschichte bestand darin, von der Basis aus und mittels technischer Sprache einen Ersatz für die mündliche Sprache zu schaffen. Er drehte mythische Filme im und gegen den Neokapitalismus, indem er dessen eigene Techniken anwendete. Der Neokapitalismus zeichnet sich unter anderem dadurch aus, dass er die Massenproduktion von Subjekten genauso betreibt wie die von Objekten.[35] Er erzeugt zu seinen Produkten die passenden Konsumenten und umgeht dabei zunehmend den alten Überbau in dessen Rolle bei der Subjektbildung. Pasolinis Projekt besteht darin, innerhalb dieser neuen Formen der Subjektproduktion zugleich gegen sie zu arbeiten.

Für vornehme Marxistinnen wird alles texthaft; für Pasolini wird alles filmisch. Die Wirklichkeit hat ihre eigene Sprache und es ist die des Kinos. Die menschliche Wahrnehmung ist wie eine Abkürzung der Sprache des Realen selbst. Das Kino ist die geschriebene Sprache und die Realität ist eine »gesprochene« Sprache. Sowohl die menschliche Wahrnehmung als auch einzelne Filme sind Anordnungen, Ausschnitte des Realen. Das kollektive menschliche Handeln ist bereits Kino, ein Kino des Realen, und das individuelle Leben ist ein Film.

Im Neokapitalismus wird die mechanische Reproduktion zur gängigen Form des »gesprochenen« Alltagslebens. Das Handeln war bisher nur ein gesprochenes, das Kino macht es zum geschriebenen. Die Wirklichkeit ist ein Kino der Natur. Das tägliche Leben ist eine fortlaufende Plansequenz, die mit einem Schnitt endet, dem Tod. Das Kino ist eine Art und Weise, diese Sequenzen zu schreiben, zu schneiden und ihre Perspektiven zu kombinieren. Die Möglichkeit einer objektiven »Einstellung« in Bezug auf das Reale liegt zwischen den Sequenzen. Das Objektive geht über den subjektiven Blickwinkel hinaus, in der Kunst wie in der Wissenschaft.

Der Schnitt macht mit dem Film, was der Tod mit dem Leben macht: Beide eröffnen die Möglichkeit der Bedeutung. Das Kino, das falsch sein will, kann nicht umhin, real zu sein. Aber das Reale ist ein nichtmenschliches Mysterium, und es ist unentrinnbar. Alle Kommunikation ist heilig und verleiht dem Realen Bedeutung. Das Kino schneidet in die kontinuierliche Zeit des Realen ein und verleiht ihm Bedeutung. Filme sind – wie auch das Leben – sterblich. Aber das Kino ist unsterblich und heilig. Das Kino ist dem Leben verpflichtet. Pasolini war begierig nach Zeit, nach der rohen, vulgären, heiligen Zeit der Welt. Nur die Vornehmen machen die Sprache zum Fetisch und erklären sie für heilig. Das ist Pasolinis vulgärmarxistischer, *ketzerischer Empirismus*, seine Abgrenzung vom vornehmen Marxismus wie auch von der (für ihn ebenso vornehmen) Avantgarde.[36]

Wie auch die vornehmen Marxisten gewinnt Pasolini seine Weltanschauung aus dem eigenen Arbeitsprozess. In seinem Fall gab ihm die Arbeit beim Film und in den Massenmedien Einblick in etwas, das sich in der Entwicklung des Kapitalismus abzeichnete: nämlich dass dieser vielleicht begann, etwas anderes zu werden, angetrieben von einer internen Revolution seiner herrschenden Klassen, nachdem die Herausforderung seiner Macht von außen durch die Arbeiterklasse gescheitert war. Pasolini kämpfte von innen heraus gegen die audiovisuellen kulturellen Produktivkräfte seiner Zeit und versuchte, darin eine vulgäre, gewöhnliche, ästhetische Dimension zu eröffnen, die sich auf vormoderne, präkommodifizierte Formen des Alltagslebens besann. Dieser Rückgriff auf das Archaische aber machte ihn nicht gerade zu einem subtilen Beobachter aufkommender Klassenantagonismen und -allianzen. Dazu möchte ich mich nun unserem vierten Vulgarianer zuwenden, seinem Zeitgenossen Asger Jorn.

Jorns Marxismus ist weder der der Arbeiterklasse noch der eines vornehmen Schriftstellers. Jorn war Künstler. Sein Sozialismus war weder utopisch noch wissenschaftlich, sondern experimentell. Für Jorn waren die Quellen ästhetischen Schaffens eher volksnah [popular], und er hatte seine eigene Art, sich als Vulgärmarxisten zu bezeichnen.[37] Er entwickelte einen neuartigen Vulgärmarxismus als Kritik an einigen der gängigeren Formen des Vulgärmarxismus, die ich weiter oben untersucht habe. Jorn war der Ansicht, dass (Vulgär-)Marxisten bei der Gleichsetzung von Arbeit und Wert etwas ausgelassen haben. Er schuf wieder eine Rolle für die Natur, für Materialität, aber auch für die Formproduzenten, die er scherzhaft eine *kreative Elite* nannte. Der Begriff ist ironisch gemeint. Künstler sind das Gegenteil einer Machtelite.[38] In einer Warenökonomie haben sie keine Macht. Die Kunst soll den gesellschaftlichen Praktiken des Lebens eine Form geben, aber in einer Warenökonomie ist die Kunst vom Leben abgeschnitten und wird stattdessen zu einer besonderen Art von Ware.

Wo Pasolini sich an der Ausweitung des Reichtums im Neokapitalismus störte, sah Jorn gar keine Ausweitung des Reichtums. Was bei Jorn Wert besitzt, ist die Differenz, während die Warenproduktion nur immer mehr Gleichförmigkeit schafft. Das Kapital hat die Welt verarmen lassen. Weit davon entfernt, das zu kritisieren, reduziert der wissenschaftliche Sozialismus von Marx die Komplexität und Differenz der Form auf ein rationales Wesen. Marx fehlt der Sinn für die Materialität der Formen (oder, so könnte man hinzufügen, von Information: Die Form der Materialität ist Information).

Der Marxismus wird allzu oft auf eine Dialektik von Form und Wesen reduziert. Das Wesen des Werts ist die Arbeit. Aber für Jorn ist die Form kein Behältnis für einen Inhalt oder ein Wesen. Das bürgerliche Denken sieht nur den Tausch, doch Marx lüftet den Schleier und zeigt, wie Wert produziert wird, bevor er getauscht wird. Jorn lüftet einen anderen Schleier und offenbart nicht diejenigen, die die Form mit Inhalt füllen, sondern diejenigen, die diese Formen verändern und die Differenz selbst produzieren.

Das Kapital hat die Arbeit von der schöpferischen Tätigkeit entfremdet und die Herstellung des Inhalts von der Differenzierung der Formen getrennt. Die real existierenden sozialistischen Ökonomien haben das Problem mit ihrer ausschließlichen Fixierung auf die Steigerung der Produktionsmengen nicht gelöst. Anstatt dass die Partei (oder ihre Philosophinnen) das Klassenbewusstsein von außen herantragen, will Jorn eine horizontale Beziehung zwischen Künstler und Arbeiter.

Jorn unterschied zwischen *materialistischer Weltauffassung* und *materialistischer Lebenseinstellung*.[39] Er war der Meinung, dass Marx Ersteres hatte, Letzteres aber nicht. Ein gesunder Marxismus braucht beides. Eine materialistische Lebenseinstellung wäre ergebnisoffen und experimentell, aber auch kollektiv und praxisbezogen. Während Jorn generell davon ausging, dass Künstlerïnnen von der Rolle der Formgeber abgeschnitten seien, könnte der Blues, wie Davis ihn darstellt, die Art von materialistischer Lebenseinstellung sein, die zugleich formgebend ist. Doch wo für Davis eine solche Form die Alltagserfahrung negiert und die Möglichkeit der Politik eröffnet, kann für Jorn die Form auch die Alltagserfahrung bejahen und ihr eine neue Gestalt verleihen. Sein Verständnis von historischem Wandel hat eine unmittelbar ästhetische Dimension.

Für eine Zusammenfassung aller vier unserer Ausformungen des Vulgären schlage ich Folgendes vor: erstens einen Fokus auf die unvermeidlichen Schwierigkeiten, die Welt durch Arbeit zu organisieren (Platonow); zweitens ein Gespür für die Ursprünge sozialen Wandels in der vermittelten Erfahrung der am meisten Marginalisierten und Unterdrückten (Davis); drittens eine Praxis des Arbeitens innerhalb der und gegen die technischen Formen der Zeit (Pasolini); sowie viertens ein Verständnis der eigenen alltäglichen kreativen Erfahrung – wenn sie die Herstellung neuartiger Formen betrifft – nicht als eine der Arbeiterklasse, sondern als die einer anderen Art von untergeordneter Klasse (Jorn).

Dieser (affirmative, experimentelle, kollaborative) vulgärmarxistische Ansatz offenbart somit den vornehmen Marxismus als durch seine eigenen Arbeitsgewohnheiten geprägt. Der vornehme Marxismus war vor allem ein Ergebnis von Formen des Textstudiums in traditionellen Bereichen wie Philosophie, Geschichte und Literatur. Er projiziert die Maßstäbe dieser Arbeit als Metaphern auf die Welt. Die geschriebene Sprache ist kein gutes Medium, um die Widerspenstigkeit der Welt, das Praktisch-Inerte, zu fassen. Ebenso wenig trifft sie die subtile affektive Dimension der Alltagskultur und ist insbesondere kein guter Ausgangspunkt für ein Verständnis davon, wie traditionelle Textformen allein durch die Entwicklung der Medientechnik verdrängt wurden.

Der vornehme Marxismus zog sich in den Überbau zurück. Er begann, traditionelle Formen überzubewerten und einen pastoralen Umgang mit bürgerlichen Stilrichtungen zu pflegen. Er bevorzugte Begriffe des Politischen oder des Kulturellen, die durch die interne Revolution der Warenproduktion überflüssig geworden waren. Und nicht zuletzt hält der vornehme Marxismus an der überkommenen Vorstellung fest, dass er es im Wesentlichen immer noch mit dem Kapitalismus zu tun hat, dessen vorübergehende Verhältnisse der Klassenherrschaft er verabsolutiert.

Zwei Dinge bleiben ziemlich achtlos ausgespart, obwohl sie als wunde Punkte immer wieder auftauchen. Der eine betrifft das Verhältnis vornehmer Marxisten, die in schriftbasierten Techniken ausgebildet wurden (sei es in Literatur, Philosophie oder Rechtswissenschaft), zu Menschen, die die nicht-schriftbasierten Verfahren der Herstellung und Verifizierung von Information beherrschen. Wie ist das Schreiben mit technischen Bereichen verbunden (oder nicht verbunden), oder mit Medienkompetenz außerhalb des geschriebenen und gesprochenen Worts? Inwiefern ist die Kompetenz des Schreibens selbst schon ein Merkmal einer bestimmten Art von Vornehmheit? Der *Man of Letters* überlässt es jemand anderem, seine »Briefe« abzutippen und zur »Post« zu bringen.[40] Seine Erben können nicht einmal ihre eigenen Blogbeiträge bei WordPress »posten«.

Das andere ausgeblendete Problem ist die Beziehung des schreibenden Intellektuellen zur Arbeiterklasse. Für so unterschiedliche vornehme Marxisten wie Lukács, Sartre und Althusser scheint die Lösung des Problems darin zu bestehen, der Partei der Arbeiterklasse beizutreten oder ihr »Weggenosse« zu sein. Eine andere – von Lukács abgeleitete – Lösung liegt darin, Hüter der Totalität zu werden. Der vornehme Marxist wird zum Wortführer der Geschichte selbst. Man kann diese Lösung auch bei Jameson, Karatani oder Žižek finden, und in besonders eleganter Form bei Paolo Virno.[41]

Eine verbreitete Geste ist die Verbindung der vornehmen Autorität des Schreibens – insbesondere, wenn diese Autorität durch die Universität oder eine hohe literarische Kultur geprägt ist – mit der authentischen Mission der Arbeit, und zwar auf Kosten anderer Praktiken der Informationsproduktion. Das Philosophische oder das Literarische sind dann die Garantie eines gewissen kritischen Scharfsinns, den der Vornehme den Arbeiterïnnen als eine Art von *noblesse oblige* verleiht. Entscheidend für unsere Zwecke ist jedoch, dass dies einen doppelten Effekt hat. Erstens wird das Schicksal der Arbeit mit etwas ihm Fremdem besetzt, nämlich einer vornehmen Gelehrsamkeit. Zweitens führt diese imaginäre Verbindung mit der Arbeit auf beiden Seiten zu der Behauptung, dass man hier etwas besäße, was anderen Arten von intellektueller Arbeit fehlt.

Der vornehme Marxist nimmt für sich in Anspruch, die bürgerliche Kultur zu kennen, zu negieren und sie dann metaphorisch für die Arbeiterklasse darzustellen. Indem sie sich metaphorisch mit der Arbeiterklasse als Ganzer identifizieren, vermeiden marxistische Intellektuelle die Frage nach ihrem eigenen Klassenstandort und danach, inwieweit sie diesen mit anderen teilen können, deren unmittelbare Arbeitsprozesse ganz anders aussehen. Die metaphorische Verkehrung erschwert es, metonymisch zu denken: dass sie nämlich einfach Teil einer anderen subalternen Klasse sind. So fällt es oft schwer, Verbindungen der literarischen oder philosophischen marxistischen Intellektuellen mit progressiven Bewegungen in technischen oder naturwissenschaftlichen Bereichen zu schmieden – jener anderen (und in vielerlei Hinsicht wichtigeren) Fraktion der Hackerklasse.

Das mag in einer Zeit, in der sämtliche Teile der Hackerklasse vor ähnlichen Problemen stehen, besonders nachteilig sein. Unsere Arbeit wird zur Routine, entqualifiziert, prekär und unverbindlich. Sie wird von derselben Logik vektorieller Macht absorbiert. Wir können innerhalb unserer eigenen Klasse keine Solidarität üben. Wir sind darauf zurückgeworfen, kleinen (Durkheim'schen) Gruppen anzugehören und unsere (Weber'schen) Chancen zu horten. Das ist besonders besorgniserregend in einer Zeit, in der die Geistes- und die Naturwissenschaften *beide* durch neue Arten von Irrationalismus bedroht sind, die von regressiven Teilen der herrschenden Klassen wie der Öl- und Kohleindustrie gefördert und finanziert werden. Gleichzeitig werden unsere kreativen und produktiven Tätigkeiten zunehmend Formen der Informationsverwaltung und -kontrolle untergeordnet, die zwar abstraktere Organisationsweisen für Hackeraktivitäten darstellen mögen – die aber keineswegs rationaler sind.

Das hat es auch schwierig gemacht, mit den Entwicklungen der Produktivkräfte Schritt zu halten. Es braucht echtes technisches Wissen oder konkrete Erfahrung, um zu verstehen, wie diese Dinge funktionieren. Und dass Wissen meist fachspezifisch ist. Es braucht ein ganzes Netz kollaborativer intellektueller Arbeit, um solches Wissen zu bündeln und die Gestalt der Produktivkräfte in ihrem Entstehen zu begreifen, und zwar auf andere Weise, als es den herrschenden Klassen genehm ist. An dieser Front spielt sich ein Großteil heutiger Wissenspolitik ab.

Darum also: Viermal Hoch auf den vulgären Marxismus!!!! Viermal statt dreimal, denn das Vulgäre ist immer ein wenig exzessiv.[42] Viermal Hoch auf jene vier vulgärmarxistischen Autorïnnen, obwohl sie natürlich noch viel mehr sind als das. Die Vulgärabteilung des Archivs wieder zu öffnen, könnte uns pluralere Pfade aufzeigen, um von der Vergangenheit in die Gegenwart und in lebenswerte Zukünfte zu denken.

Der Marxismus muss wieder vulgär werden, aber vielleicht auf andere Weise. An der Spitze der Produktivkraftentwicklung steht nicht mehr das industrielle System.[43] Diese Entwicklung vollzieht sich heute in den verschiedensten Bereichen von Wissenschaft und Technik. Seit einiger Zeit wird sie nicht mehr dem Zufall überlassen, sondern ihrerseits in einem ganzen Parallelregime der Kommodifizierung organisiert. Kurz gesagt: Der Arbeiter ist subsumiert in der Produktion von Gleichförmigkeit; die Hackerin ist subsumiert in der Produktion von Differenz. Wie sich herausstellt, gehörten vornehme Marxisten zu einem kleinen Zweig der letzteren, in Form einer Subkultur.

Schluss: Ein Abend im Kino

Ach lieb, lieb Liebchen nun mengelirst Du Dich noch gar in die Politik. Das ist ja das Halsbrechendste.

Jenny von Westphalen

Vielen meiner Freunde hat er nicht gefallen, und das nicht ohne Grund. Und doch scheint mir Raoul Pecks Film *Der junge Karl Marx* das Wesentliche getroffen zu haben.[1] Für mich ist es ein Film über den Kampf, in der Gegenwart zu leben. Und als solcher kann er uns helfen, genau das zu tun. *Der junge Karl Marx* ist Fiktion, aber wie alle gute Fiktion ist er realer als die dokumentarischen Zeugnisse, auf denen er basiert. Er erzählt uns nicht, was tatsächlich passiert ist, sondern eine bestimmte Version davon, mit deren Hilfe wir darüber nachdenken können, was jetzt gerade passiert. In diesem Sinne ist er eine Form von Realismus.[2] Und auch in einem anderen Sinne: Er ist ein Werk des Kinos. Er ist nach Pasolinis (aber auch Barads) Verständnis aus dem Realen selbst herausgeschnitten.

Der Film hat vier Hauptfiguren: Da ist das junge Paar, Karl und Jenny Marx. Da ist Karls neuer bester Freund, Friedrich Engels, und da ist Friedrichs neue besondere Freundin, Mary Burns. Jede und jeder braucht die anderen, um den eigenen Weg aus der Vergangenheit in die Gegenwart zu finden. Sie sind Genossen im Kampf darum, ihrer Zeit anzugehören. Jenny braucht Karl, um ihrer vornehmen Familie zu entkommen, aber Karl braucht Jenny, die ihn zu dem leitet, was wirklich wichtig ist. Friedrich braucht Karl, weil der am klarsten beschreiben kann, was sie alle in der Welt wahrzunehmen begonnen haben. Karl braucht Friedrich wegen seines Geldes. Aber nicht nur deswegen. Er braucht auch das, was Friedrich über die neu entstehende Welt herausgefunden hat.

Friedrich, der Sohn eines Baumwollfabrikanten, kennt die neuen Produktivkräfte. Er braucht Mary, um das zu entdecken, was ein Fabrikantensohn nicht kennen kann. Er braucht sie, um die Stadt zu erkunden, sich außerhalb seiner Klasse zu bewegen. Braucht Mary Friedrich? Nun, die vulgäre Antwort wäre: Ja, denn er ist reich. Die eher allegorische Antwort wäre, dass die Arbeiterklasse einen Begriff von ihrer Form und ihren Möglichkeiten braucht – und der muss vielleicht von außen kommen.

Die vier Genossinnen finden ihren Weg in die Gegenwart im Kampf gegen diejenigen, die auf den Wegen der Vergangenheit kämpfen. In Deutschland versuchen die progressiven Bourgeois immer noch, ihre Revolution gegen die alte Grundherrenklasse zu machen, während diese immer noch dabei ist, ihr Verhältnis zur Bauernschaft auf eine abstraktere und rein monetäre Grundlage zu stellen. Karl muss sich von denjenigen trennen, die noch immer mit der Kritik der alten herrschenden Klasse und ihrer Ideologie – der Religion – befasst sind.

In Paris begegnen Karl und Jenny einem scheinbar kongenialeren Radikalismus, dem es eher um Politik als um Religion geht. Aber auch der entstammt nicht ganz der Gegenwart. Proudhons Theorien und Weitlings große Reden richten sich eher an Handwerker als an Fabrikarbeiterinnen. Sie wurzeln in überzeitlichen und mehr oder weniger christlichen Appellen an Gerechtigkeit. Sie stammen nicht aus ihrer Zeit. Friedrichs Buch *Die Lage der arbeitenden Klasse in England* handelt von der Welt, die gerade im Entstehen begriffen ist, und an diesem Punkt muss man sich noch einmal vorzustellen beginnen, was aus der großen alten »Sache des Volkes« noch werden könnte.[3] Friedrich bewegt Karl dazu, die englischen Politökonomen zu lesen. Weder die deutsche Kultur noch die französische Politik sind ganz gegenwärtig. Die englische Ökonomik könnte es sein.

Friedrich und Karl sind immer noch vornehme Kritiker ihrer Welt, die satirische Seitenhiebe auf ihre Zeitgenossen verfassen. Im Film entsteht die Rückbindung an die Welt und an die Gegenwart durch Mary, die irische Fabrikarbeiterin, die die Freunde in den Bund der Gerechten einführt. Diese raubeinigen Männer, die alle ihren Teil an Prügel einstecken mussten, leben nach dem Credo »Alle Menschen sind Brüder«. Sie vertreten ein vulgäres und tief empfundenes Bekenntnis zur Gleichheit. Aber sie haben kein Programm. Sie haben keine Kontakte. Sie denken über das Nationale hinaus, haben aber nicht die Mittel, dieses Anliegen umzusetzen.

Der Höhepunkt des Films ist eine Szene, die nur diejenigen von uns lieben können, die schon auf so mancher politischen Versammlung in verstaubten Sälen, Kneipenhinterzimmern oder irgendjemandes Küche gesessen und gestanden, geschrien und geflucht, gelacht, gesungen und getrunken haben. Nach dem unvermeidlichen Akkreditierungsgeplänkel betritt Friedrich das Podium und verkündet ein neues Programm. Der Bund der Gerechten wird von nun an Bund der Kommunisten heißen. Der Vorschlag wird zur Abstimmung gestellt und setzt sich durch. Mary tauscht das alte Regenbogenbanner über dem Fenster gegen das neue rote, während von draußen schwach die Sonne hereinströmt.

Wer auch nur eine kleine, unbedeutende Version solcher Ereignisse miterlebt hat, der weiß, was jetzt folgt. Nachdem sie die Abstimmung gewonnen hat, muss unsere Fraktion nun das Dokument aufsetzen, das den zum Ausdruck gebrachten Willen der Versammlung verkörpern soll. Karl zögert diese Aufgabe hinaus. Friedrich versucht ihn dazu zu bringen, seinen Brotjob als prekärer Zeitungskorrespondent ruhen zu lassen. Der Film ist beinahe zu Ende, da kommt es zu einer großartigen Szene, in der Friedrich, Karl, Jenny und Mary sich betrinken und bei Kerzenschein ein paar Zeilen für das *Manifest der Kommunistischen Partei* aufkritzeln. Die Revolutionen von 1848 sind kaum einen Monat entfernt. Werktätige aller Länder, vereinigt Euch! Ihr habt eine Welt zu gewinnen!

Peck beendet seinen Film mit einer Montage und einem Bob-Dylan-Song. Sobald unsere vier Genossïnnen in die Gegenwart (1848) gestoßen worden sind, gibt es einen historischen Smash-Cut auf das Ende des zwanzigsten Jahrhunderts und den Beginn seines eher weniger ansprechenden Nachfolgers. Die Frage, die der Film bei mir hinterlässt, ist diese: Können wir ebenso in unserer Gegenwart sein, wie Karl und Jenny und Friedrich und Mary es in ihrer waren? Diese Zeit ist nicht ihre Zeit. Hier widersetzt sich der Realismus des Films seinem Naturalismus. Die Kleidung, die Straßen, die Möbel, Friedrichs Büro und die väterliche Fabrik, die Bar, in der Mary mit den Iren trinkt, das Postamt, in dem Karl wegen seiner schrecklichen Handschrift keine Stelle bekommt – das alles wirkt veraltet und handwerklich ein wenig zu glatt. Die Inszenierung ist irgendwie nicht ganz stimmig.

Die naturalistischen Details handeln von einer Vergangenheit, die sogar für unsere Helden und Genossinnen Vergangenheit ist. Sie ist das Praktisch-Inerte, gegen das sie ankämpfen. Mit allem, was sie sagen und tun, versuchen sie eine Gegenwart ins Leben zu rufen, die durch all den Tand und Trödel wieder in Stillstand und Trägheit versetzt wird. Karl versucht die ebenso realen wie abstrakten Kräfte zu beschreiben, die diese Erscheinungen ins Dasein wirken und weben. Karl versucht sie als eine Gegenwart zu beschreiben, die offen für andere Zukünfte sein könnte, nämlich solche, die sich nicht in den ewigen Wahrheiten des Bunds der Gerechten verkünden.

Peck zeigt uns eine naturalistische Welt im Rahmen der 1840er Jahre, die als Akkumulation von Waren und der sie herstellenden Arbeit erscheint. In diesem Rahmen insinuiert er die Geburt eines Realismus des Begriffs, der das zum Ausdruck bringt, was diese Welt hervorgebracht hat und was daraus noch entstehen kann. Dann zeigt er uns, ganz am Ende, die naturalistische Welt der 2010er Jahre, die als Akkumulation von Bildern und des darin zu sehenden Alltagslebens erscheint. Nachdem wir gesehen haben, wie unsere vier Genossïnnen zu diesem Wissen gelangt sind, wissen auch wir, dass naturalistische Oberflächen von abstrakten Kräften erzeugt werden. Aber diese beiden naturalistischen Oberflächen sind verschieden. *Also müssen auch die abstrakten Kräfte dahinter verschiedene sein.* Unsere Welt ist nicht mehr die von Karl und Jenny, Friedrich und Mary.

Unter der Oberfläche liegt nicht das ewige Kapital, sondern etwas anderes. Der entscheidende Punkt im Kampf unserer vier Genossïnnen bestand doch darin, sich von der Suche nach Trost in unsichtbaren Wesenheiten zu verabschieden. Ihr Kampf bestand darin, in der Gegenwart zu leben. Für mich ist das die Herausforderung des Films: dass wir in unserer eigenen Zeit leben müssen. Deshalb ist es ein Film über junge Menschen, der sich an junge Menschen richtet. Die Gegenwart unserer Gegenwart ist erst noch zu schreiben.

Ich habe den Film mit meinen Kindern gesehen. Ich wollte ihnen etwas von den Ursprüngen und Beweggründen einer Empfindungsweise vermitteln, der ich einmal tief verbunden war und mit der ich für den Rest meines Lebens solidarisch bleiben werde. Lasst es uns eingestehen, Genossinnen und Genossen: Wir sind ein besiegtes Volk. Es wird für uns keine Wiederkunft geben. Und der Versuch, einer Sache treu zu bleiben, deren zentraler Mythos längst Geschichte ist, bedeutet immer auch, die Sache zu verraten. Das Ganze muss neu begonnen werden, und zwar von Anfang an.

Atheist zu sein bedeutet, die Existenz Gottes abzulehnen, und doch wird die Möglichkeit eines solchen Nichtglaubens negativ bestimmt, durch das Ding, das man als nicht wirklich oder möglich erkennt. *Akommunist* zu sein, funktioniert genauso. Das A-Suffix bedeutet einfach »ohne«, nicht »gegen«. Irgendwann wird das alte Banner weichen und das alte Manifest zurück ins Archiv wandern müssen, wo es der nagenden Kritik der Gelehrten überlassen bleibt.

Was es weiterhin zu leisten gilt, ist der Kampf darum, die Oberflächeneffekte der Gegenwart in Begriffe zu fassen, die die sie hervorbringenden abstrakten Kräfte benennen – Kräfte, die weder ewig sind noch für ein Wesen stehen. Mit Worten allein ist das nicht zu schaffen. Worte müssen einen Bezug zum täglichen Leben in all seiner vulgären Pracht und Idiotie herstellen, und zwar genau an dem Punkt, an dem die neu entstehenden Produktivkräfte dieses tägliche Leben bestimmen, womöglich gebrochen durch bestimmte Formen von Klassenkampf und Erfahrung. Andere Lebens- und Überlebensweisen mögen bereits existieren, doch sie sind in überholten Verhältnissen und Formen verhaftet.

Werktätigkeiten aller Länder, entfesselt euch! Ihr habt einen Gewinn zu welten![4]

Texthinweise und Dank

Für die Arbeit an diesem Buch bin ich von einigen bereits veröffentlichten Artikeln ausgegangen, habe sie zusammengeklebt und dann geschnitten, gehämmert und geschweißt, bis ein Buch dabei herausgekommen ist. Die einzelnen Kapitel sind gegenüber ihrer ursprünglichen Form stark verändert.

Einen Teil des Textes habe ich aus gelegentlichen Beiträgen für *Public Seminar* umgearbeitet. Ebenfalls im Mix enthalten ist Teil eines Essays für das Buch *Museum of Capitalism*, erschienen bei Inventory Press (2017). Weitere Bruchstücke wurden dank e-flux in deren *Supercommunity*-Projekt für die 56. Biennale von Venedig (2015) und in der Print-Zeitschrift *Counter-Signals*, Nr. 3 (2018), veröffentlicht. Ein anderer Teil erschien in *Multitudes*, Nr. 70 (2018). Ich habe auch Textteile verwendet, die für den *Bloomsbury Companion to Marx* (2018) von Jeff Diamanti, Andrew Pendakis und Imre Szeman in Auftrag gegeben wurden, sowie einiges aus dem Buch *Former West. Art and the Contemporary After 1989*, herausgegeben von Maria Hlavajova und anderen, erschienen bei MIT Press (2017). Mit einem weiteren Stück hatte mich die chinesischsprachige Zeitschrift *Leap* beauftragt. Einige Passagen gehen auf einen Auftrag des Raqs Media Collective zurück, eine »Theorie-Oper« für die 11. Shanghai Biennale (2016) zu schreiben.

Ein Teil des Materials wurde im Mai 2018 auf dem *Marx Now*-Symposium am Goethe-Institut in New York präsentiert. Mein Dank gilt der Sektion *New Political Science*, die mir erlaubte, einen Ausschnitt aus dieser Arbeit als Plenarvortrag bei der *American Political Science Association* zu präsentieren, der 2017 in deren Zeitschrift *New Political Science* veröffentlicht wurde. Mein Dank geht an die Fellows des *Heilbroner Center for Capitalism Studies* an der *New School* für einen gemeinsamen Workshop dazu.

Das Manuskript profitierte von Lektoratsvorschlägen durch John Merrick und meinen Ansprechpartner bei Verso, Leo Hollis. Die verbleibenden Unzulänglichkeiten müssen daher rühren, dass ich ihre Ratschläge nicht befolgt habe.

Besonderer Dank gilt den Studierenden der *New School for Social Research*, von denen keine:r notwendigerweise mit den Thesen dieses Buchs übereinstimmt, von denen ich aber sehr viel gelernt habe: Sam Tobin, Phillip Kalantzis-Cope, Zeyno Ustun, Liliana Gil und Andy Moon, und vor allem meine Studierenden der *Liberal Studies*: Macushla Robinson, Ben Kodres-O'Brien, Elvia Wilk, Michael Smaczylo, Michael Sonni Mason, Leo Zausen, Tom Ward, Chris Ianos und Amanda Parmer. Ein besonderer Dank gilt meiner wissenschaftlichen Mitarbeiterin Krista Trieu.

ENDNOTEN

EINLEITUNG

1 Bernard Harcourt, *Exposed. Desire and Disobedience in the Digital Age,* Cambridge, MA 2015.

2 Dallas Smythe, »Communications. Blind Spot of Western Marxism«, *Canadian Journal of Political and Social Theory* 1: 3, 1977, 1-28; Sut Jhally, *The Codes of Advertising,* New York 1990.

3 Yves Citton, *The Ecology of Attention,* Cambridge, UK 2017.

4 David Ogilvy, *Geständnisse eines Werbemannes,* Wien u. a. 1964.

5 Es gibt Möglichkeiten, den Nutzen dieser Informationen gering zu halten: Finn Brunton, Helen Nissenbaum (Hg.), *Obfuscation. A User's Guide for Privacy and Protest*, Cambridge, MA 2015.

6 Siva Vaidhayanathan, *Antisocial Media,* New York 2018; Siva Vaidhayanathan, *The Googlization of Everything,* Berkeley 2012.

7 Theodor W. Adorno, *The Culture Industry. Selected Essays on Mass Culture,* New York 2001. Vgl. ders., *Gesammelte Schriften*, Bde. 3, 8 und 10, Frankfurt a. M. 1972, 1976, 1981.

8 Jonathan Crary, *24/7. Schlaflos im Spätkapitalismus*, Berlin 2014.

9 Xavier Cannone, *Surrealism in Belgium. 1924–2004,* London 2007.

10 David Graeber, *Schulden. Die ersten 5000 Jahre,* Stuttgart 2014.

11 Seb Franklin, *Control. Digitality as Cultural Logic,* Cambridge, MA 2015.

12 Den Begriff des Vektors habe ich von Paul Virilio übernommen, *Ästhetik des Verschwindens*, Berlin 1986.

13 Cathy O'Neil, *Angriff der Algorithmen,* München 2017; Virginia Eubanks, *Automating Inequality,* New York 2018; Frank Pasquale, *The Black Box Society,* Cambridge, MA 2016.

14 Safiya Umoja Noble, *Algorithms of Oppression,* New York 2018.

15 Jackie Wang, *Carceral Capitalism,* Los Angeles 2018.

16 Paul Dourish, *The Stuff of Bits. An Essay on the Materialities of Information*, Cambridge, MA 2017.

17 André Gorz lieferte in *Wissen, Wert und Kapital. Zur Kritik der Wissensökonomie*, Zürich 2004, einige vorausschauende Einsichten,

blieb aber meines Erachtens bei diesem Bild der neu entstehenden Produktivkräfte stecken.

18 Zur Einführung in die Entstehungsgeschichte der Information: James Gleick, *Die Information. Geschichte, Theorie, Flut*, München 2011.

19 Einige argumentieren sogar, dass das Universum selbst eine Computersimulation ist: Nick Bostrom, »Are We Living in a Computer Simulation?«, *The Philosophical Quarterly* 53/211 (2003), S. 243-255.

20 Für mich steht dieses Buch in freundlichem Austausch mit Tiziana Terranova, *Network Culture. Politics for the Information Age*, London 2004; Matteo Pasquinelli, *Animal Spirits. A Bestiary of the Commons*, Amsterdam 2009; Christian Fuchs, *Digital Labour and Karl Marx*, London 2014; Nick Dyer-Witheford, *Cyber-Proletariat*, London 2015; Nick Srnicek, Alex Williams, *Die Zukunft erfinden. Postkapitalismus und eine Welt ohne Arbeit*, Berlin 2016; Jonathan Beller, *The Message is Murder. Substrates of Computational Capital*, London 2017.

21 Shoshana Zuboff, *Das Zeitalter des Überwachungskapitalismus,* Frankfurt a. M. 2018; Nick Srnicek, *Plattform-Kapitalismus,* Hamburg 2018; David Kotz, *The Rise and Fall of Neoliberal Capitalism,* Cambridge, MA 2017; Alain Lipietz, *Towards a New Economic Order. Postfordism, Ecology and Democracy,* Oxford 1992.

22 Paul Mason, *Postkapitalismus. Grundrisse einer kommenden Ökonomie,* Berlin 2016, S. 21.

23 Ned Rossiter, *Software Infrastructure, Labor. A Media Theory of Logistical Nightmares,* New York 2016.

24 *Fortune 500,* 2017. Vgl. Fredric Jameson, *Valences of the Dialectic,* New York 2010, S. 420 ff.; er schlägt hier vor, die Logistik des Walmart-Konzerns als dialektisch entgegengesetztes Modell des Sozialismus zu lesen.

25 Jesse LeCavalier, *The Rule of Logistics,* Minneapolis, 2016.

26 Kate Crawford und Vladan Joler, »Anatomy of the AI System«, AI Now Institute, 07.09.2018, anatomyof.ai. An dieser Stelle ist es wichtig, zu erwähnen, dass sich hinter der scheinbaren Automatisierung oft eine Menge Arbeit verbirgt. Vgl. Astra Taylor, »The Automation Charade«, *Logic. A Magazine About Technology,* No. 5, 2018. Sie bezeichnet diesen Sachverhalt als *fauxtomation.*

27 Benjamin Bratton, *The Stack. On Software and Sovereignty,* Cambridge, MA 2015.

28 Alexander Galloway, *The Interface Effect,* Cambridge, UK 2012.

29 Wendy Hui Kyong Chun, *Updating to Remain the Same. Habitual New Media,* Cambridge, MA 2017.

30 Phil Neel, *Hinterland. America's New Landscape of Class and Conflict,* London 2018.

31 Vincent Mosco, *To the Cloud. Big Data in a Turbulent World,* New York 2014.

32 Brett Neilson, Sandro Mezzada, *Border as Method, or, the Multiplication of Labor,* Durham, NC 2013.

33 Deborah Cowan, *The Deadly Life of Logistics. Mapping Violence in Global Trade,* Minneapolis 2014.

34 Heike Geißler, *Saisonarbeit,* Leipzig 2014 (Der Bericht einer Schriftstellerin, die notgedrungen einen Saisonjob bei Amazon annimmt).

35 Die Redewendung »To the victor the spoils« bedeutet wörtlich etwa »Der Sieger bekommt die Beute« (A. d. Ü.).

36 Ernst Bloch, *Atheismus im Christentum,* Frankfurt a. M. 1968. In Blochs marxistischer Beweisführung, dass der Kern des Atheismus im Christentum zu finden sei, ist die dialektische Umkehrung mitenthalten.

37 Das wäre weniger das Ende der »großen Erzählungen«, sondern liefe eher auf eine andere Art, sie zu schreiben, hinaus, im Unterschied zu Jean-François Lyotard, *Das postmoderne Wissen. Ein Bericht,* Bremen 1982.

38 Einen alternativen Umgang mit kritischer Theorie und anderen Dingen zeigen Stefano Harney, Fred Moten, *Die Undercommons. Flüchtige Planung und schwarzes Studium,* Wien u. a. 2013.

39 Tom McDonough, *»The Beautiful Language of My Century« Reinventing the Language of Contestation in Postwar France,* Cambridge, MA 2011.

40 McKenzie Wark, *Hacker-Manifest. A Hacker Manifesto,* München 2005.

41 Karl Marx, *The Revolutions of 1848,* London 2010; Karl Marx, *Surveys from Exile,* London 2010; Karl Marx, *The First International and After,* London 2010.

42 Raymond Williams, *The Long Revolution,* Cardigan, UK 2011.

43 Noam Chomsky u. a., *The Cold War and the University,* New York 1998.

44 Es gibt reichlich Beispiele dafür, wie die Kommodifizierung des Lebens der Warenform neues Leben einhaucht, vgl. etwa Melinda Cooper, *Life as Surplus,* Seattle 2008; Kaushik Sunder Rajan, *Biokapitalismus. Werte im postgenomischen Zeitalter,* Frankfurt a. M. 2009.

45 Randy Martin, *An Empire of Indifference,* Durham, NC 2007; Ivan Ascher, *Portfolio Society,* New York 2016. Mein Dank geht an die Volatility Group an der New School für ihre Überlegungen zu diesem Thema.

46 David Noble, *The Forces of Production,* New York 1986.

47 Erik Olin Wright, *Understanding Class,* New York 2015.

48 Lawrence Lessig, *Freie Kultur. Wesen und Zukunft der Kreativität,* München 2006.

49 Rebecca Lowen, *Creating the Cold War University,* Berkeley 1997.

50 Wendy Brown, *Die schleichende Revolution. Wie der Neoliberalismus die Demokratie zerstört,* Berlin 2018.

51 Paul N. Edwards, *A Vast Machine. Computer Models, Climate Data and the Politics of Global Warming*, Cambridge, MA 2010.

52 Benjamin Noys, *Malign Velocities. Accelerationism and Capitalism,* Winchester 2014.

53 John Bellamy Foster, *Marx's Ecology,* New York 2000.

54 Wendy Chun, *Updating to Remain the Same*, Cambridge, MA 2016.

55 Vilém Flusser, *Für eine Philosophie der Fotografie*, Göttingen 1983, S. 12.

56 Perry Anderson, *Über den westlichen Marxismus,* Frankfurt a. M. 1978.

57 Alexander Bogdanow, *Философия живого опыта (Die Philosophie der lebendigen Erfahrung),* Moskau 1920.

58 Darin liegt ganz praktisch mein Problem mit dem Treueschwur auf das Ereignis als Königsweg zur Erzeugung von politischer Subjektivität. Vgl. Alain Badiou, *Ethik. Versuch über das Bewusstsein des Bösen,* Wien 2003.

1 Die erhabene Sprache meines Jahrhunderts

1 Ein Beispiel aus der aktuellen populärwissenschaftlichen Literatur: Bhu Srinivasan, *Americana. A 400-Year History of American Capitalism,* New York 2017.

2 Yann Moulier-Boutang, *Cognitive Capitalism,* Cambridge, UK 2012; Jodi Dean, *Democracy and Other Neoliberal Fantasies. Communicative Capitalism and Left Politics,* Durham, NC 2009; Brown, *Die schleichende Revolution,* a.a.O., Franco Berardi, *Futurability,* London 2017. Über alle diese Autor'innen habe ich in *General Intellects. Twenty-one Thinkers for the Twenty-first Century,* London 2017, geschrieben.

3 »Moderne« im Sinne von Henri Lefebvre, *Einführung in die Modernität. 12 Präludien*, Frankfurt a. M. 1978, der kritische Führer für und gegen die Gegenwart.

4 Marshall Berman, *All That Is Solid Melts into Air. The Experience of Modernity,* New York 1988.

5 Rob Nixon, *Slow Violence,* Cambridge, MA 2013.

6 Gilles Deleuze, *Logik des Sinns,* Frankfurt a. M. 1989, 193ff.

7 Roland Barthes, *Image, Music, Text,* New York 1977.

8 Jairus Banaji, *Theory as History. Essays on Modes of Production and Exploitation,* Chicago 2011.

9 Keston Sutherland, *Stupefaction. A Radical Anatomy of Phantoms,* Calcutta 2011; Robert Paul Wolff, *Moneybags Must Be So Lucky. On the Literary Structure of Capital,* Amherst 1988.

10 Hayden White, *Metahistory. Die historische Einbildungskraft im 19. Jahrhundert in Europa*, Frankfurt a. M. 1991.

11 Kenneth Goldsmith, *Head Citations,* Los Angeles 2002. Auf Englisch bezeichnet man eine falsch verstandene Songzeile als *mondegreen.*

12 Das habe ich von dem Katechismus behalten, der mir in der Parteischule beigebracht wurde, wahrscheinlich Dmitrij I. Česnokov, *Der historische Materialismus als Soziologie des Marxismus-Leninismus,* Berlin 1975.

13 Noys, *Malign Velocities*, a.a.O.; John Desmond Bernal, *The World, The Flesh and the Devil,* London 2017

14 Der Mythos von Prometheus kann durchaus nützlich sein. Vgl. Jared

Hickman, *Black Prometheus. Race and Radicalism in the Age of Atlantic Slavery,* New York 2016.

15 Eine besonders bemerkenswerte Variante einer Apologetik des schicksalhaften Kapitals lässt es aus der Zukunft kommen, s. Nick Land, *Fanged Noumena,* Falmouth 2013.

16 Brown, *Die schleichende Revolution,* a.a.O.

17 Timothy Brook (Hg.), *The Asiatic Mode of Production in China,* London 1989.

18 Fredric Jameson, *Postmodernism, Or, The Cultural Logic of Late Capitalism,* London 1992; Paolo Virno, *Grammatik der Multitude. Untersuchungen zu gegenwärtigen Lebensformen,* Berlin 2005; Franco Berardi, *And. Phenomenology of the End,* Los Angeles 2015; Antony Loewenstein, *Disaster Capitalism,* London 2017; Brett Levinson, *Market and Thought. Meditations on the Political and Biopolitical,* New York 2004; Giorgio Griziotti, *Neurocapitalism,* London 2019.

19 Chiara Bottici, *Imaginal Politics,* New York 2014.

20 Maurizio Lazzarato, *Signs and Machines,* Los Angeles 2014.

21 Leslie Chang, *Factory Girls,* New York 2009.

22 Francis Fukuyama, *Das Ende der Geschichte. Wo stehen wir?,* München 1992.

23 Guy Debord, *Die Gesellschaft des Spektakels,* Berlin 1996.

24 Louis Althusser, *Für Marx,* Frankfurt a. M. 1968. Zur Weiterentwicklung der sozialen Reproduktionstheorie vgl. Tithi Bhattacharya (Hg.), *Social Reproduction Theory. Remapping Class, Recentering Oppression,* London 2017.

25 Zum Beispiel Ferruccio Rossi-Landi, *Marxism and Ideology,* Oxford 1990. Wenn die Wissenschaft von den ökonomischen Grundlagen der Marxismus ist, dann ist die Wissenschaft vom ideologischen Überbau die Psychoanalyse.

26 Zum Beispiel Jacques Rancière, *Dissensus. On Politics and Aesthetics,* London 2015.

27 Vgl. Tom McDonough, *The Beautiful Language of My Century,* Cambridge, MA 2007, die für Debord die Sprache der Revolution war. Die Sprache des Erhabenen ist eine ganz andere.

28 Die messianische und allegorische Auffassung von Geschichte entstammt bestimmten Lesarten von Walter Benjamin, so *Illuminationen. Ausgewählte Schriften*, Frankfurt a. M. 1977, und *Reflections*, New York 1986.

29 Über Verfremdung als einstürzendes Dach vgl. Viktor Šklovskij, *Mayakovsky and His Circle*, London 1974.

30 Eine Bindung, die eher ein kollektiver Affekt als ein individuelles Gefühl ist. Melissa Gregg, Gregory Seigworth, *The Affect Theory Reader*, Durham, NC 2010.

31 Richard Barbrook, *Imaginary Futures. From Thinking Machines to the Global Village*, London 2008.

32 Adorno, *The Culture Industry*, a.a.O.

33 Joseph Schumpeter, *Kapitalismus, Sozialismus und Demokratie*, Bern 1946.

34 Richard Barbrook, *The Internet Revolution. From Dot-com Capitalism to Cybernetic Communism*, Amsterdam 2015.

35 Diese Art von Büchern ist inzwischen selbst zu einem Wachstumsmarkt geworden.; vgl. Jeremy Rifkin, *Die dritte industrielle Revolution*, Frankfurt a. M. 2011; Klaus Schwab, *Die Vierte Industrielle Revolution*, München 2016.

36 Wark, *Hacker-Manifest*, a.a.O.; McKenzie Wark, *Gamer Theory*, Cambridge, MA 2007.

37 Enzo Traverso, *Linke Melancholie. Über die Stärke einer verborgenen Tradition*, Münster 2018.

38 Raymond Williams, *Resources of Hope*, London 1989.

39 Mark Fisher, *Kapitalistischer Realismus ohne Alternative?*, Hamburg 2013.

40 Brief von Engels an Konrad Schmidt, unter Bezugnahme auf französische Marxisten, *MEW* 37, S. 436, (original franz.: »Tout ce que je sais, c'est que je ne suis pas Marxiste.«)

41 Der Gründungstext des Steampunk stammt von William Gibson und Bruce Sterling, *Die Differenz-Maschine*, München 2011. Obschon bereits 1990 veröffentlicht, scheint dieser Retro-Science-Fiction-Roman manchmal die Welt zu beschreiben, die einige heutige Marxisten zu bewohnen glauben.

42 Marshall Berman, *Adventures in Marxism*, New York 2010.

43 Raymond Williams, *The Long Revolution,* a.a.O.

44 Vgl. Alexander Galloway, »Love of the Middle«, in: ders., Eugene Thacker, McKenzie Wark, *Excommunication. Three Inquiries in Media and Mediation,* Chicago 2013.

45 Der bekannteste Supplementmarxismus stammt womöglich von Herbert Marcuse, *Triebstruktur und Gesellschaft,* Frankfurt a. M. 1965, Marx supplementiert mit Freud.

46 Göran Therborn, *From Marxism to Post-Marxism?,* London 2018.

47 Michel Foucault, *Die Ordnung der Dinge,* Frankfurt a. M. 1974, S. 320.

48 Anderson, *Über den westlichen Marxismus,* a.a.O.

49 Roland Barthes, *Elemente der Semiologie,* Frankfurt a. M. 1979.

50 Debord, *Die Gesellschaft des Spektakels,* a.a.O., 157ff.

51 Ebd., S. 175f. Diese Passagen entwenden selbstredend ihrerseits Sätze von anderen Autorïnnen, darunter Lautréamont.

52 Karl Marx, Friedrich Engels, »Das Kapital«, Bd. I, in: *MEW,* Bd. 23, Berlin/DDR 1962, S. 49; Debord, *Die Gesellschaft des Spektakels,* a.a.O., S. 13.

53 Sutherland, *Stupefaction,* a.a.O., S. 32.

54 Ebd., S. 33.

55 Marx, Engels, »Das Kapital«, Bd. I, a.a.O., S. 85-98.

56 Sutherland, *Stupefaction,* a.a.O., S. 43.

57 Ebd., S. 47.

58 Ebd., S. 36.

59 William Pietz, »The Problem of the Fetish«, *RES: Anthropology and Aesthetics* 9: 1, 1985, S. 5-17.

60 Galloway, *Excommunication,* a.a.O.

61 Gustave Flaubert, *Wörterbuch der Gemeinplätze,* München 1968.

62 Eine Metaphysik, die man zu hinterfragen gelernt hatte bei Michel Foucault, *Archäologie des Wissens,* Frankfurt a. M. 1973. Nur wurde daraus in der Folge wiederum ein eigener Glaubenssatz.

63 Karl Marx, »Zur Kritik der Politischen Ökonomie«, Vorwort, in: *MEW,* Bd. 13, Berlin/DDR 1961, S. 7-11.

64 Ebd., S. 9.

2 KAPITALISMUS – ODER ETWAS SCHLIMMERES?

1 Donna Haraway, »Monströse Versprechen. Eine Erneuerungspolitik für un/an/geeignete Andere«, in: dies., *Monströse Versprechen. Die Gender- und Technologie-Essays*, Hamburg 2017, S. 35-123.

2 Melissa Gregg, *Counterproductive. Time Management in the Knowledge Economy*, Durham, NC 2018.

3 Lana Wachowski, Lilly Wachowski (Regie), *Matrix,* Los Angeles 1999.

4 Joss Whedon (Produzent), *Dollhouse,* Los Angeles 2008-2010.

5 Arlie Russell Hochschild, *Das gekaufte Herz. Zur Kommerzialisierung der Gefühle*, Frankfurt a. M., New York 1990.

6 Jordan Peele (Drehbuchautor und Regisseur), *Get Out,* Los Angeles 2017.

7 Ann Leckie, *Die Maschinen*, München 2015.

8 Agustín de Rojas, *The Year 200*, New York 2016.

9 Boots Rileys Film *Sorry to Bother You* (Oakland 2018) spielt eine weitere Kombinationsmöglichkeit durch: Arbeiterkörper werden mit Pferde-DNA genetisch manipuliert, um eine neue und leistungsfähigere Spezies von Arbeitern zu erzeugen.

10 Marx, »Zur Kritik der Politischen Ökonomie«, Vorwort, a.a.O., S. 8.

11 Berman, *All That Is Solid Melts into Air*, a.a.O.

12 Wark, *Hacker-Manifest*, a.a.O.

13 Jewgeni Paschukanis, *Allgemeine Rechtslehre und Marxismus Versuch einer Kritik der juristischen Grundbegriffe*, Wien 1929.

14 James Boyle, *The Public Domain,* New Haven, CT 2010.

15 Phillip Kalantzis-Cope, *The Work and Play of the Mind in the Information Age. Whose Property?*, London 2017.

16 Pekka Himanen, *Die Hacker-Ethik und der Geist des Informations-Zeitalters*, München 2001.

17 Matthew Weiner et al. (executive producers), *Mad Men,* Los Angeles 2007–2015.

18 Ihre klassische marxistische Darstellung stammt von Stuart Ewen, *Captains of Consciousness. Advertising and the Social Roots of Commercial Culture*, New York 2001.

19 Christopher Cantwell, Christopher C. Rogers (creators), *Halt and*

Catch Fire, Atlanta, GA 2014-2017.

20 Den Begriff habe ich von Paul Virilio übernommen, aber meine Konzeption orientiert sich stärker an Harold Innis, *The Bias of Communication,* Toronto 2008.

21 Jesse LeCavalier, *The Rule of Logistics,* a.a.O.

22 Leopold Kohr, *Die überentwickelten Nationen,* Salzburg 1983.

23 Die Debatten zu diesem Thema habe ich zusammengefasst in »From Fordism to Sonyism. Perverse Readings of the New World Order«, *New Formations* 16, 1992, S. 4-54.

24 Karl Marx, *The Revolutions of 1848,* London 2010; Karl Marx, *Surveys from Exile,* London 2010; Karl Marx, *The First International and After,* London 2010.

25 Algirdas Julien Greimas, *On Meaning. Selected Writings in Semiotic Theory,* Minnesota 1987.

26 Anna Lowenhaupt Tsing, *Friction. An Ethnography of Global Connection,* Princeton, NJ 2005.

27 The Marx Brothers, *Go West* (1940), Regie von Edward Buzzell.

28 Michael Hardt, Antonio Negri, *Multitude. Krieg und Demokratie im Empire,* Frankfurt a. M. 2004. Der Begriff hat eine etwas andere Bedeutung bei Paolo Virno, *Multitude Between Innovation and Negation,* Los Angeles 2008.

29 Bruce Robbins, *The Beneficiary,* Durham, NC 2017.

30 Anspielung auf die typische Arbeitskleidung von (höheren) Angestellten im Unterschied zu (niederen) Arbeitern, die die Arbeitssoziologie klassischerweise als *white collar workers* bzw. *blue collar workers* bezeichnet. (A. d. Ü.)

31 Dave McNary, »Vice Media Employees Unionize«, *Variety,* 21. September 2017; Nitasha Tiku, »Why Tech Workers Dissent is Going Viral«, *Wired,* 29. Juni 2018; Daisuke Wakabayashi u. a., »Google Walkout. Employees Stage Protest Over Handling of Sexual Harassment«, *New York Times,* 1. November 2018. Man könnte diese aktuellen Beispiele von Hacker-Aktivismus mit schon länger bestehenden in Verbindung bringen, etwa der Arbeit von Computer Professionals for Social Responsibility.

32 Bekannt geworden durch Richard Florida, *The Rise of the Creative Class,* New York 2014.

33 Franco Berardi, *Die Seele bei der Arbeit. Von der Entfremdung zur Autonomie*, Berlin 2019.

34 Man könnte über Kognition auch in einem viel umfassenderen Sinne nachdenken; vgl. Katherine Hayles, *Unthought. The Power of the Cognitive Nonconscious,* Chicago 2017.

35 Steven Levy, *Hackers,* Sebastopol, CA 2010. Man kann diese klassische Darstellung – entgegen ihrer eigenen Absicht – auch als Momentaufnahme einer Zeit lesen, bevor Hacker im engeren Sinn des Begriffs vollständig in eine vektorialistische Produktionsweise eingebunden waren.

36 E. P. Thompson, *William Morris. Romantic to Revolutionary,* Oakland, CA 2011. Morris kannte den Widerspruch zwischen Qualitätsarbeit, die einen Gebrauchswert hervorbringt, und Lohnarbeit, die den Gebrauchswert dem Tauschwert unterordnet, aus erster Hand.

37 Jack Halberstam, *The Queer Art of Failure,* Durham, NC 2010.

38 Fukuyama, *Das Ende der Geschichte*, a.a.O.

39 Maurice Dobb, *Wert- und Verteilungstheorien seit Adam Smith. Eine nationalökonomische Dogmengeschichte*, Frankfurt a. M. 1977.

40 Amy Wendling, *Karl Marx über Technologie und Entfremdung*, Berlin 2021.

41 Terranova, *Network Culture*, a.a.O. »Freie Arbeit« ist zwar immer noch eine Art Platzhalterbegriff, enthält aber eine sinnvolle Spannung zur Norm der Lohnarbeit.

42 Marcel Mauss, *Die Gabe. Die Form und Funktion des Austauschs in archaischen Gesellschaften*, Frankfurt a. M. 1968.

43 Michel Serres, *Der Parasit*, Frankfurt a. M. 1981.

44 Citton, *The Ecology of Attention*, a.a.O.

45 Den Begriff *desintegrierendes Spektakel*, eine Anspielung auf Debords »integriertes Spektakel«, habe ich von Jodi Dean übernommen, *Blog Theory. Feedback and Capture in the Circuits of Drive*, Cambridge 2010.

46 Zum Beispiel Brown, *Die schleichende Revolution,* a.a.O.

47 Randy Martin, *Financialization of Daily Life,* Philadelphia, PA 2002.

48 Wie etwa bei Antonio Negri, *Über das Kapital hinaus*, Berlin 2019.

49 Cooper, *Life as Surplus*, a.a.O.

50 Vgl. die Einleitung zu Wark, *General Intellects*, a.a.O.

51 Randy Martin, *Knowledge LTD. Towards a Social Logic of the Derivative,* Philadelphia, PA 2015.

52 Paul B. Préciado, *Testo Junkie,* Berlin 2016.

53 Bratton, *The Stack*, a.a.O.

54 Wendling, *Karl Marx über Technologie und Entfremdung*, a.a.O.

55 Guy Debord, *In girum imus nocte et consumimur igni / Wir irren des Nachts im Kreis umher und werden vom Feuer verschlungen*, Berlin 1985.

56 Allan Stoekl, *Bataille's Peak. Energy, Religion and Post-Sustainability,* Minneapolis 2007.

3 Die Produktivkräfte

1 Wolfgang Schivelbusch, *Geschichte der Eisenbahnreise. Zur Industrialisierung von Raum und Zeit im 19. Jahrhundert*, München 1977.

2 Anson Rabinbach, *Motor Mensch. Kraft, Ermüdung und die Ursprünge der Moderne*, Wien 2001.

3 Karl Marx, *Grundrisse der Kritik der Politischen Ökonomie*, in: *MEW*, Bd. 42, Berlin 1983, S. 19–875, 590ff.

4 Noble, *The Forces of Production*, a.a.O.

5 Arthur Rimbaud, *Seher-Briefe / Lettres du voyant*, übers. v. Werner von Koppenfels, Mainz 1990.

6 Dobb, *Wert- und Verteilungstheorien seit Adam Smith*, a.a.O.

7 Frederick Beiser, *After Hegel. German Philosophy, 1840–1900,* Princeton, NJ 2014.

8 Wendling, *Karl Marx über Technologie und Entfremdung*, a.a.O.

9 Friedrich Engels, *Dialektik der Natur*, in: *MEW*, Bd. 20, S. 305–570.

10 Tristam Hunt, *Marx's General. The Revolutionary Life of Friedrich Engels*, New York 2010.

11 Helena Sheehan, *Marxism and the Philosophy of Science,* London 2017.

12 Loren Graham, *Science, Philosophy, and Human Behavior in the Soviet Union*, New York 1987.

13 Georg Lukács, *Zur Ontologie des gesellschaftlichen Seins* (3 Bde.), Darmstadt 1971ff.

14 Bogdanow, *Философия живого опыта*, a.a.O.

15 Gary Werskey, *The Visible College. The Collective Biography of British Scientific Socialists of the 1930s*, New York 1979.

16 John Desmond Bernal, *Die soziale Funktion der Wissenschaft*, Berlin 1986.

17 John Desmond Bernal, *Die Wissenschaft in der Geschichte*, Berlin 1961; Vere Gordon Childe, *Der Mensch schafft sich selbst*, Dresden 1959; Joseph Needham, *The Grand Titration. Science and Society in East and West,* Toronto 1979.

18 Donna Haraway, *Modest_Witness@Second_Millennium.FemaleMan©_Meets_OncoMouse™,* New York 1997.

19 Michel Foucault, »Gespräch mit Michel Foucault«, in: ders., *Schriften in vier Bänden. Dits et Ecrits,* Bd. III, 1976-1979, Frankfurt a. M. 2003, S. 186-213, 195ff.

20 Richard Levins and Richard Lewontin, *The Dialectical Biologist,* Cambridge MA 1987.

21 Als »red diaper babies« (»Babys mit roten Windeln«) bezeichnen Judy Kaplan and Linn Shapiro in ihrem Buch *Red Diapers. Growing Up in the Communist Left* (Urbana 1998) die Kinder von Mitgliedern der Kommunistischen Partei der USA (CPUSA) oder ihrer Sympathisantïnnen. (A. d. Ü.)

22 Richard Stallman, *Free Software, Free Society. Selected Essays,* Boston 2002.

23 Asger Jorn, *The Natural Order and Other Texts,* Aldershot 2002.

24 Hillary Wainwright, *The Lucas Plan. A New Trades Unionism in the Making?*, New York 1981.

25 Negri, *Über das Kapital hinaus*, a.a.O.

26 Marx, *Grundrisse der Kritik der Politischen Ökonomie*, a.a.O., S. 602.

27 Georg Lukács, *Geschichte und Klassenbewusstsein. Studien über marxistische Dialektik*, Berlin 1923; Kōstas Axelos, *Alienation, Praxis and Techne in the Thought of Karl Marx,* Austin 1978; Herbert Marcuse, *Der eindimensionale Mensch. Studien zur Ideologie der fortgeschrittenen Industriegesellschaft*, Neuwied 1967.

28 Debord, *Die Gesellschaft des Spektakels*, a.a.O.

29 Andrew Feenberg, *Technosystem. The Social Life of Reason,* Cambridge, MA 2018.

30 Michael Egan, *Barry Commoner and the Science of Survival. The Remaking of American Environmentalism*, Cambridge, MA 2007.

31 Donna Haraway, *Die Neuerfindung der Natur. Primaten, Cyborgs und Frauen*, Frankfurt a. M. 1995.

32 Die vulgärmarxistische Lesart von Haraway und Barad als Ansatz für die Wissenschaftsforschung führe ich näher aus in *Molekulares Rot. Theorie für das Anthropozän*, Berlin 2017.

33 Karen Barad, *Agentieller Realismus*, Frankfurt a. M. 2012. (Barad verwendet den Begriff *apparatus*, die gängige englische Übersetzung von Foucaults *dispositif.* A. d. Ü.)

34 Préciado, *Testo Junkie,* a.a.O.

35 Paul B. Préciado, »Letter from a Transman to the Old Sexual Regime«, in: *Texte Zur Kunst,* 22. Januar 2018.

36 Einige repräsentative Stichproben zum geistigen Ferment der Zeit finden sich in Jeebesh Bagchi u. a. (Hg.), *Sarai Reader*, Nr. 3, Delhi 2003; Josephine Bosma u. a., *Readme! ASCII Culture and the Revenge of Knowledge*, New York 1999; Annick Buread / Nathalie Magnon, *Connexions. Art, Réseaux, Media*, Paris 2002; Maria Fernandez, Faith Wilding (Hg.), *Domain Errors! Cyberfeminist Practices*, New York 2003.

37 Dmytri Kleiner, *The Telekommunist Manifesto,* Amsterdam 2010.

38 Siehe die Arbeiten von Michel Bauwens und der P2P Foundation: p2pfoundation.net

39 Bratton, *The Stack*, a.a.O.

40 Kleiner, *The Telekommunist Manifesto*, a.a.O., S. 9.

41 Richard Barbrook, »Cyber-Communism. How the Americans Are Superseding Capitalism in Cyberspace«, in: ders. (mit Andy Cameron), *The internet revolution*, a.a.O., S. 28. Vgl. Richard Barbrook, »Cyber-Kommunismus. Wie die Amerikaner den Kapitalismus im Cyberspace aufheben«, in: Rudolf Maresch, Florian Rötzer (Hg.), *Cyberhypes*, Frankfurt a. M. 2001, S. 76-101. (Die Übersetzung wurde bearbeitet, um die Anspielung auf das *Manifest der Kommunistischen Partei* im Satzbau nachzubilden. A. d. Ü.)

42 Vgl. Richard Barbrook, Andy Cameron, »Die kalifornische Ideologie«, *Telepolis* 05.02.1997, www.heise.de/tp/ (Florian Rötzer übersetzt »digital artisans« hier noch mit »High-Tech-Handwerker«. A. d. Ü.) Der Begriff der »virtuellen Klasse« wurde geprägt von Arthur Kroker und Michael A. Weinstein, *Datenmüll. Die Theorie der virtuellen Klasse*, Wien 1997.

43 Fred Turner, *From Counterculture to Cyberculture,* Chicago 2008.

44 Angela Y. Davis (Hg.), *Materialien zur Rassenjustiz. Stimmen des Widerstands*, Neuwied, Berlin 1972.

45 Alvin Toffler, *Der Zukunftsschock*, Bern 1970.

46 Einmal auf dem Vormarsch, waren einige Verfechter der kalifornischen Ideologie zunehmend bereit, der Demokratie als einer humanistischen Beschränkung der posthumanen Bestimmung der Technologie und ihrer auserwählten Vertreter öffentlich abzuschwören. Den interessantesten Weg hat Nick Land eingeschlagen: *Fanged Noumena*, a.a.O.

47 Yeoman bezeichnet hier einen Farmer, der auf den Einsatz von Sklaven verzichtet. (A. d. Ü.)

48 Man könnte auch erwähnen, dass die Yeoman-Demokratie sich ebenfalls auf enteignetes Land gründet. Zur Amerikanischen Revolution aus Sicht der *First Nations* vgl. Wu Ming, *Manituana*, Berlin u.a. 2018.

49 Shannon Weinberger, *The Imagineers of War. The Untold Story of DARPA*, New York 2018.

50 Weitere Beispiele aus der Vergangenheit: Francis Spufford, *Rote Zukunft*, Reinbek 2012; Eden Medina, *Cybernetic Revolutionaries,* Cambridge MA 2014; Benjamin Peters, *How Not to Network a Nation,* Cambridge MA 2017.

4 Der Klassenstandort-Blues

1 C. Wright Mills, *Soziologische Phantasie*, Wiesbaden 2016.

2 Stephen Wright, »Digging in the Epistemic Commons«, onlineopen.org, 26. März 2007.

3 Anthony Wilden, *System and Structure. Essays in Communication and Exchange*, London 1980.

4 Es gibt tatsächlich zwei Bücher mit dem Titel *Kapitalismus ohne Kapital*... Als ob das Kapital tot wäre, aber dennoch als ewig angesehen werden müsste, im Sinne einer negativen Theologie seiner Abwesenheit.

5 Moulier-Boutang, *Cognitive Capitalism,* a.a.O.

6 Timothy Mitchell, *Carbon Democracy,* New York 2013.

7 Wright, *Understanding Class,* a.a.O.

8 Ebd., S. 237.

9 Ebd., S. 236f.

10 Donald MacKenzie, *An Engine, Not a Camera,* Cambridge, MA 2008. Vgl. auch MacKenzies gelegentliche Essays über Finanztechnologie und Kommunikation für die *London Review of Books* seit 2008.

11 Vgl. Wark, *General Intellects,* a.a.O., S. 172ff.

12 Wright, *Understanding Class,* a.a.O., S. 121, 167.

13 Bertold Brecht, »Verfremdungseffekte in der chinesischen Schauspielkunst«, in: ders., *Schriften zum Theater*, Frankfurt a. M. 1957, S. 619-631.

14 Wright, *Understanding Class,* a.a.O., S. 17.

15 Fredric Jameson, *Das politische Unbewusste. Literatur als Symbol sozialen Handelns*, Reinbek 1988, S. 7.

16 Wark, *Gamer Theory,* a.a.O.

17 Wright, *Understanding Class,* a.a.O., S. 123.

18 Ulrich Beck, »Jenseits von Klasse und Nation. Individualisierung und Transnationalisierung sozialer Ungleichheiten«, in: *Soziale Welt* 59:4 (2008), S. 301-325.

19 Wright, *Understanding Class,* a.a.O., S. 154.

20 Kim Weedon and David Grusky, »The Case for a New Class Map«, in: *American Journal of Sociology* 111: 1, (2005), S. 141-212.

21 Rachel Sherman, *Uneasy Street. The Anxieties of Affluence,* Princeton, NJ 2017. Meine New-School-Kollegin mag sich dagegen sträuben, als »Durkheimianerin« bezeichnet zu werden, doch ihr Buch ist ein hervorragendes Beispiel für die feinkörnige empirische Untersuchung von Klasse.

22 Wright, *Understanding Class,* a.a.O., S. 7.

23 Max Weber, *Die protestantische Ethik und der Geist des Kapitalismus*, München 2010.

24 Wright, *Understanding Class,* a.a.O., S. 46.

25 Ebd., S. 31.

26 Silvia Federici, *Caliban und die Hexe. Frauen, der Körper und die ursprüngliche Akkumulation*, Wien 2012.

27 Wright, *Understanding Class,* a.a.O., S. 52.

28 Ebd., S. 53.

29 Ebd., S. 55.

30 Max Horkheimer, Theodor W. Adorno, *Dialektik der Aufklärung. Philosophische Fragmente*, Frankfurt a. M. 1988.

31 Alexander Galloway, *Protocol. How Control Exists after Decentralization,* Cambridge MA 2004.

32 O'Neil, *Angriff der Algorithmen,* a.a.O.; Eubanks, *Automating Inequality,* a.a.O.; Noble, *Algorithms of Oppression,* a.a.O.; Pasquale, *The Black Box Society,* a.a.O.

33 Lucien Goldman, *Der verborgene Gott,* Frankfurt a. M. 1985.

34 Jesse McCarthy, »Notes on Trap«, in: *N+1*, Nr. 32, (2018).

35 Thomas Piketty, *Das Kapital im 21. Jahrhundert*, München 2014.

36 Wright, *Understanding Class,* a.a.O., S. 133.

37 Ebd., S. 136.

38 Yochai Benkler, *The Wealth of Networks,* New Haven, CT 2007.

39 Pasquinelli, *Animal Spirits*, a.a.O.

40 David Ricardo, *Über die Grundsätze der politischen Ökonomie und der Besteuerung*, Marburg 2006.

41 Guy Standing, *Prekariat. Die neue explosive Klasse*, Münster 2015.

42 Im Jahr 2018 erlangte Alexandria Ocasio-Cortez nationale Berühmtheit, weil sie mit einem offenkundig demokratisch-sozialistischen Programm die Vorwahl gegen einen etablierten demokratischen Kongressabgeordneten gewann. Zu ihrer Wählerschaft zählten Latinx aus der Arbeiterklasse, aber auch die besser Ausgebildeten (und Weißeren), die erst kürzlich ins nördliche Queens gezogen waren. Ich lebe auch dort und habe zusammen mit den Democratic Socialists of America, die AOC in der Vorwahl unterstützten, in sehr bescheidenem Umfang Wahlkampf für sie gemacht. Was sich im klei-

nen Maßstab hier zeigte, war die Möglichkeit einer Allianz zwischen Arbeiterinnen und Hackern, die sich um Themen wie Mietpreisbindung, allgemeine Gesundheitsversorgung, Vergesellschaftung der Bildungskosten und einen »Green New Deal« dreht. Man braucht wohl nicht zu erwähnen, dass es sich dabei kaum um ein radikales Programm handelt. Vgl. Michael Kinnucan, »Why Alexandria Ocasio-Cortez Won«, in: *Jacobin* (US), 29.06.2018.

43 Wolfgang Streeck, »Beneficial Constraints«, in: J. Rogers Hollingsworth, Robert Boyer (Hg.), *Contemporary Capitalism*, Cambridge 1997; Wolfgang Streeck, *How Will Capitalism End? Essays on a Failing System*, New York 2017, Kap. 9.

44 Wright, *Understanding Class,* a.a.O., S. 183.

45 Ebd., S. 184.

46 Geoff Dow, Winton Higgins, *Politics Against Pessimism. Social Democratic Possibilities Since Ernst Wigforss,* Bern 2013. Winton Higgins war einer meiner akademischen Lehrer, daher nutze ich die Gelegenheit, ihm hier zu danken. Bleibt anzumerken, dass diese sozialdemokratische Tradition in den skandinavischen Ländern in jüngerer Zeit unter erheblichen Druck geraten ist.

47 Trebor Scholz, Nathan Schneider, *Ours to Hack and Own,* New York 2017.

48 Wright, *Understanding Class,* a.a.O., S. 143.

49 Benjamin Wallace, »The Twee Party«, in: *New York Magazine,* 15.04.2012.

50 Wright, *Understanding Class,* a.a.O., S. 239.

51 Ebd., S. 244.

52 Ebd., S. 237.

53 John Bellamy Foster, Brett Clark, Richard York, *Der ökologische Bruch. Der Krieg des Kapitals gegen den Planeten*, Hamburg 2011.

54 Angela McRobbie, *Be Creative,* Cambridge UK 2016.

55 Verso Books (Hg.), *Where Freedom Starts. Sex Power Violence #MeToo*, New York 2018.

56 Gerald Raunig, *Dividuum. Maschinischer Kapitalismus und molekulare Revolution*, Wien 2015.

57 Berardi, *Die Seele bei der Arbeit,* a.a.O.

58 Cardi B., »Bodak Yellow«, 2017. Vgl. Robin D. G. Kelley, *Yo' Mama's DisFunktional! Fighting the Culture Wars in Urban America*, Boston 1997, der Angela Davis' Sicht auf die Klassenpolitik der Blues-Kultur mindestens auf den Stand der 1990er bringt.

59 Mark Fisher, *Gespenster meines Lebens. Depression, Hauntology und die verlorene Zukunft*, Berlin 2015.

60 Camilla Griggers, *Becoming Woman*, Minneapolis 1997; Laurent de Sutter, *Narcocapitalism. Life in the Age of Anaesthesia*, Cambridge UK 2018.

5 Eine Zeitmaschinen-Theorie der Geschichte

1 Zum Bild der Zeitmaschine vgl. Fredric Jameson, »In Hyperspace«, in: *London Review of Books* 32:17 (09/2015).

2 Deng Xiaoping, *Fundamental Issues in Present-Day China,* Peking 1987.

3 Masha Gessen, *Der Mann ohne Gesicht. Wladimir Putin. Eine Enthüllung*, München 2012.

4 Hannah Arendt, *Elemente und Ursprünge totaler Herrschaft*, Frankfurt a. M. 1955. Arendt ist natürlich nicht für den Gebrauch verantwortlich, den man im Amerika des Kalten Kriegs von diesem Text gemacht hat.

5 Vgl. Philip Mirowski, Edward Nik-Khan, *The Knowledge We Have Lost in Information*, New York 2017, für eine äußerst kritische Darstellung zum Umgang der orthodoxen Ökonomik mit Information.

6 Philip Mirowski, *Machine Dreams. Economics Becomes a Cyborg Science,* Cambridge 2002.

7 Deng, *Fundamental Issues in Present-Day China*, a.a.O.

8 Von »specters of anti-communism« spricht Joshua Simon, »The Kids Want Communism«, in: Ingo Niermann, Joshua Simon (Hg.), *Communists Anonymous*, Berlin 2017, S. 19-28, 19.

9 Diese Idee verdanke ich Maria Hlavajova and Simon Sheikh (Hg.), *Former West. Art and the Contemporary after 1989*, Cambridge MA 2017, wo dieses Kapitel zuerst erschienen ist.

10 Zum Antikommunismus als Innen- und Außenpolitik vgl. Joel Kovel, *Red Hunting in the Promised Land. Anticommunism and the Making*

of America, London 1997.

11 Wang, *Carceral Capitalism,* a.a.O.

12 Nikita Khrushchev, *Memoirs of Nikita Khrushchev. Vol. 3: Statesman*, University Park 2007, S. 893.

13 Die Formulierung »große Erzählungen« (grands récits) prägte Jean-François Lyotard, *Das postmoderne Wissen*, a.a.O.

14 Barbrook*, Imaginary Futures*, a.a.O.

15 Frank Edward Manuel, *The Prophets of Paris,* New York 1965.

16 Robin Mackay, Armen Avanessian (Hg.), *#Accelerate. The Accelerationist Reader*, Falmouth 2014. Vgl. Armen Avanessian (Hg.), *#Akzeleration*, Berlin 2013.

17 Rosi Braidotti, *Posthumanismus. Leben jenseits des Menschen*, Frankfurt a. M. 2014.

18 Bernal, *The World, the Flesh and the Devil*, a.a.O., S. 78-80.

19 Bernal, *Die soziale Funktion der Wissenschaft,* a.a.O.

20 Andrew Brown, *J. D. Bernal. The Sage of Science,* Oxford 2007.

21 Kristian Hvidfelt Nielsen, »Enacting the Social Relations of Science«, in: *Public Understanding of Science* 17:2 (2008), S. 171-188; Hideto Nakajima, »Kuhn's Structure in Japan«, in: *Social Studies of Science* 42:3 (2012), S. 462-466.

22 Radovan Richta u. a., *Zivilisation am Scheideweg. Soziale und menschliche Zusammenhänge der wissenschaftlich-technischen Revolution* (Richta-Report), Prag 1968.

23 Wark, *Hacker-Manifest*, a.a.O.

24 Peters, *How Not to Network a Nation,* Cambridge, a.a.O.

25 Robert Buderi, *The Invention That Changed the World,* New York 1996.

26 Siehe den Gedankenaustausch von Bernal mit J. B. S. Haldane im *Modern Quarterly* zwischen 1948 und 1949.

27 Georgina Ferry, *Dorothy Hodgkin. A Life,* London 2014.

28 Brenda Maddox, *Rosalind Franklin. Die Entdeckung der DNA oder der Kampf einer Frau um wissenschaftliche Anerkennung*, Frankfurt a. M. 2003.

29 Viktor Mayer-Schönberger, Thomas Ramage, *Reinventing Capitalism in the Age of Big Data,* New York 2018.

30 Spufford, *Rote Zukunft,* a.a.O.

31 Zur sowjetischen Kybernetik vgl. Slava Gerovič, *From Newspeak to Cyberspeak*, Cambridge 2004.

32 Siehe die vorsichtige Annäherung an die offizielle sowjetische Sprache bei Andrei Sacharow, *Memorandum. Gedanken über Fortschritt, friedliche Koexistenz und Geistige Freiheit*, Frankfurt a. M. 1968.

33 Levins, Lewontin, *The Dialectical Biologist,* a.a.O.

34 Greta Jones, »British Scientists, Lysenko and the Cold War«, in: *Economy & Society* 8:1 (1978), S. 26-58.

35 Iris Chang, *Thread of the Silkworm,* New York 1996.

36 Mary Jo Nye, *Michael Polanyi and His Generation,* Chicago 2011.

37 Frances Stonor Saunders, *The Cultural Cold War,* New York 2013.

38 Martin Heidegger, *Überlegungen II-VI (Schwarze Hefte 1931–1938)*, Gesamtausgabe Bd. 94, Frankfurt a. M. 2014.

39 Hugh Wilford, *The Mighty Wurlitzer. How the CIA Played America,* Cambridge MA 2009.

40 Henri Saint-Simon, *Social Organization, the Science of Man and Other Writings*, New York, 1964.

41 Oder auch nicht. Vgl. Mirowski, Nik-Khan, *The Knowledge We Have Lost in Information,* a.a.O.

42 Chalmers Johnson, *MITI and the Japanese Miracle,* Stanford CA 1982.

43 John McPhee, »Balloons of War«, in: *The New Yorker*, 29.01.1996.

44 Sylvère Lotringer, Christian Marazzi (Hg.), *Autonomia. Post-Political Politics*, New York 1980.

45 Paul Ginsborg, *Berlusconi. Politisches Modell der Zukunft oder italienischer Sonderweg?*, Berlin 2005.

46 Nanni Balestrini, *Wir wollen alles*, München 1972, vermittelt die Gefühlslage der aufbegehrenden Arbeiterïnnen aus dem Süden jener Zeit.

47 Lotringer, Marazzi (Hg.), *Autonomia.,* a.a.O.

48 Brown, *Die schleichende Revolution,* a.a.O.

49 Marvin Surkin, Dan Georgakas, *Detroit. I Do Mind Dying*, Chicago 2012. Tatsächlich wurden viele wichtige Arbeitsprozesse bereits aus Detroit herausverlagert, so dass mit »Detroit« eher die dezentralisierte Geografie der Autoindustrie als die eigentliche Stadt gemeint ist.

50 Dieses Thema bedarf natürlich einer weitaus differenzierteren Betrachtung, als ich sie hier zu leisten vermag. Vgl. Federico Finchelstein, *From Fascism to Populism in History*, Berkeley 2017.

51 Angela Y. Davis, *Eine Gesellschaft ohne Gefängnisse? Der gefängnisindustrielle Komplex der USA*, Berlin 2004.

52 Weinberger, *The Imagineers of War*, a.a.O.

53 Bratton, *The Stack*, a.a.O.

54 David Halberstam, *Die Abrechnung*, Frankfurt a. M. 1988.

55 Terranova, *Network Cultures*, a.a.O.

56 Sandra Braman, *Change of State. Information, Policy, Power*, Cambridge MA 2009.

57 Guy Debord, »Kommentare zur Gesellschaft des Spektakels«, in: ders., *Die Gesellschaft des Spektakels*, a.a.O., S. 200ff.

58 Zur nachsowjetischen Zeit vgl. Tony Wood, *Russia Without Putin. Money, Power and the Myths of the New Cold War*, New York 2018.

59 Deng, *Fundamental Issues on Present-Day China*, a.a.O.

60 Arif Dirlick, *Complicities. The People's Republic of China in Global Capitalism*, Chicago 2017.

61 Xi Jinping, »Report to the 19th CPC National Congress«, in: *China Daily*, 18.10.2017.

62 McKenzie Wark, *Virtual Geography. Living with Global Media Events*, Bloomington 1994.

63 Bratton, *The Stack*, a.a.O.

64 Adrian Chan, *Chinese Marxism*, London 2003.

65 Laikwan Pang, *The Art of Cloning. Creative Production During China's Cultural Revolution*, London 2017.

66 Yuk Hui, *Die Frage nach der Technik in China. Ein Essay über die Kosmotechnik*, Berlin 2020, S. 160-166. In diesem brillanten Buch wird am Rande erwähnt, dass Deng sich teilweise auf von Engels inspirierte marxistische Techniktheorien stützte, um Fragen der industriellen Effizienz aufzuwerfen und dadurch eine Politik für den rasanten Ausbau der Produktivkräfte zu entwickeln.

67 Xi Jinping, *China regieren*, Peking 2018.

68 Daniel Vukovich, *Illiberal China. The Ideological Challenge of the People's Republic of China*, Singapur 2019, thematisiert gekonnt das Problem, die Perspektive eines *anderen* Staates einzunehmen (ein Problem, dem ich in diesen spekulativen Bemerkungen natürlich nicht gerecht werden kann).

69 Jan Zalasiewicz, Colin N. Waters, Mark Williams, Colin Peter Summerhayes (Hg.), *The Anthropocene as a Geological Time Unit. A Guide to the Scientific Evidence and Current Debate,* Cambridge 2019.

6 Die Natur als Extrapolation und Trägheit

1 Sianne Ngai, *Ugly Feelings,* Cambridge MA 2007.

2 Peter L. Berger, Thomas Luckman, *Die gesellschaftliche Konstruktion der Wirklichkeit*, Frankfurt a. M. 1969, zeigen einen Weg auf, wie sich die Wissenschaftsforschung von der Wissenssoziologie aus weiterentwickeln kann.

3 Jason W. Moore, *Kapitalismus im Lebensnetz. Ökologie und die Akkumulation des Kapitals*, Berlin 2020.

4 Paul Burkett, *Marx and Nature,* Chicago 2014.

5 E. P. Thompson, *Exterminism and the Cold War,* London 1987. Vgl. auch John Carl Baker, »Notes on Late Exterminism«, Verso Blog, 16.06.2017.

6 Robert J. C. Young, *White Mythologies,* New York 2004, liefert aus postkolonialer Perspektive eine starke Kritik des Projekts von Sartre, das ich hier noch skizzieren werde.

7 Vivek Chibber, *Postkoloniale Theorie und das Gespenst des Kapitals*, Berlin 2018.

8 Gilles Deleuze and Félix Guattari, *Anti-Ödipus. Kapitalismus und Schizophrenie I*, Frankfurt a. M. 1974; Jean-François Lyotard, *Ökonomie des Wunsches*, Bremen 1984; Noys, *Malign Velocities,* a.a.O.

9 Land, *Fanged Noumena,* a.a.O.; Wark, *Hacker-Manifest*, a.a.O.

10 Wark, *Hacker-Manifest*, a.a.O., ein *détournement* aus Passagen von § 1, 33, 20, 270.

11 Ebd., § 327 und § 98.

12 Ebd., § 246. Das Zitat von Gilles Deleuze stammt aus *Unterhandlungen*, Frankfurt a. M. 1993, S. 183f.

13 Srnicek, Williams, *Die Zukunft erfinden*, a.a.O.

14 Zu Bernals Einfluss auf Wilson vgl. Brown, *J. D. Bernal*, a.a.O., S. 437ff.

15 Harold Wilson, in: *Labour Party Annual Conference Report*, 1963, S. 139f.

16 Kathi Weeks, *The Problem with Work*, Durham NC 2011.

17 Wark, *Gamer Theory*, a.a.O.

18 Jason W. Moore (Hg.), *Anthropocene or Capitalocene? Nature, History, and the Crisis of Capitalism*, Oakland CA 2016.

19 Donna Haraway, *Manifestly Haraway*, Minneapolis 2016.

20 Joseph Needham, *Time. The Refreshing River*, London 1943, S. 20.

21 Ernst Mach, *Die Analyse der Empfindungen und das Verhältnis des Physischen zum Psychischen*, Berlin 2008.

22 Nikolai Iwanowitsch Bucharin, *Der Kampf zweier Welten und die Aufgaben der Wissenschaft. Die Wissenschaft der UdSSR an einem weltgeschichtlichen Wendepunkt*, Referat auf der ausserordentlichen Tagung der Akademie der Wissenschaften der UdSSR Moskau, 21.-27. Juni 1931, Moskau 1931.

23 Needham, *Time*, a.a.O., S. 75ff.

24 Joseph Needham, *Biochemistry and Morphogenesis*, Cambridge 1942.

25 Needhams Lukrez-Lektüre richtete den Fokus mehr auf die Bindungen als auf die Teilchen. Vgl. Thomas Nail, *Lucretius I. An Ontology of Motion*, Edinburgh 2018. Zu Lukrez und Marx vgl. Foster, *Marx's Ecology*, a.a.O.

26 Donna Haraway, *Crystals, Fabrics and Fields. Metaphors of Organicism in Twentieth-Century Developmental Biology*, Berkeley CA 2004, S. 101ff.

27 Joseph Needham, *Science and Civilization in China, Bd. 1: Introductory Orientations*, Cambridge 1954. Von den 27 Teilbänden erschien auf Deutsch lediglich der erste Band der von Colin A. Ronan auf fünf Bände gekürzten Ausgabe: *Wissenschaft und Zivilisation in China*, Bd. 1, Frankfurt a. M. 1987. (A. d. Ü.).

28 Yuk Hui, *Die Frage nach der Technik in China*, a.a.O.

29 Jean-Paul Sartre, *Das Sein und das Nichts. Versuch einer phänomenologischen Ontologie*, Reinbek 1991.

30 Norman Geras, *Marx and Human Nature. Refutation of a Legend*, London 2016.

31 Man erkennt hier die Anfänge von François Laruelle, *Introduction au Non-Marxisme*, Paris 2000.

32 Man sieht, wie das zu Derridas Motiv der Aufschiebung führt.

33 Jean-Paul Sartre, *Der Ekel*, Reinbek 1949.

34 Martin Jay, *Marxism and Totality. The Adventures of a Concept from Lukács to Habermas,* Berkeley 1987, S. 341. Das ganze Kapitel verdankt Jay und Fredric Jamesons Kommentaren zu Sartres *Critique of Dialectical Reason* sehr viel.

35 Sartre, *Das Sein und das Nichts*, a.a.O., S. 770.

36 Jean-Paul Sartre, *Was ist Literatur?*, Reinbek 1981.

37 Vgl. Jean-Paul Sartre, *Die Fliegen*, Reinbek 1961.

38 Guy Debord, *Rapport zur Konstruktion von Situationen. Rapport über die Konstruktion von Situationen und die Organisations- und Aktionsbedingungen der Internationalen Situationistischen Tendenz und andere Schriften*, Hamburg 1980.

39 Slavoj Žižek, *Die bösen Geister des himmlischen Bereichs. Der linke Kampf um das 21. Jahrhundert*, Frankfurt a. M. 2011, S. 94ff.

40 Maurice Merleau-Ponty, *Abenteuer der Dialektik,* Frankfurt a. M. 1968, (Kursivierung M. W.).

41 Vgl. dazu Wark, *Molekulares Rot*, a.a.O.

42 Merleau-Ponty, *Abenteuer der Dialektik*, a.a.O., S. 110.

43 Martin Heidegger, »Über den Humanismus«, Frankfurt a. M. 1949.

44 Jean-Paul Sartre, *Critique of Dialectical Reason. Volume 1: Theory of Practical Ensembles*, London 2004, ich verdanke Fredric Jamesons Einleitung sehr viel.

45 Henri Lefebvre, *Kritik des Alltagslebens. Grundrisse einer Soziologie der Alltäglichkeit*, Frankfurt a. M. 1987.

46 Alain Badiou, *Das Sein und das Ereignis*, Berlin 2005.

47 Ein *détournement* von Marx: »Die Menschen machen ihre eigene Geschichte, aber sie machen sie nicht aus freien Stücken«, aus: »Der achtzehnte Brumaire des Louis Bonaparte«, in: *MEW*, Bd. 8, Berlin 1972, S. 115-123, 115.

48 Karl Marx, Friedrich Engels, *Manifest der Kommunistischen Partei*, in: *MEW*, Bd. 4, Berlin 1977, S. 465.

49 Sartre, *Kritik der dialektischen Vernunft*, a.a.O., S. 284.

50 Alfie Bown, Dan Bristow, *Post-Memes. Seizing the Memes of Production,* Goleta CA 2019.

51 Weitergedacht durch Félix Guattari, *Die drei Ökologien*, Wien 1994.

52 Writers for the 99%, *Occupying Wall Street. The Inside Story of an Action than Changed America*, Chicago 2012.

53 Sheila Fitzpatrick, *Tear Off the Masks! Identity and Imposture in Twentieth Century Russia*, Princeton NJ 2005.

54 Jean-Paul Sartre, *Fragen der Methode,* Reinbek 1999.

55 Vgl. Ray Brassier, *Nihil Unbound. Enlightenment and Extinction*, London 2007, sowie seinen unveröffentlichten Essay »On Prometheanism (and its critics)«, 2013.

56 Barad, *Meeting the Universe Halfway*, a.a.O.

57 Die Situationistische Internationale détournierte den Begriff der Situation von Sartre, machte seine Unbestimmtheit aber zum Ausgangspunkt für eine Praxis. Vgl. McKenzie Wark, *The Beach Beneath the Street*, London 2011.

58 Zu Marx und Malthus vgl. Foster, *Marx's Ecology*, a.a.O.

59 Drew Milne, »Lichen for Marxists«, in: ders., *In Darkest Capital. The Collected Poems*, Manchester 2017, S. 376.

60 Francis Ponge, *Mute Objects of Expression,* New York 2008.

61 Drew Milne, »The Makings of the Biotariat«, unveröffentlicht, zitiert mit freundlicher Genehmigung.

62 Antonin Artaud, *Watchfiends and Rack Screams. Works from the Final Period*, Boston 2004.

63 Richard H. S. Crossman (Hg.), *Ein Gott, der keiner war. Arthur Koestler, André Gide, Ignazio Silone, Louis Fischer, Richard Wright, Stephen Spender schildern ihren Weg zum Kommunismus und ihre Abkehr,* Konstanz u. a. 1950.

7 Viermal Hoch auf die Vulgarität!!!!

1 Georges Bataille, »Der niedere Materialismus und die Gnosis«, in: Wolfgang Schultz (Hg.), *Dokumente der Gnosis*, München 1986, S. 7-15; Césaire, *Über den Kolonialismus*, a.a.O.; Williams, *Resources of Hope*, a.a.O.; Federici, *Caliban und die Hexe*, a.a.O.

2 Guy Debord, *Panegyrikus*, Berlin 2001; Préciado, *Testo junkie*, a.a.O.

3 Anderson, *Über den westlichen Marxismus*, a.a.O.

4 Georg Lukács, »Was ist orthodoxer Marxismus«, in: ders., *Geschichte und Klassenbewusstsein*, a.a.O.

5 Walter Benjamin, »Über den Begriff der Geschichte«, in: ders., *Gesammelte Schriften*, Bd. I-2, Frankfurt a. M. 1980, S. 692-704, 698f.

6 Josef Dietzgen, *Das Wesen der menschlichen Kopfarbeit. Dargestellt von einem Handarbeiter. Eine abermalige Kritik der reinen und praktischen Vernunft*, Duisburg 2018.

7 Theodor W. Adorno, *Minima Moralia. Reflexionen aus dem beschädigten Leben*, Berlin, Frankfurt a. M. 1951, S. 58f.

8 Maurice Merleau-Ponty, *Phänomenologie der Wahrnehmung*, Berlin 1966, S. 204ff.

9 Louis Althusser, Etienne Balibar, *Das Kapital lesen*, Reinbek 1972.

10 E. P. Thompson, *Das Elend der Theorie. Zur Produktion geschichtlicher Erfahrung*, Frankfurt a. M. 1980; Perry Anderson, *Arguments Within English Marxism*, London 1980.

11 E. P. Thompson, »Caudwell«, in: *Socialist Register*, 1977, S. 228-76, www.marxists.org. Vgl. Christopher Caudwell, *Studien zu einer sterbenden Kultur*, Dresden 1973, das einst bekannteste Werk dieses unterschätzten Vulgärmarxisten.

12 Antonio Negri, *Über das Kapital hinaus*, a.a.O.

13 Kojin Karatani, *Transcritique. On Kant and Marx*, Cambridge 2005, S. 10; Ernesto Laclau, *Emanzipation und Differenz*, Wien, Berlin 2013, S. 87; Cornel West, *The Cornel West Reader*, New York 1999, S. 9, 72, 260.

14 Jameson, *Postmodernism*, a.a.O., S. 297; Terry Eagleton, *Marxism and Literary Criticism*, Berkeley 1976; ders., *Ideologie. Eine Einführung*, Stuttgart 1993; Julia Kristeva, *Desire in Language*, New York 1982, S. 16; Samir Amin, *Imperialism and Unequal Development*, New York 1979, S. 236.

15 Jean Baudrillard, *Le miroir de la production ou l'illusion critique du matérialisme historique,* Paris 1973, S. 37.

16 Gayle Rubin, *Deviations,* Durham NC 2011, S. 292.

17 Laura Mulvey, *Fetishism and Curiosity,* Bloomington 1996, xiii.

18 Foster, *Marx's Ecology,* a.a.O.

19 Slavoj Žižek, *Žižek's Jokes. Treffen sich zwei Hegelianer…*, Frankfurt a. M. 2014.

20 Wark, *Molekulares Rot,* a.a.O.

21 Andrei Platonow, *Tschewengur,* Berlin 1990.

22 Genossinnen sind den gleichen Gefahren ausgesetzt, ebd., S. 141.

23 Leben durch Ideen zweiter Ordnung, ebd., S. 283.

24 Angela Y. Davis, *Mein Herz wollte Freiheit. Eine Autobiographie,* München, Wien 1975.

25 Angela Y. Davis, *Blues Legacies and Black Feminism,* New York 1999.

26 Ebd., S. 141.

27 Karl Marx, »Zur Kritik der Hegelschen Rechtsphilosophie. Einleitung«, in: ders., *MEW,* Bd. 1, Berlin 1976. S. 378-391, 378. Vgl. *Deutsch-Französische Jahrbücher*, Paris 1844, S. 71f.

28 Davis, *Blues Legacies and Black Feminism*, a.a.O., S. 120.

29 Herbert Marcuse, *Die Permanenz der Kunst. Wider eine bestimmte marxistische Ästhetik,* München 1977. Interessanterweise verwendet Marcuse den Ausdruck *Vulgärmarxismus* nur selten; vgl. z. B. Douglas Kellner (Hg.), *The New Left and the Sixties. Collected Papers of Herbert Marcuse*, London 2005, S. 140. Das Beiwort *vulgär* verwendet Marcuse allerdings ziemlich oft.

30 Siva Vaidhyanathan, *Copyrights and Copywrongs,* New York 2001.

31 Angela Y. Davis, *The Meaning of Freedom and Other Difficult Dialogues,* San Francisco, CA 2012.

32 Pier Paolo Pasolini, *Ragazzi di vita*, Berlin 1990.

33 Pier Paolo Pasolini, *Ketzererfahrungen. »Empirismo eretico«. Schriften zu Sprache, Literatur und Film*, München 1979.

34 Bei allen Unterschieden teilten Debord und Pasolini den blinden Hass auf die äußeren oder Durkheim'schen Symptome einer aufstrebenden Hackerklasse – obwohl sie ihr selbst angehörten – und waren infolgedessen auch blind für deren tatsächlich produktive Rolle. Vgl.

Guy Debord, *Das filmische Gesamtwerk*, 2 Bde., Wien 2005, insbesondere das großartige Drehbuch zu *In girum imus nocte et consumimur igni.*

35 Lazzarato, *Signs and Machines*, a.a.O.

36 Vgl. McKenzie Wark, »The Avant-Garde Never Gives Up«, in: *Lana Turner*, 7 (2014), zu Pasolinis Avantgarde-Erzfeind Edoardo Sanguineti.

37 Jorn, *The Natural Order and Other Texts,* a.a.O., S. 135.

38 C. Wright Mills, *Die Machtelite*, Frankfurt a. M. 2019.

39 Vgl. Wark, *The Beach Beneath the Street*, a.a.O., Kap. 4.

40 Zum Thema Gender in der Medienproduktion vgl. Friedrich Kittler, *Aufschreibesysteme 1800/1900*, München 1985; ders., *Grammophon Film Typewriter*, Berlin 1986.

41 Paolo Virno, »Deja Vu and the End of History«, in: *e-flux journal* #62, (2015).

42 Dieser Überschwang der vier Hochrufe ist eine Umkehrung von E. M. Forster, *Two Cheers for Democracy* (1951), New York 1962.

43 Man vergleiche Sigfried Giedion, *Mechanization Takes Command* (*Die Herrschaft der Mechanisierung*, Frankfurt a. M. 1982), und Lev Manovich, *Software Takes Command*, New York 2013.

Schluss: Ein Abend im Kino

1 Raoul Peck (Regie), *Der junge Karl Marx*, Paris 2017.

2 Für eine differenziertere Würdigung des Realismus vgl. T. J. Clark, *Image of the People. Gustave Courbet and the 1848 Revolution*, Berkeley CA 1999.

3 Friedrich Engels, *Die Lage der arbeitenden Klasse in England. Nach eigner Anschauung und authentischen Quellen* (1845), in: *Marx-Engels-Werke*, Bd. 2, Berlin 1972, S. 225–506; Andrew Merrifield, *Metromarxism. A Marxist Tale of the City*, London 2002.

4 Im englischen Original lautet McKenzie Warks *détournement* des *Kommunistischen Manifests* so: »Workings of the world untie! You have a win to world!« (A. d. Ü.)